historyblogosphere

Bloggen in den Geschichtswissenschaften

Herausgegeben von Peter Haber (†) und
Eva Pfanzelter, unter Mitarbeit von Julia Schreiner

Oldenbourg Verlag München 2013

Gedruckt mit Unterstützung des Departements Geschichte der Universität Basel, infoclio.ch und der Philosophisch-Historischen Fakultät der Leopold-Franzens-Universität Innsbruck.

Bibliografische Information der Deutschen Nationalbibliothek
Die Deutsche Nationalbibliothek verzeichnet diese Publikation in der Deutschen Nationalbibliografie; detaillierte bibliografische Daten sind im Internet über dnb.d-nb.de abrufbar.

© 2013 Oldenbourg Wissenschaftsverlag GmbH
Rosenheimer Straße 143, 81671 München, Deutschland
www.degruyter.com/oldenbourg
Ein Unternehmen von De Gruyter

Gedruckt in Deutschland

Dieses Papier ist alterungsbeständig nach DIN/ISO 9706.

ISBN 978-3-486-71715-0
eISBN 978-3-486-75573-2

Inhaltsverzeichnis

Vorwort   7

Eva Pfanzelter
Einleitung   13

Andreas Fahrmeir
Bloggen und Open Peer Review in der Geschichtswissenschaft:
 Chance oder Sackgasse?   23

Jan Hecker-Stampehl
Bloggen in der Geschichtswissenschaft als Form des Wissenstransfers .   37

Pierre Mounier
Die Werkstatt öffnen: Geschichtsschreibung in Blogs
 und Sozialen Medien   51

Jan Hodel
A Historyblogosphere Of Fragments.
 Überlegungen zum fragmentarischen Charakter von Geschichte,
 von Blogs und von Geschichte in Blogs   61

Anton Tantner
Das geschichtswissenschaftliche Weblog als Mittel des
 Selbstmanagements   75

Julia Schreiner
Neue (Auf)Schreibsysteme. Verändern Weblogs die Konventionen
 des geschichtswissenschaftlichen Schreibens?   89

Newton Key
Crowdsourcing the Early Modern Blogosphere   101

Alexander König und Christoph Pallaske
Blogs als virtueller Schreib- und Kommunikationsraum
 historischen Lernens   119

Axel Bruns und Jean Burgess
Blogforschung: Der ‚Computational Turn‘   135

Stefan Heßbrüggen-Walter
Tatsachen im semantischen Web: Nanopublikationen in den
 digitalen Geisteswissenschaften?   149

Thomas Wolf
siwiarchiv.de – erster Versuch eines regionalen Archiv-Weblogs
in Deutschland   161

Georgios Chatzoudis
L.I.S.A. – kein klassisches Blog, aber voll und ganz digitale
Wissenskommunikation   171

Mareike König
Die Entdeckung der Vielfalt: Geschichtsblogs der europäischen
Plattform hypotheses.org   181

Verzeichnis der Autorinnen und Autoren   199

Vorwort

Die Namensgebungen für ein sich erst langsam etablierendes und als bewusstes Korrigendum zum klassischen Peer Review entstandenes Phänomen sind nicht besonders phantasievoll: Open Review und Open Peer Review zählen zu den häufiger verwendeten Begriffen, Wiki-Style Review oder Signed Review zu den eher unbekannten. Dabei geht es eigentlich unisono darum, die durch ein traditionelles Peer Review entstehenden Befangenheiten und tendenziöse bzw. bewusst falsche Besprechungen wissenschaftlicher Literatur zu umgehen. In den Naturwissenschaften diskutierte etwa *Nature Neuroscience* schon 1999 über ein Open Peer Review, wobei hier die Anonymität der Referees angegriffen und den häufig untersuchten, negativen Auswirkungen derselben mit dem „Open", also der namentlichen Nennung der ReviewerInnen, begegnet werden sollte. Bekannt wurde danach vor allem das Open Review der Zeitschrift *Nature*, die 2006 öffentlich dessen Scheitern verkündete. Das 2007 gestartete Preprint-Projekt *Nature Precedings* erhielt von *Wired* allerdings sogar eine Auszeichnung als „Insel der Innovation" (Goetz 2007). Anfang April 2012 wurde das Vorzeigeprojekt dennoch eingestellt, da es sich durch technische Neuerungen und das Publikationsverhalten der Forschungsgemeinschaft, die mittlerweile mit Blogs, Wikis und auf Preprint-Servern arbeitete, überholt hatte.

In den Geisteswissenschaften gab es keine nennenswerten dementsprechenden Experimente. Die Arbeitsweise, nach der gänzlich unfertige Preprints online gestellt werden und eine umfassende Einarbeitung der Kommentare zu einem neuen publizierbaren Beitrag führen, hat sich hier – vielleicht aufgrund historisch begründeter Forschungstraditionen – nicht etabliert. Vielmehr gab es einige Versuche mit Aufsätzen, die bereits in einem Zustand vorlagen, in dem sie auch an ein anonymes Review-Team weitergeleitet werden würden: Das Open Peer Review zu *Planned Obsolescence* von Kathleen Fitzpatrick (2008) etwa entstand neben einem traditionellen Peer Review und 2010 unternahm das *Shakespeare Quarterly* den Versuch, vier publikationsfertige Aufsätze im Netz einem Open Review zu unterziehen – um die Entscheidung über die Aufnahme in die Zeitschrift doch wieder der Herausgeberschaft zu unterwerfen.

Auch in den Geschichtswissenschaften – selbst im angloamerikanischen Raum – mutet die Praxis einer Preprint-Publikation exotisch an. Zwei Projekte, die auch als Referenzen für das vorliegende Unternehmen dienten, wagten sich bisher aus der üblichen Praxis heraus: Für *Writing History in the Digital Age* riefen Jack Dougherty und Kristen Nawrotzki im Sommer 2011 in einem online „open call for essay ideas" zur Mitarbeit auf. Die aus dem erfolgreichen Aufruf entstandenen 28 Aufsätze mündeten nach eingehendem öffentlichen Review schließlich in 20 publikationsfertigen Beiträgen, die seit Frühjahr 2012 auf die Papierpublikation durch die University of Michigan Press, digitalculturebooks-series, warten. In derselben Reihe ist gerade auch *Hacking the Academy* von Dan Cohen und Tom Scheinfeldt erschienen. Dieses Kompendium entstand 2010 in der Woche vom 21. bis 28. Mai, als die beiden Herausgeber die Community mit dem ungewöhnlichen Aufruf zur Beitragseinreichung in allen digitalen Formaten überraschten. Aus den über 300 eingereichten Beiträgen von rund 170 AutorInnen stehen rund drei Duzend Beiträge in unterschiedlicher Länge zur Papierpublikation an.

Diesen Versuchen möchte sich *historyblogosphere* anschließen und doch ein Unikat schaffen: Im deutschsprachigen Raum ist dieses Buch ein Novum! Bisher gibt es weder eine Publikation über die Geschichtsblogosphäre, noch gibt es ein geschichtswissenschaftliches Werk mit einem Open Review. Die Entscheidung für ein Open Peer Review im Gegensatz zu einem Open Review fiel sehr schnell: Die Erfahrungen in den beiden englischsprachigen Projekten lehren, dass sich das Kommentarverhalten von Anonymen deutlich von jenem mit Eigennamen Identifizierbaren – in unserem Fall, fast ausschließlich Peers – unterscheidet.

Die Idee zu *historyblogosphere* entstand indes beim Networking während eines *THAT-Camps* in Lausanne in der Schweiz im November 2011 und der Tagung *Weblogs in den Geisteswissenschaften oder: Vom Entstehen einer neuen Forschungskultur* in München im März 2012. In der Realisierung wurde es zum Gemeinschaftsprojekt von hist.net|Plattform für Digitale Geschichtswissenschaft, dem Institut für Zeitgeschichte der Universität Innsbruck und dem Oldenbourg Wissenschaftsverlag München. Der Call for Papers wurde im Mai und Juni 2012 über die online-Verteilerkanäle der drei Institutionen verbreitet. Der Oldenbourg Wissenschaftsverlag – auch vertreten in Person von Julia Schreiner als Mitarbeiterin – unterstützte das Projekt in der technischen Ausführung des Reviews in Wordpress.

Erlauben Sie uns hier ein paar manchmal verpönte und doch meist gern gelesene Zahlen: Bis Ende Juni reichten 31 AutorInnen Vorschläge für Aufsätze ein. Die HerausgeberInnen – und mit diesem Privileg der Vorauswahl folgten sie bewusst traditionellen Peer Review-Projekten – entschieden sich für die Aufnahme von 18 Beiträgen für das Open Peer Review. Selbiges startete am 10. Oktober und endet am 10. Dezember 2012. Es registrierten sich 71 Personen im System, davon 19 AutorInnen und das HerausgeberInnen-Team. Die AutorInnen gehörten jedoch nicht zu den am häufigsten Kommentierenden: Nur sechs von ihnen beteiligten sich an der Diskussion, während 15 Kommentierende weder zum Kreis der HerausgeberInnen noch der AutorInnen gehörten. Die Anzahl der Kommentare spiegelt diese Nutzerkreise allerdings nicht eindeutig wieder: Von den 459 Kommentaren stammen rund 22 Prozent von den AutorInnen, in etwa ebenso viele (rund 23 Prozent) von anderen Registrierten und etwas über die

Hälfte (55 Prozent) von den HerausgeberInnen. Die Beiträge von Newton Key (49 Kommentare), Andreas Fahrmeir (45) und Kirstin Schmidt-Frieden (41) erhielten die meisten Rückmeldungen. Vor allem die hohe Anzahl von Rückmeldungen für den auf Englisch verfassten Beitrag von Key überraschte nicht sonderlich. Vielmehr spiegelen sich in diesem Fall die rege Netztätigkeit des Autors und die offenbar immer noch sichtbar offensivere Blogtätigkeit im anglo-amerikanischen Raum wider. Diese Lebendigkeit und die sprachliche Eleganz des Originals veranlassten uns auch, diesen Beitrag als einzigen in Englisch zu belassen. Nach der Review-Phase hatten die Autorinnen und Autoren einige Wochen Zeit, die Beiträge zu überarbeiten und sie dem HerausgeberInnen-Team erneut vorzulegen – auch dieser erneute autoritäre Eingriff entspricht dem klassischen Review-Verfahren. Maßgabe für die Auswahl war, dass die AutorInnen die Kommentare zu ihren Beiträgen bei ihrer Überarbeitung deutlich aufgegriffen hatten und so das Open Peer Review als Verfahren der Qualitätssicherung zum Tragen kam. Von den überarbeiteten, wiedereingereichten 17 Beiträgen haben wir schließlich 13 zur Publikation in Papierform ausgewählt; alle Beiträge bleiben aber in der ursprünglichen Form online. Auch die gedruckten Versionen werden zeitgleich im Open Access verfügbar sein.

Die Entscheidung für eine hybride Publikation, die eben auch eine Papierpublikation ist, mag angesichts des Themas und des digital abgewickelten Review-Verfahrens befremdlich erscheinen. Doch dafür gibt es in unseren Augen gute Gründe: Zum einen ist das Bloggen im deutschsprachigen Raum noch nicht wirklich ein etabliertes Mittel zur Publikation, Kollaboration und Kommunikation – dies zeigen auch die hier vorgelegten Beiträge, selbst wenn sie auf eine unglaubliche Dynamik in jüngster Zeit verweisen. Zum anderen wollen wir mit der Papierpublikation daher, erstens, die Möglichkeiten, Potentiale und Grenzen des Genres einem weiteren Nutzerkreis als den bereits Bloggenden zugänglich machen. Zweitens – und auch das liest sich aus den hier vorgelegten Aufsätzen unisono heraus –, hat sich in der deutschsprachigen Wissenschaftstradition bisher die online-Publikation (noch) nicht gänzlich durchgesetzt: Um wahrgenommen zu werden einerseits und um bibliometrischen Maßstäben zu genügen andererseits, liegt nun dieser Band (auch) auf Papier vor. Schließlich wollen wir, drittens, gemeinsam mit dem Verlag das gesamte Territorium eines Online Peer Reviews und eines Online Preprints erforschen und ausloten, welche technischen, inhaltlichen und publizistischen Hürden es zu bewältigen gilt, um qualitativ die gängigen wissenschaftlichen Publikationsstandards zu erreichen.

Damit reiht sich unser Projekt in eine, wie Kathleen Fitzpatrick 2008 meinte, „Interimsperiode" ein, in der die Rahmenbedingungen für neue Finanzierungsmodelle für die wissenschaftliche Publikation und neue Review-Modelle zur Aufrechterhaltung hoher wissenschaftlicher Standards ausverhandelt werden. In den vergangenen Jahren hat sich in der Tat auf dem Publikationsmarkt einiges getan. Noch ist nicht absehbar, ob wissenschaftliche Publikationen in Richtung eines kommerzialisierten Zeitschriften- und Review-Marktes abwandern werden, in dem sich Autorinnen und Autoren einen Platz für ihre Publikationen mit Peer-Review erkaufen können, oder ob die neuen Förderschienen von DFG in Deutschland, FWF in Österreich und SNF in der Schweiz Autorinnen und Autoren in ein von Verlagen und von Reviews unabhängiges Publikationsverhalten im Netz drängen. Eine dritte Variante wäre die Förderung von Online-Publikationen, bei denen auch Verlage profitieren können. Denkbar sind die letzten beiden Szenarien schon, wahrscheinlicher jedoch ist Erstere.

Gedankt sei an dieser Stelle den Förderern dieses Projektes, ideellen wie materiellen: Den Universitäten Innsbruck (hier insbesondere der Nachwuchsförderung des Rektorates und der Philosophisch-Historischen Fakultät) und Basel (dem Department Geschichte) sowie infoclio.ch für die finanzielle Unterstützung der Publikation; allen Autorinnen und Autoren, die Abstracts für „historyblogosphere" eingereicht haben, und allen Kommentierenden, die durch ihre Beteiligung das Experiment eines ersten deutschsprachigen Open Peer Review Buch-Projektes ermöglicht haben.

Peter Haber, Eva Pfanzelter, Julia Schreiner

Peter Haber verstarb am 28. April 2013 nach langer, schwerer Krankheit. Bis zuletzt hat er die Arbeit an diesem Band begleitet. Die Zusammenarbeit mit Peter war eine Bereicherung. Wir sind dankbar für seine professionelle Kompetenz, seinen Einsatz, seine Verlässlichkeit und seine Freundschaft. Wie gerne hätten wir dieses Projekt mit ihm zusammen bis zur Drucklegung gebracht – dieses Projekt und noch viele andere …

Eva Pfanzelter, Julia Schreiner

Literatur

Editorial, Pros and cons of open peer review, in: nature neuroscience 2 (1999) [www.nature.com/neuro/journal/v2/n3/pdf/nn0399_197.pdf], eingesehen 12.4.2013.

Thomas Goetz, Freeing the Dark Data of Failed Scientific Experiments, in: Wired Magazine ISSUE 15.1 (25.9.2007), [www.wired.com/science/discoveries/magazine/15-10/st_essay], eingesehen 12.4.2013.

Kathleen Fitzpatrick, Planned Obsolescence. Publishing, Technology and the Future of the Academy, in: mediacommonspress. Open scholarship in open format, [mediacommons.futureofthebook.org/mcpress/plannedobsolescence/], eingesehen 12.4.2013.

Shakespeare Quarterly. Open Review: „Shakespeare and New Media", mediacommonspress. Open scholarship in open format, [mediacommons. futureofthebook.org/mcpress/ShakespeareQuarterly_NewMedia/], eingesehen 12.4.2013.

Jack Dougherty/Kristen Nawrotzki (Hrsg.), Writing History in the Digital Age. A Born-digital, Open-review Volume, [writinghistory.trincoll.edu/], eingesehen 10.4.2013.

Dan Cohen/Tom Scheinfeldt (Hrsg.), Hacking the Academy. A Book Crowdsourced in One Week, May 21–28, 2010, [hackingtheacademy.org/], eingesehen 12.4.2013; als Print-Ausgabe: Hacking the Academy. New Approaches to Scholarship and Teaching from Digital Humanities, Ann Arbor 2013.

Eva Pfanzelter

Einleitung

In der frühen Literatur zur Blogosphäre wurden Weblogs oder Blogs als *die* Lösung für immer größer werdende Publikationshürden gesehen. Biz Stone meinte beispielsweise 2003, „Blogging is the new and future platform for instant publishing". Seine Euphorie resultierte aus der Erkenntnis, dass Blogs einfach einzurichten und leicht mit Inhalt zu füllen seien – und damit ermöglichten sie eine von den traditionellen Publikationswegen unabhängige Veröffentlichung. 2004 wählte Merriam Webster das Wort Blog mit der Definition „a Web site that contains an online personal journal with reflections, comments, and often hyperlinks provided by the writer" zum „Word of the Year". Axel Bruns und Joanne Jacobs konstatierten dann 2006, „Blogs, it seems, are everywhere". Sie untersuchten den Einfluss von Blogs auf die US-Vorwahlen ebenso wie jenen auf die journalistischen Reportagen großer Zeitungen und auf den Bildungsbereich. Blogs, so schien es, würden die Medienwelt verändern.

Und dann ging das 2004 gestartete Facebook auf Überholkurs, indem es mit noch flexibleren und einfacheren Publikationsmöglichkeiten lockte. Eine Zeitlang schienen viele Bloggende in dieses Soziale Netzwerk abzuwandern. Während 2008–2009 der Tod der Blogosphäre vielfach Thema in den Medien war, konstatierte viewpoint2010 am 5. Jänner 2013 die Blogosphäre sei „alive and well" – ein Fazit, dem sich viel anschlossen. Zwischen den beiden Extremen hatte der „Arabische Frühling" die Rolle der digitalen Medien und das Zusammenspiel von Sozialen Netzwerken – und Blogs hatten hier ein entscheidendes Gewicht (Difraoui 2011) –, Handys und Satellitenfernsehen neu definiert. Wael Ghomins „Revolution 2.0" attestierte danach dem Internet eine entscheidende Rolle in der partizipativen Demokratie (2012, 83).

Heute scheinen Blogs einen festen Platz in den Reihen der Sozialen Netzwerke zu haben. Sie sind nicht in Konkurrenz mit Facebook, Twitter und anderen zu sehen. Während Facebook durch kurze, multimediale Inhalte mit simpler Kommentarfunktion und „likes" zum Massenphänomen wird und Twitter die Meinungsführerschaft in Wirtschaft, Politik und Medien übernimmt, etablieren sich Blogs als das tonangebende Medium, wenn es um Vertrauensbildung und Popularität geht (Technorati Media 2013). Facebook hat der Blogosphäre also nicht den Rang abgelaufen, sondern das Gegenteil ist der Fall: Auf Facebook und Twitter finden sich die meisten Verweise auf und „shares" von Blogs, wodurch die Bekanntheit von Bloggenden steigt und ihr Einfluss größer wird (Technorati Media 2013). 2011 zeigte Technorati Media noch, dass es nach wie vor nicht die professionellen oder semi-professionellen Bloggenden (21 Prozent) aus der Wirtschaft und Politik waren, die die Meinungsführerschaft innehatten, sondern unbezahlte HobbybloggerInnen. Doch seither hat sich hier wohl ein radikaler Wandel vollzogen: Die meisten „Digital Influencers" verdienen mittlerweile mit Ihren Blogs Geld *und* „Digital Influencers" müssen bloggen, um wahrgenommen zu werden. Dass die Kommunikation über die in den Blogs zu findenden Inhalte wiederum über Facebook und Twitter läuft, soll hier unkommentiert bleiben. Wie aber ist das Verhältnis zwischen der Blogosphäre und den Geisteswissenschaften – respektive den Geschichtswissenschaften? Festzuhalten ist allemal, dass das Internet auch die Historiographie und insbesondere die Wissenschaftskommunikation revolutioniert hat. Digitale Informations- und Kommunikationstechnologien haben die Forschungspraxis tiefgehend verändert und werden dies auch weiterhin tun (Classen 2012). Doch sind HistorikerInnen auch in der Blogosphäre angekommen und gehören sie dort zu den „Influencers"? Diesen Fragen auf den Grund zu gehen, ist das Ansinnen der vorliegenden Beiträge.

Exemplarisch ein Exkurs in ein zeithistorisches Thema

Das Internet ist auch in Bezug auf den Holocaust zu einem wirkungsmächtigen Medium geworden. Geht es um das Thema „Holocaust", dann kann man in Verbindung mit dem Internet fraglos von „Big Data" sprechen: Die Suche auf Google.com resultiert beispielsweise im September 2012 in rund elf Millionen Webseiten, 14 Millionen Blogs, 66 Millionen Bildern, 29 Millionen Videos und immerhin vier Millionen Büchern. Selbst die von Tracking-Cookies und IP-Speicherung unabhängige Suchmaschine Startpage findet rund sechs Millionen Websites, eine Million Bilder und immerhin 140.000 Videos. Die Suche nach Videos zum Thema Holocaust nimmt seit jeher die Spitzenposition ein; es folgten jene nach Fotografien und mit einigem Abstand Diskussionsforen. Erst seit etwa 2007 nimmt auch die Suche nach Blogs zum Thema einen relevanten Stellenwert ein. Ebenfalls 2007 jedoch begann Youtube einen rasanten Aufstieg und seit 2009 spielt Facebook eine entscheidende Rolle. Die generelle Tendenz, d.h. die Anzahl der Suchanfragen zum Begriff „Holocaust", ist allerdings seit 2004 kontinuierlich abnehmend (Google Trends Mai 2013).

Dabei geistern Negativmeldungen über den Nutzung bzw. den Missbrauch Sozialer Netzwerke für Holocaust-Leugnung, Antisemitismus sowie Intoleranz und Mobbing durch die Medien. Aktionen wie der Tanz Adolek Kohns vor europäischen Gedenkstätten 2010 auf Youtube sowie der ebenfalls 2010 erfolgte „Auftritt" Henio Zytomirskis auf Facebook rufen Empörung einerseits und jubelnde Zurufe andererseits hervor. Für die Entscheidung der Facebook-Gründer Profile von Holocaust-Leugnern nicht zu löschen, gibt es einerseits Zuspruch seitens der Datenschützer und andererseits rigorose Ablehnung jüdischer Organisationen. Sei es in Blogs, in Diskussionsforen, dem Video-Portal Youtube oder auf Facebook, Soziale Medien haben in Bezug auf den Holocaust keinen guten Ruf.

Spätestens seit dem Sieg Deborah Lipstads (selbst seit 2005 bloggend) über David Irving im aufsehenerregenden britischen Holocaust-Leugnungs-Prozess im Jahr 2000 spielt das Internet eine entscheidende Rolle auch in der Dynamik der (wissenschaftlichen) Kontroversen um den Holocaust. Die schnelle Verbreitung von Diskussionsthemen in Foren und Weblogs sowie ad hoc-Rezensionen wissenschaftlicher und vermeintlich wissenschaftlicher Werke tragen wesentlich zur Beschleunigung der sich an immer neuen Facetten entzündenden Auseinandersetzungen bei. Gerade hier zeigt sich der Aktionsradius von Holocaust-Weblogs: Blogs bieten die Möglichkeit, die Debatten schnell wiederzugeben, Positionen aufzuzeigen, debattierte Schriften zu kommentieren und die eigene Meinung zu untermauern. Ein weiterer und vermutlich noch wichtigerer Grund für das Schreiben dieser Blogs ist die schnelle Möglichkeit, Holocaust-Revisionismus zu thematisieren und die von Holocaust-Leugnern gemachten Argumente zu widerlegen. Es könnte daher angenommen werden, dass die Blogosphäre zu diesem Thema von Holocaust-Leugnern und deren Gegnern, vertreten durch einschlägige Forschungs- und Gedächtnisinstitutionen sowie HistorikerInnen, belegt ist. Dem ist jedoch nicht so.

Bereits bei der scheinbar simplen Suche nach Blogs, die sich mit dem Holocaust beschäftigen, erreicht man in den Worten von Chris Anderson (2008) schnell das „Ende der Wissenschaft, wie wir sie kennen": Die Erforschung beginnt mit unüberschaubaren Datenbergen. Google.com liefert beispielsweise bei einer Suche nach den Begriffen „holocaust" und „blog" Mitte Mai 2013 rund 45 Millionen Treffer und elf Millionen Postings. Ähnliche Ergebnisse bringen dieselben Suchen auf google.de und google.at. Startpage zeigt immerhin fünfeinhalb Millionen Treffer an.

Unter den Top-10-Suchergebnissen findet sich bei allen drei Suchen nicht Unerwartetes. Bedenklich ist dennoch allemal, dass das Blog „holocaustcontroversies", das in der Community seit Jahren umstritten ist, an erster Stelle der Suchergebnisse steht. Die anti-revisionistischen Absichten der Betreiber des Blogs mit zum Teil minutiösen Untersuchungen von Argumenten bekannter Holocaust-Leugner, werden durch Vorwürfe wegen schlampigen Recherchen und Plagiaten anerkannter Organisationen (Hintergrund ist ein so bezeichneter „Angriff" auf die Seite www.deathcamps.org, der Action Reinhard Camps/ARC) untergraben. An die zweite Stelle hat sich das Bildungsblog

„Conversations about the Holocaust" von Carson Phillips, dem Leiter der Bildungsabteilung des kanadischen „Sarah and Chaim Neuberger Holocaust Education Centers" vorarbeiten können. In diesem Blog bewirbt das Zentrum hauptsächlich das interdisziplinäre Magazin „Prism", das für LehrerInnen Materialien zum Holocaust-Unterricht zur Verfügung stellt.

In unterschiedlichen Positionen, aber immer noch unter den ersten zehn Treffern finden sich außerdem die Blogs „Holocaust Study Tour", wo jährlich multimediale Exkursionsberichte zu europäischen Gedenkstätten der New Milford High School in New Jersey (USA) in einem Blog zur Verfügung gestellt werden, das private Blog „Never Again!|Online Holocaust Memorial" von Chris Doyle, unter den beiden deutschen Top-10 das Blog des „Holocaust Education & Archive Research Teams" und auf jeweils zwei Top-10-Seiten (einmal google.com und google.de; einmal google.com und google.at) die privaten Blogs „Writing the Holocaust" und „Shadows of the Holocaust". Auch auf den nächsten zwanzig Seiten der Suchergebnisse ändert sich das Bild nicht erheblich: Blogs mit erzieherischen Ambitionen, private Blogs, Inhalte von Zeitschriften und Recherchen zu im Entstehen begriffenen Büchern wechseln sich mit Hasskampagnen auf das Blog „holocaustcontroversies" ab. Der Vergleich mit zweimonatlich von mir durchgeführten Suchen nach denselben Ausdrücken seit Februar 2012 lässt erkennen, dass sich das Bild auch nicht wesentlich ändert, wenngleich jene Blogs mit erzieherischem Hintergrund fraglos im Vormarsch sind: Immer wieder und ganz prominent sind Blogs von Revisionisten und Holocaust-Leugnern zu finden *und* deren Argumente sind mittlerweile so verwässert, dass sie für Laien schwer als revisionistisch zu identifizieren sind.

Die detaillierte Analyse der Top-30-Suchergebnisse bei google.com (zum Beispiel jene vom 2. Februar 2013) liefert nun folgende Zahlen: 29 der hier verzeichneten Blogs sind tatsächlich Blogs, bei einem Link handelt es sich um eine endlos erweiterte Literaturliste ohne die bekannte Unterteilung in unterschiedliche Postings. 18 der Blogs stammen von Privatpersonen bzw. zwar einschlägig Arbeitenden oder Forschenden (in Museen oder Universitäten), doch die Bloggenden geben, an das Blog als „Privatsache" zu betreiben. Sieben Blogs stammen von Vereinen bzw. Organisationen, drei von LehrerInnen mit erzieherischem Hintergrund. Nur zwei Blogs werden von Museen betrieben. Inhaltlich finden sich vier revisionistische Blogs, zwei anti-revisionistische.

Der Großteil der Blogs besteht aus weniger als 50 Postings, drei haben weniger als zehn Beiträge, fünf weisen zwischen 35 und 45 Posts auf, nur vier überschreiten die 100-Postings-Marke und nur zwei bestehen aus über 200 Artikeln: Hierbei handelt es sich um das Blog von HEART (Holocaust Education & Archive Research Team) mit 349 Postings und „holocaustcontroversies" mit 924 Einträgen. Die meisten Blogs gibt es seit 2009 bzw. 2010. Zu den Ausnahmen

zählen auch hier wieder das Blog von HEART (seit 2007), „holocaustcontroversies" (2006) und „My Grandparent's Holocaust" (ebenfalls seit 2006 – doch
dieses enthält nur vier Einträge, davon sind drei Kapitel eines vom Bloggenden
verfassten Buches mit demselben Titel).

Findet sich unter diesen Blogs für einschlägig Forschende Relevantes? Die
Antwort darauf fällt ambivalent aus. Einerseits bieten Blogs wie „plundered-art"
des Holocaust Art Restitution Projects oder Julie Z. Rosenberg's Begleitblog
zu Ihrem Buchprojekt „Googling the Holocaust" einen reichen Schatz an
(online)-Fundstücken und das Blog von HEART zeugt von einer gründlichen,
andauernden und multimedialen Analyse von Detailaspekten des Holocaust.
Andererseits fällt auf, dass selbst in diesen prominenten Blogs von der Kommentarfunktion wenig Gebrauch gemacht wird. Beispielsweise gibt es auf dem
HEART-Blog in den letzten zwei Jahren lediglich zehn Kommentare. Dies
lässt zwar nicht darauf schließen, dass die Blogs nicht rezipiert werden, doch
scheinen in diesem ganz speziellen Forschungsbereich die Möglichkeiten des
„Mitmachnetzes" von der Community nicht wirklich ausgenutzt zu werden. Ist
historisches Bloggen demnach ein exhibitionistisches Privatvergnügen?

Mit dieser bewusst provokant negativen Einschätzung stehe ich nicht alleine
da.

Die Beiträge

In unserem Buch geht Andreas Fahrmeir in seinem kritischen Beitrag zu „Chance oder Sackgasse?" auf die Frage ein, ob historische Blogs, Open Peer Review
oder andere neue Formen netzbasierter Fachkommunikation in der Akademia
Anerkennung finden. Er kommt zum nüchternen Schluss, dass die Publikation
von Blogs oder Online-Kommentaren für die fachliche Reputation von Autor-
Innen nicht nur „schwer zu greifen", sondern in der Regel auch „gering bis nicht
vorhanden" sein dürften. Allerdings sieht er in der Geschwindigkeit der Pu-
blikationsmöglichkeit einen entschiedenen Vorteil gegenüber anderen Medien.
Jan Hecker-Stampehl hingegen lotet in seinem Beitrag über „Bloggen als Wissenstransfer" aus, welche Aussichten Blogs bei der Vermittlung von historischen
Inhalten und Methoden fachintern und für eine breite Öffentlichkeit haben.
Seine Analyse zeigt, dass zumindest im deutschsprachigen Raum AkademikerInnen sich „anhaltend passiv beobachtend" verhalten, oft „sogar indifferent"
erschienen. Dennoch rechnet Hecker-Stampehl den bloggenden HistorikerInnen an, dass die Subjektivität in der Historiographie in Blogs zumindest transparenter gehandhabt werde.

Dem Zusammenhang zwischen der Veränderung der Geschichtswissenschaften und dem Bloggen widmen sich gleich vier Beiträge: Pierre Mounier reflektiert in seinem Essay über das „Öffnen der historischen Werkstatt" die Veränderungen der Arbeitsbedingungen für HistorikerInnen durch digitale Technologien. Der Werkzeugkasten von historisch Arbeitenden habe sich dabei in den letzten zwanzig Jahren grundlegend geändert. Datenbanken, Digitalisierungen, kartografische Darstellungen und digitale Analysen von Netzwerken gehören bereits zu den etablierten Instrumenten. Doch vor allem die Praktiken der Netzkommunikation im Web 2.0, die sich durch ihren unhierarchischen Charakter besonders im Rahmen des *content-sharing* auszeichnen, werden zunehmend Gegenstand der wissenschaftlichen Debatte im Fach. Jan Hodel wiederum behandelt den fragmentarischen Charakter von Blogs und die daraus resultierenden historiographischen Konsequenzen. Fragmente, argumentiert Hodel, seien ein „konstitutives Element der gebloggten Historiographie" und somit nichts anderes als jede andere Quelle der Geschichtsschreibung. Folglich lasse sich in Weblogs auch nicht Geschichte schreiben, da sie fragmentarisch blieben. Auf die Anforderungen an den fragmentierten Forschenden in Form einer „Ich-AG" geht Anton Tantner in seinem Beitrag um das „Weblog als Mittel des Selbstmanagements" ein. Die neoliberale Logik, der seit der Jahrtausendwende nicht nur WürstchenbundenbesitzerInnen sondern auch HistorikerInnen unterliegen, verdamme die Arbeitenden dazu „widersprüchliche Anforderungen wie Wettbewerbsfähigkeit, Teamdenken, Vorausplanung und Risikobereitschaft" in sich zu vereinen. Tantner weiß hier auch vom erfolgreichen Vermarkten der eigenen Arbeit in seinem Blog zu berichten. Julia Schreiner andererseits stellt die Frage nach der Veränderung der Geschichts*schreibung* durch das Bloggen bzw. danach, welche Veränderungen die Geschichtsschreibung potentiell durch das Medium Blog erfahren könne. Sie findet Potentiale auf verschiedenen Ebenen, nämlich weil das *Ich* und das *Wir* in der Schreibpraxis des Webs mehr Gewicht bekämen und weil das Schreiben und das Publizieren zeitlich viel näher zusammenrückten. Gleichzeitig erkennt sie gerade darin die Gefahr der Vernachlässigung der Reflexion über das eigene Schreiben– was einer seriösen Geschichtsschreibung zum Schaden gereichen würde.

Überaus spannend gestalteten sich die Diskussionen im Open Peer Review um Newton Keys Beitrag zum „Crowdsourcing" in der frühneuzeitlichen Blogosphäre. Das Ergebnis derselben findet sich im vorliegenden Beitrag des Autors. Key beschäftigt sich dabei kreativ mit der Verbindung zwischen der Blogosphäre und der Entstehung des Forschungsbereiches „Frühen Neuzeit" als Ära. Seine eingehende Analyse frühneuzeitlicher Blogs führt zum Schluss, dass diese Blogosphäre einen erheblichen Beitrag bei der wissenschaftlichen Behandlung der „Print 2.0"-Ära (dem 17. und 18. Jahrhundert, als Flugblätter und Pamphlete Publikationen breitenwirksam und frei verfügbar machten) leistete. Weniger um Inhaltliches als vielmehr um Didaktisches geht es bei Alexander König und Christoph Pallaske. Sie widmen sich in „Blogs als virtueller Schreib- und Kommunikationsraum historischen Lernens" den didaktischen Möglichkeiten, die Weblogs heute im Klassenzimmer bieten. Sie orten große didaktische und methodische Potenziale insbesondere im Rahmen eines kompetenzorientierten und webgestützten Geschichtsunterrichts. Es gehe dabei um den Wissenserwerb historischer Inhalte ebenso, wie um die Nutzung von Blogs als Schreibwerkzeuge und den Erwerb von Fähigkeiten und Fertigkeiten eines kooperativen Lernens.

Der Analyse der Blogosphäre, also der Gesamtheit der Blogs und ihrer Verbindungen untereinander, widmet sich der Beitrag von Axel Bruns und Jean Burgess. In „Blogforschung" evaluieren sie den „Computational Turn" und die Notwendigkeit angemessener Forschungsstrategien und -techniken. Eine qualitative Blogforschung, so resümieren die AutorInnen, ermögliche das Aufzeigen kognitiver und kommunikativer Prozesse, definiere die Online-Identität der Bloggenden, unterstütze die Formulierung von Sachgebieten, Themen und Geschichten und es trete die Notwendigkeit einer längst überfällige Diskussionen einer Netzethik zutage. Über die Potentiale von „Nanopublikationen" in den Geschichtswissenschaften schreibt Stefan Heßbrüggen-Walter in „Tatsachen im Semantischen Web". Der Autor argumentiert, dass das ursprünglich in den Naturwissenschaften entwickelte Konzept gewinnbringend auch in den Geisteswissenschaften eingesetzt werden könne. Um das zu erreichen müsse aber auch darüber nachgedacht werden, „wie Computer zu besseren Lesern werden können und wie für Computer zu ‚schreiben' wäre" bzw. umgekehrt, wie weniger technikaffinen NutzerInnen ein Einstieg zu ermöglichen sei.

Die letzten Beiträge in diesem Band zeugen von erfolgreich umgesetzten Projekten: Thomas Wolf stellt das regionalarchivische Weblog „siwiarchiv. de" vor. Das Blog der Archive im Kreis Siegen-Wittgenstein ging im Januar 2012 online und publiziert Postings um das regionale Archivwesen mit einem Augenmerk auf die Regionalgeschichte. Der Beitrag erörtert Entstehung, Absichten, Erfolg und Zukunftsperspektiven des Projektes. Georgios Chatzoudis wiederum berichtet detailliert über das erfolgreiche „L.I.S.A."-Projekt, das sich zwar nicht als klassisches Blog versteht, aber ganz der digitalen Wissenskommunikation verschreibt. L.I.S.A., so reflektiert der Autor, sei deshalb auch nach beinahe drei Jahren weiterhin ein Experiment, das kontinuierlichen Adaptierungen unterliege. Last but not least gibt uns Mareike König einen Einblick in den äußerst erfolgreichen Start des deutschsprachigen Zweigs des Blogportals „hypotheses.org". Die Bestandsaufnahme des ersten Jahres der sich vernetzenden Blogosphäre lässt erwarten, dass ein Buch wie das vorliegende bereits in wenigen Jahren ganz andere Inhalte bieten wird.

Literatur

Chris Anderson: The end of Science, in: *Wired* (2008), July, Nr. 16.

Axel Bruns/Joanne Jacobs: Introduction, in: Axel Bruns/Joanne Jacobs (Hrsg.), Uses of Blogs, New York et al 2006.

Christoph Classen/Susanne Kinnebrock/Maria Löblich: Towards Web History: Sources, Methods, and Challenges in the Digital Age. An Introduction, in: *Historical Social Research/Historische Sozialforschung* (2012), Vol. 37, Nr. 4, S. 97–101.

Asiem El Difraoui: Die Rolle der Medien im Arabischen Frühling, 3.11.2011, in: Bundeszentrale für Politische Bildung (bpb) (Hrsg.), Dossier: Arabischer Frühling, [www.bpb.de/internationales/afrika/arabischer-fruehling/], eingesehen 24.4.2013.

Chris Doyle: Never Again! Online Holocaust Memorial. Blog, 2009–2013, [holokauston.wordpress.com/], eingesehen 11. Mai 2013.

John Guzlowski: Writing the Holocaust, 2009–2013 [writingtheholocaust.blogspot.co.at/], eingesehen 11. Mai 2013.

Holocaustcontroversies. Blog, 2006–2013, [holocaustcontroversies.blogspot.co.at], eingesehen 11. Mai 2013.

Holocaust Education & Archive Research Team. Blog, 2007–2013, [blog.holocaustresearchproject.org/], eingesehen 11. Mai 2013.

Holocaust Study Tour. Blog, 2010–2013, [hst10.blogspot.co.at/], eingesehen 11. Mai 2013.

Adolek Kohn and Family: I will survive, o.D. [www.youtube.com/watch?v=cFzNBzKTS4I], eingesehen, 31.3.2013.

Gert Krell/Fern Schumer Chapman: Shadows of the Holocaust. Blog, 2010–2013 [shadowsoftheholocaust.com/], eingesehen 11. Mai 2013.

Noah Ledermann: My Grandparent's Holocaust. Blog, 2006–2013 [www.mygrandparentsholocaust.blogspot.co.at/], eingesehen 11. Mai 2013.

Carson Phillips: Conversations about the Holocaust. Blog, 2011–2013, [learningabouttheholocaust.blogspot.co.at/], eingesehen 11. Mai 2013.

Biz Stone: Blogging. Genius Strategies for Instant Web Content. Boston et al 2003.

Technorati Media (Hrsg): Digital Influence Report: Conclusion, 2013, [technoratimedia.com/report/conclusion/], eingesehen 29.4.2013.

Technorati Media (Hrsg): State of the Blogosphere 2011: Introduction and Methodology, 2011, [technorati.com/social-media/article/state-of-the-blogosphere-2011-introduction/], eingesehen 29.4.2013.

viewpoint2010: The blogosphere is alive and well and I'm glad it is, Blogbeitrag 5.1.2013, in: Blog: viewpoint2010, [2010viewpoint.blogspot.co.at/2013/01/the-blogosphere-is-alive-and-well-and.html], eingesehen 24.4.2013.

Henio Zytomirski Friend's Page on Facebook: 27.3.2010 [www.facebook.com/zytomirski?fref=ts], eingesehen 31.3.2013.

Andreas Fahrmeir
Bloggen und Open Peer Review in der Geschichtswissenschaft: Chance oder Sackgasse?

Wenn von historischen Blogs oder der Bedeutung des „Web 2.0" für die Fachkommunikation in den Geschichtswissenschaften die Rede ist, komme ich mir immer sehr alt vor. Das liegt nicht (nur) daran, dass ich das Gefühl habe, vom technischen Fortschritt überrollt zu werden. Gewiss: Bei genauer Befragung müsste ich zugeben, mir weder die verschiedenen Geräte mit „i" beschafft noch eine Seite bei Facebook eingerichtet zu haben. Ich publiziere keine Tageserlebnisse bei Twitter und sehe die Partnerschaften von Einrichtungen wie Universitäten, Museen, Forschungsprogrammen und Bibliotheken mit Anbietern Sozialer Netzwerke nicht nur positiv. Dennoch fühle ich mich technisch einigermaßen auf der Höhe der Zeit. Ich schreibe meine Briefe nicht mit der Schreibmaschine, lese viele Texte in digitaler Form, habe keine Probleme mit dem Internet und finde Wikipedia ziemlich gut. Das Gefühl des raschen Alterns ergibt sich somit - rede ich mir zumindest ein - nicht aus Technophobie, sondern daher, dass ich die großen Ambitionen und Hoffnungen schon einmal erlebt habe - und auch erlebt habe, dass sie sich nicht einlösen ließen. Ich will zunächst die (vergleichsweise) alten Geschichten rekapitulieren, um dann zu fragen, was die Hoffnungen und Ambitionen heute rechtfertigen oder beschränken könnte, also, ob historische Blogs, Open Peer Review oder andere neue Formen netzbasierter Fachkommunikation diesmal besser funktionieren dürften als in den 1990er Jahren.

Historisches Web 1.0

Seit den frühen 1990er Jahren verbreiteten sich die damaligen rudimentären Formen von E-Mail und Internet unter Geisteswissenschaftler/innen. Geräte und Infrastruktur leisteten natürlich weitaus weniger als heute. Auf den kleinen Apple-Computern, die beim Einschalten lächelten, ansonsten aber aussahen wie rechteckige graue Kästen, konnte man nur Textnachrichten übermitteln oder Texteinträge aus Bibliothekskatalogen abrufen, in denen nur kleine Teile der Bestände erfasst waren. Mit Dateianhängen wurde es rasch sehr schwierig, und ans Versenden von Bildern dachte man kaum. Auf den wenigen größeren ver-

24   Andreas Fahrmeir

netzten PCs, die in meinem College zur Verfügung standen, konnte man, wenn
sie frei waren, zwar Internetseiten mit Bildern ansehen, aber diese bauten sich
recht langsam auf und waren aus fachlicher Sicht weitgehend nutzlos. Immerhin: Mit „Mirsky's Worst of the Web" (en.wikipedia.org/wiki/Mirsky%2027s_
Worst_of_the_Web) gab es 1995/96 eine schier endlose Quelle des Vergnügens.
Dort wurden regelmäßig Neuigkeiten über besonders bizarre Warenangebote,
besonders sinnige Seiten (etwa mit dem Text „Hello") und besonders grauen-
hafte Ästhetik präsentiert.

Technik-affine Kolleginnen und Kollegen kamen dennoch rasch auf die
Idee, die neuen Medien Internet und E-Mail hätten das Potential, die Kommunikation unter Personen mit gleichen wissenschaftlichen Interessen zu
revolutionieren: durch den schnelleren Austausch von individuellen Nachrichten, durch die unmittelbare Information großer Gruppen von Leserinnen und
Lesern über interessante Publikationen, Vorträge oder Tagungen und durch
die Mobilisierung des Wissens, das die Nutzerinnen und Nutzer des Internet
haben, um konkrete Fragen zu beantworten und akute Probleme zu lösen.
Einige der damaligen Erfindungen gibt es immer noch, vor allem das 1993
gegründete H-Net mitsamt seinem 1996 an den Start gegangenen deutschen
historisch-kulturwissenschaftlichen Pionier, H-Soz-u-Kult (www.h-net.org/).
Andere sind dagegen untergegangen, etwa die britische Konkurrenzidee, historische Informationslisten über „Hytelnet" anzubieten, etwa german-history
oder history-ihr (eine Übersicht über das damalige Angebot findet sich unter
www.lights.ca/hytelnet/; wenn ich recht sehe, sind diese auf einem älteren
technischen Standard basierenden Angebote für Historikerinnen und Historiker nicht ins Format des WWW überführt worden). Wieder andere haben
die in sie gesetzten Hoffnungen nicht (ganz) erfüllt, so „Reviews in History".
Diese Initiative des Londoner Institute of Historical Research sollte das aus
Papierzeitschriften bekannte Format „Rezension" durch Debatten über Bücher ablösen, die mindestens aus einer Rezension samt Replik durch Autorin
oder Autor und Kommentar der Rezensentin oder des Rezensenten bestehen
würden. Die Hoffnung war, dass Verlage das Projekt finanzieren würden. Das
Problem war freilich, dass meist sogar die Replik ausblieb (oder dauerhaft als
„in Bearbeitung" angekündigt wurde); von Diskussion war praktisch keine
Rede.

Dabei schienen die Bedingungen für netzbasierte Fachkommunikation in
den 1990er Jahren sehr gut, in manchem sogar besser als heute. Nur ein relativ
kleiner, generationell vergleichsweise homogener Ausschnitt der Fachöffentlichkeit hatte Zugang zum Netz und nutzte diesen regelmäßig. Das lag
daran, dass noch relativ wenige Institutionen ihren Angehörigen problem-
los E-Mail-Konten und Internet-Zugänge zur Verfügung stellten, wobei die
Geisteswissenschaften kaum Priorität genossen. Die Wahl von Englisch als

überwiegender Verkehrssprache deckte sich mit der Tatsache, dass die Pionierinstitutionen des Internetzugangs vorwiegend in den USA, Kanada und Großbritannien lagen. Weil die Gruppe der fachlich interessierten Internet-Nutzer/innen relativ jung war, und weil Beiträge zu internetbasierten Foren und Diskussionslisten noch nicht per „google" gefunden werden konnten, war die Kommunikation hierarchie- und risikofrei: Man brauchte sich kaum Sorgen darüber zu machen, dass die einflussreichsten Damen und Herren des Faches mitlasen oder dass man viel später für einen frechen oder naiven Kommentar zur Rechenschaft gezogen werden würde. Da das Medium relativ neu war, war die Neugierde darüber, was es leisten konnte, ebenso groß wie die Erwartungen über die Auswirkungen, die es auf das Fach haben würde. Da es wenige professionelle Datenbanken gab und Bibliographien noch kaum in elektronisch durchsuchbarer Form existierten, konnte eine in den Cyberspace ausgesandte Frage, was eine gute Publikation zu einem speziellen Thema war, längere Suchen in gedruckten Bibliographien oder auf Microfiches ersetzen und war somit selbst dann, wenn nicht immer eine (sinnvolle) Antwort kam, deutlich effizienter als das Stöbern in einer der ersten bibliographischen Datenbanken. Die überschaubare Zahl an E-Mails führte dazu, dass man selbst Serienmails gerne las, und Spam war eine kaum bekannte Größe.

Dennoch kam eine interaktive Kommunikation nur selten zustande. „Reviews in History" musste, wie gesagt, feststellen, dass sich nicht über jedes Buch streiten lässt – und dass nicht jedes Buch ein breiteres (Fach-)Publikum interessiert. Zudem nahm die Konkurrenz um die Aufmerksamkeit im virtuellen Raum rasch zu. Die Zahl der Rezensionen auf H-Net wuchs rasant an; mit H-Review (www.h-net.org/reviews/home.php) entstand eine Liste, die Literaturinformationen bündelte und damit Leserinnen und Leser ansprechen wollte, die im Prinzip ein normales Rezensionsorgan in virtueller Form abonnieren wollten, ohne sich für Diskussionen und andere Nachrichten zu interessieren. Die 2001 gegründeten sehepunkte (www.sehepunkte.de/) waren ähnlich konzipiert. „Reviews in History" (www.history.ac.uk/reviews/) publiziert inzwischen – genau wie der Rezensionsteil von H-Soz-Kult oder die sehepunkte – überwiegend unkommentierte Rezensionen sowie Links zu Buchbesprechungen von historischem Interesse, die in den Online-Versionen großer Tageszeitungen erscheinen.

Die Listen des H-Net, die ursprünglich fast alle als Ort gedacht waren, an dem über aktuelle Themen des Faches sowie über konkrete Probleme der Forschungspraxis diskutiert werden sollte, generierten eine sehr unterschiedliche Zahl von Diskussionssträngen oder Fragen, auf die es sinnvolle Antworten gab oder die von der Listengemeinde als hinreichend komplex bewertet wurden, um von Interesse für jede Inbox zu sein. Das schloss simple bibliographische Anfragen bald aus, zumal die Digitalisierung der entsprechenden Datenbanken und ihre weitgehend kostenfreie Bereitstellung im Netz sie zunehmend überflüssig machte. Auf allen Listen findet sich inzwischen eine große Zahl von kaum kommentier- oder diskutierbaren Nachrichten über Konferenzen, Vorträge, Publikationen oder freie Wohnungen an zentralen Archivstandorten. Aus Diskussionsforen wurden somit teilweise sehr nützliche Anzeigenblätter, in denen sich gelegentlich inszenierte Debatten finden, die aus zu diesem Zweck erbetenen Beiträgen zusammengesetzt werden. Diese generieren eine überschaubare Zahl an Kommentaren oder bleiben gänzlich unkommentiert. Ähnliches gilt für den „Blog" der American Historical Association, wo Debatten (wie jüngst über das Fernsehduell zwischen Obama und Romney in Denver) von der Redaktion organisiert werden und die Kommentarfunktion kaum genutzt wird (blog.historians.org/). Auch hier handelt es sich bei den meisten Beiträgen um Aufsätze, Interviews oder Ankündigungen von Stellenausschreibungen oder Veranstaltungen.

Zugegeben: Niveau und Umfang der Debatten unterscheiden sich von Liste zu Liste, wie von Blog zu Blog. H-Albion beispielsweise ist ein Ort relativ reger Diskussionen geblieben. Dasselbe gilt vermutlich auch für H-Grad, eine Diskussionsliste, die sich ausschließlich an Doktorandinnen und Doktoranden richtet – aber bezeichnenderweise durch Passwörter geschützt ist, um eine vergleichsweise risikofreie Diskussion etwa über Promotionsbedingungen oder Ärger mit seinen Betreuerinnen und Betreuern zu ermöglichen. Die sehepunkte erhalten kaum Reaktionen auf die publizierten Rezensionen. Beim „Lesesaal", den die Frankfurter Allgemeine Zeitung zum fünften Band von Hans-Ulrich Wehlers Gesellschaftsgeschichte im Internet einrichtete, blieb die Zahl der Kommentare trotz des offenbar großen Interesses, das sich in der Zahl der Seitenaufrufe niederschlug, und der starken medialen Resonanz auf Wehlers Buch sehr überschaubar (lesesaal.faz.net/wehler/index.php).

Man wird also konstatieren müssen: Es gibt eine längere Geschichte von Angeboten zur interaktiven fachlichen Diskussion im Netz, zur offenen, kaum oder gar nicht moderierten Diskussion von Texten und Forschungsergebnissen (also zu Verfahren des Open Peer Review avant la lettre). Aus vielen Ideen haben sich dauerhafte und populäre Orte der Fachkommunikation entwickelt – deren Finanzierung jedoch vielfach prekär bleibt. Allerdings hat die Kommunikation dort weniger die Form einer offenen, breiten, extrem kenntnisreichen und die Wissenschaft weiterführenden Diskussion angenommen, sondern sie besteht aus der Ankündigung von Veranstaltungen oder Stellenausschreibungen sowie der Verbreitung von in ihrem Format relativ konventionellen Rezensionen bzw. kürzeren Beiträgen. Diese Erfahrung hat freilich nichts daran geändert, dass immer neue Angebote für offene, spontane Fachkommunikation gemacht werden. Jan Hodel hat zurecht angemerkt, dass sich das Verhältnis von Präsentation und Diskussion im Netz gar nicht sehr von dem auf vielen Tagungen unterscheidet

– wenn man das Bild aufgreift, das ich sehr gelungen finde, kann man die immer neuen Initiativen als die andauernde Suche nach einem Online-Äquivalent für den wenig formalisierten Austausch am Rande von Konferenzen sehen. Unabhängig davon, als was man sie betrachtet: Ob die neuen Angebote Erfolg haben werden, hängt davon ab, ob sie relativ hohe Hürden überwinden können. Das scheint mir am schwierigen Verhältnis zwischen Angebot und Nachfrage, an den Vorteilen eines Closed Peer Review und schließlich an Eigenarten des Faches zu liegen – was ich im Folgenden kurz begründen will.

Neue und alte Herausforderungen

Angebot und Nachfrage

Die erstrebte fachliche Wirkung des Bloggens, der Open Peer Review oder der offenen Diskussion in Foren unterschiedlicher Art setzt meines Erachtens dreierlei voraus: Dass die entsprechenden Texte eine einigermaßen breite, fachlich kompetente Leser/innenschaft finden; dass die Autorinnen und Autoren die Texte und Kommentare, die sie verfassen, als so wichtig betrachten (können), dass sie bereit sind, erhebliche Mengen an Zeit in sie zu investieren; und dass die Lektüre von Text, Kommentaren und eventueller Diskussion schneller oder auf andere Weise effektiver weiter führt, als es die Lektüre eines auf konventionelle Weise referierten und publizierten, nicht unmittelbar kommentierbaren Textes getan hätte.

Was die zu erwartenden Leserinnen und Lesern betrifft, befinden wir uns in einer Situation, in der sich Historikerinnen und Historiker kaum über einen Mangel an Lesestoff zu beklagen haben. Das ist natürlich keine zentrale Erwägung, wenn man davon ausgeht, Autorinnen und Autoren interessierten sich vor allem für das Schreiben, weniger für das Gelesenwerden – dann ist allein die Zeit relevant, die Autorinnen und Autoren erübrigen können. Erwartet man jedoch ein Publikum, so muss sich jede neue (und alte) Form historischer Texte gegen eine enorme Konkurrenz durchsetzen: die Fülle des bereits Publizierten, denn Bücher und Artikel werden in unserem Fach ja gerade nicht deswegen irrelevant, weil sie älteren Datums sind; die Neuerscheinungen in etablierten Formaten wie den hunderten von print und/oder online publizierten Fachzeitschriften, den zahlreichen Buchreihen und den tausenden jährlich erscheinenden Monographien; die Feuilletons von Tageszeitungen sowie die akademischen Publikumszeitschriften mitsamt den ihnen angeschlossenen Blogs und Internet-Aktionen; die etablierten Informationslisten und Rezensionsportale; schließlich die zahlreichen in elektronischer oder in Papierform weitergereichten Alltagstexte wie Förderausschreibungen, Hausarbeiten oder Sitzungsprotokolle. In dieser Konkurrenzsituation wird vermutlich nur erfolgreich sein können, wer Informationen bietet, die an anderer Stelle nicht vorhanden sind. Das müssen selbstverständlich nicht neue Erkenntnisse sein, sondern es kann sich auch um eine Zusammenstellung von Informationen handeln – wobei die Erfahrung mit Linklisten und ähnlichen Angeboten sogar zeigt, dass derartige Seiten besonders intensiver Pflege bedürfen, um nicht zu veralten. Die Informationen müssen sich relativ zielsicher an Adressatinnen und Adressaten richten, die an ihnen Interesse haben. Dabei ist in meinen Augen nicht entscheidend, ob das Publikum am Ende sehr groß oder eher überschaubar ist; zwei- oder dreistellige Zugriffszahlen müssen keinen Misserfolg signalisieren. Angesichts der enormen Zahl von Seitenzugriffen, „followers" bestimmter Twitter-Konten oder Facebook-„Freunden" geht das gelegentlich unter. Viele wissenschaftliche Monographien werden in Bibliotheken ja auch nur wenige Male ausgeliehen, während viele Fachartikel nur eine sehr begrenzte Zahl von Kopier- oder Download-Versuchen erleben, ohne deswegen gleich gescheitert zu sein.

Leserinnen und Leser müssen aber in der Lage sein, schnell zu finden, was sie lesen wollen oder müssen – vor allem dann, wenn das erklärte Ziel des Mediums in der „schnellen, einfachen und regelmäßigen Veröffentlichung aktueller Forschungsthemen und -ergebnisse" besteht, wie es das wissenschaftliche Blogportal hypotheses formuliert (de.hypotheses.org/). Mit der fokussierten Zugänglichmachung von Informationen hatte und hat bekanntlich aber bereits H-Net erhebliche Probleme. Es war faktisch nicht möglich, Listen so zu konfigurieren, dass sie überschneidungsfrei sind. Manche Diskussionslisten haben einen methodischen Fokus, andere einen geographischen, wieder andere zielen auf einen Gegenstand, eine letzte Gruppe auf eine Kommunikationssprache. Wer sicher sein will, alles zu seinem Thema mitzubekommen, muss somit mindestens drei Listen abonnieren – die sie oder er dann vermutlich eher kursorisch als intensiv zur Kenntnis nehmen wird. Ein Blogportal wie „hypotheses" setzt sogar von vornherein auf die Geisteswissenschaftlerin/den Geisteswissenschaftler als Universalist/in, die/der sich für alles interessieren könnte und bereit ist, mittels von in keine Systematik eingefügter Suchbegriffe zu überprüfen, was die Seite so hergibt. Vor diesem Hintergrund ist die Erwartung, viele Kolleginnen und Kollegen würden sich begeistert aufs Geratewohl durch neue Blogs oder Diskussionslisten blättern, vielleicht optimistisch. Dazu kommt die Frage, ob Blogs wissenschaftliche Ergebnisse in unserem Fach wirklich direkter und vor allem effizienter zugänglich machen können als der Blick in Inhaltsverzeichnisse von Zeitschriften (etwa auf H-Soz-u-Kult oder mittels des Angebots der Verlage) oder in Bibliographien, die inzwischen durch ständige Aktualisierungen rasch und relativ präzise den Weg zu Publikationen weisen.

Ob viele Historikerinnen und Historiker also dazu bereit sein werden, Blogs zu „folgen", bleibt zumindest offen. Das wäre freilich keine Frage, wenn die dort angebotenen Texte viel besser, schlagkräftiger, spannender wären als in anderen Medien. Da kein Text spontan entsteht, sondern Arbeit erfordert – der Recherche, des Schreibens, des Formatierens, des Publizierens – setzt das voraus, dass Wissenschaftlerinnen und Wissenschaftler ihre begrenzte Zeit eher in das Verfassen von Blogs oder Kommentaren investieren als in das von Qualifikationsschriften, Aufsätzen in Medien, die in konventioneller Weise „peer reviewed" sind, Beiträge zu Zeitungen, wo Artikel honoriert werden – oder in das Schreiben von Anträgen, die geeignet sind, Forschungsmittel zu generieren. Mehr noch: Autorinnen und Autoren von Blogs müssten bereit sein, gänzlich darüber hinwegzusehen, was im Moment nach den Kriterien von Universitätsspitzen und Wissenschaftsverwaltungen als besonders wertvolle Textgattungen angesehen wird. In den Geisteswissenschaften sind das die Qualifikationsschriften, eventuell weitere Monographien, zunehmend Artikel in „peer reviewed" Publikationen sowie Texte, deren Ziel nicht die Veröffentlichung, sondern die Akquise von Forschungsgeld ist. Blogs und die meisten Open-Access-Publikationen erfüllen gegenwärtig keines dieser Kriterien. Obgleich eine Blog-Plattform durchaus Drittmittel anziehen und verausgaben kann, sind die Folgen der Publikation von Blogs oder Online-Kommentaren für die fachliche Reputation von Autorinnen und Autoren sehr schwer zu greifen. In der Regel dürften sie gering bis nicht vorhanden sein. In die Verfahren der wissenschaftlichen Evaluation gehen solche Texte praktisch nicht ein. Sie können allenfalls als Rezensionen, Tagungsberichte oder Artikel Eingang in Publikationslisten finden, also dann, wenn sie sich an etablierte Genres anlehnen und somit eher das Äquivalent eines Tagungsvortrags als der Diskussion am Rande einer Tagung darstellen. Anders gesagt: „Definitive" Arbeiten und Ergebnispräsentationen genießen eine Anerkennung, die „provisorischen" derzeit versagt ist.

Das war in den 1990er Jahren insofern anders, als wissenschaftliche Texte weniger klar hierarchisiert waren – Dissertation und Habilitation waren natürlich von überragender Bedeutung, aber von Punktlisten für unterschiedliche Arten von Texten hatte man eigentlich noch nichts gehört. Im Gegenteil: Die Partizipation in an elektronischen Medien konnte als besonderer Ausweis technologischer Kompetenzen gelten, die damals noch eher selten und daher bei einzelnen Universitäten entsprechend begehrt waren. Allerdings war die Aussicht, kurze Texte (um die es sich in den neuen Formaten meistens handelte und handelt) für den Lebenslauf nutzbar zu machen, ebenfalls gering. Das führt mich zur Schlussfolgerung: Wer sich die Mühe macht, für eine unter Umständen kleine Gemeinde von Leserinnen und Lesern anspruchsvolle Texte zu gestalten oder viel Zeit für Lektüre und Kommentierung aufzuwenden, muss sich zumindest gegen den Trend stellen – das verdient hohes Lob, aber man kann allen, die sich demnächst auf Stellensuche befinden könnten, nicht ohne weiteres dazu raten.

Open Peer Review

Diesem eher zynischen Argument – Blogs und andere Formen der offenen Kommunikation haben das Problem, dass sie gegenwärtig kaum honoriert werden – kann man freilich die Erwartung entgegensetzen, dass die Möglichkeit des freien Kommentierens großes Potential hat. Es könnte bessere Texte generieren als Verfahren des Closed Peer Review, die in Produkten münden, die im Netz in aller Regel allenfalls als kostenpflichtige oder (wie bei Nationallizenzen) mit bürokratischen Hürden versehene Angebote zugänglich sind. Diese Vermutung richtet sich ebenfalls gegen den Trend. Meist wird angenommen, Texte seien besonders wichtig, wenn sie sich in kaum transparenten Review-Verfahren behauptet haben, die über möglichst hohe Ablehnungsquoten berichten. Sieht man einmal von der allgemeinen Präferenz für Evaluations- und Auswahlverfahren ab, in denen viele Teilnehmer/innen um wenige Preise konkurrieren, und die daher zumindest in statistischer „Exzellenz" münden, so spiegelt sich darin die Wahrnehmung, es gebe nicht zu wenige, sondern zu viele wissenschaftliche Texte. Allein eine rigide Auswahl könne daher sicherstellen, dass man nicht in Geschriebenem ertrinkt, und dass man anhand externer Kriterien schnell entscheiden kann, was man lesen muss, was man lesen kann und was man gar nicht zu beachten braucht.

Die Haltung zum Open Peer Review wird natürlich davon abhängen, was man von der Praxis des Peer Reviews in den Geisteswissenschaften im Allgemeinen hält. Mir scheint, dass Review-Verfahren dazu beitragen (können), Aufsätze zu verbessern und offensichtlich sehr schwache Beiträge abzulehnen. Allerdings sind Gutachter/innen weder allwissend noch unfehlbar. Jeder Versuch, in überschaubaren Fächern alle persönlichen, politischen oder wissenschaftspolitischen Sympathien und Antipathien auszuschalten, ist von vornherein zum Scheitern verdammt. Jede und jeder Herausgeber/in einer historischen Zeitschrift wird die Erfahrung gemacht haben, dass sie oder er einen Aufsatz aufgrund des Rats von Gutachter/innen mit guten Gründen abgelehnt hat, der dann in einem ebenso hoch angesehenen Konkurrenzorgan erscheint. Darüber, ob Peer Review per se wirklich dazu geeignet ist, inhaltliche Standards über ein gewisses Maß hinaus zu verbessern, kann man also mit guten Gründen streiten. Und man wird sich hoffentlich schnell darauf einigen können, dass es fatal wäre, wenn nicht mehr darüber diskutiert wird, was in einem Text steht, sondern nur noch darüber, wo er erschienen ist.

Das ändert freilich nichts an der Existenz des Peer Reviews als sozialer Praxis, die bestimmten Publikationen eine besondere Legitimität verleiht. Um das zu gewährleisten, ist entscheidend, dass zumindest behauptet wird, die Reviewer stammten aus dem Kern der jeweiligen Profession; nur das verleiht ihrem – gegebenenfalls subjektiven – Urteil seine Legitimität und der „peer-reviewten"-Publikation ihre Aura. Vielleicht ist es daher sinnvoll, Vor- und Nachteile unterschiedlicher Alternativen zu betrachten. Ein als Open Review gestaltetes Verfahren, in dem ein Text zugänglich gemacht wird und dann von allen kommentiert werden kann, kann diesen Aspekt kaum reproduzieren. Denn hier handelt es sich bei den „Gutachterinnen und Gutachtern" zumindest im Prinzip um (möglicherweise anonyme) Beiträger, deren fachliche Qualifikation kaum überprüfbar ist (das ist bei dem hier vorliegenden Projekt anders). Da es in der Geschichtswissenschaft bei der Bewertung von Beiträgen und Argumenten selten um richtig oder falsch, sondern um Interpretation und Gewichtung geht, wäre es bei einem solchen Verfahren schwierig, die Bedeutung eines Beitrags im Netz – zumal dann, wenn es sich um eine kurze Kritik handelt – völlig von der Identität der Autorin oder des Autors abzulösen. Das ist aber, folgt man Olivier Dumoulins Argument, das anhand der Rolle historischer Experten vor Gericht entwickelt wurde, in unserem Fach ohnehin kaum möglich.

Bereits die Bezeichnung Open Peer Review setzt dagegen voraus, dass jemand sicherstellt, dass die Diskussion auf Peers begrenzt bleibt – und bekanntlich hat die Definition der Peer Group großen Einfluss auf das Ergebnis. Dieses Projekt ist ein schönes Beispiel: Wäre dieselbe Diskussion zustande gekommen, wenn man es nicht auf dem Historikertag, sondern auf dem Rechtshistorikertag oder einem Kongress der historischen Erziehungswissenschaften beworben hätte? Welche Rolle spielt, wer das Projekt mit welcher Energie organisiert, und wer sich daran beteiligt? Welche Rolle spielt das Thema? Das Argument, Open Peer Review im hier praktizierten Sinne ermögliche die Erstellung eines kohärenten Sammelbands, dessen Beiträge aufeinander reagieren, ist zwar richtig – aber das ist weder eine revolutionäre Praxis, noch wird sie durch dieses Verfahren eher gefördert als durch denkbare Alternativen: den Austausch von Kapitelentwürfen per Post oder Mail oder den nicht-virtuellen Workshop, auf dem keine Vorträge gehalten, sondern im Vorfeld zirkulierte Papiere diskutiert werden.

Die Zusatzleistung des Open Peer Review ist selbstverständlich die Öffnung der Diskussion für eine Fachöffentlichkeit, die an einem Buchprojekt beteiligt werden kann, von dem sie normalerweise nur das Endprodukt zu sehen bekommen würde. Davon können Autorinnen und Autoren enorm profitieren –

so habe ich es noch selten erlebt, dass einer meiner Texte so gründlich lektoriert und diskutiert wurde wie hier.

Bei der Ausgestaltung eines Open Peer Review-Verfahrens sind unterschiedliche Varianten denkbar: Man kann eine Diskussion mit dem Ziel veranstalten, eine Verbindung von Text und Kommentaren zu produzieren; man kann eine Diskussion in Gang bringen, deren Ergebnis darüber entscheidet, ob ein Text in gegebenenfalls veränderter Form publiziert wird; oder man kann Diskussion und Publikationsentscheidung trennen. Man kann zudem Autorinnen und Autoren – wie Kommentatorinnen und Kommentatoren – dazu verpflichten, unter ihrem Namen oder anonym zu publizieren. Wenn man sich dafür entscheidet, dass alle mit offenen Karten spielen, entgeht man selbstverständlich der Asymmetrie von Closed Peer Review-Prozessen, bei denen die Begutachteten in aller Regel nicht wissen, wer ein Urteil über ihren Text gefällt hat. Insofern müssen sie nicht darauf vertrauen, dass diese Urteile in einer Weise zustande gekommen sind, die eine neutrale, sachliche Bewertung wahrscheinlich macht, sondern können das überprüfen. Zugleich kann ein solches Verfahren aber die Offenheit der Kommentare begrenzen. Wenn man dagegen ein Double Blind-Verfahren bevorzugt, bei dem eine Moderatorin oder ein Moderator über die prinzipielle Peer-Fähigkeit entscheidet, die Kommentare zu einem anonymen Text aber anonym bleiben, kann sich das Problem stellen, wie man einzelne Kommentare gewichten soll. Wo genau die Grenze zwischen ernsthaften fachlichen Schwächen und weniger populären Positionen, die man trotz Kritik zur Kenntnis nehmen sollte, verläuft, wird im Open Peer Review kaum leichter zu entscheiden sein als in seinem geschlossenen Gegenstück.

Wichtiger scheint mir eine andere Frage: Ist nicht die Kapazität der Kolleginnen und Kollegen, sich an Open Peer Reviews (die gegenwärtig – anders als die Teilnahme an Closed Peer Reviews – kaum als wissenschaftliche Aufgabe anerkannt sind) zu beteiligen, ebenso begrenzt wie die Möglichkeit, Zeit für Blogs zu erübrigen? Im Closed Peer Review werden einzelne Kolleginnen und Kollegen um ihr Urteil gebeten. Sie wissen, dass dieses Urteil Gewicht hat, auch wenn man ihm nicht immer folgt. Mit sehr wenigen Ausnahmen werden sie im Interesse der Betroffenen wie des Wissenschaftssystems relativ rasch gutachten. Im Open Peer Review ist dagegen in der Regel nicht klar, welches Gewicht der eigenen Meinung zukommen wird – weil am Anfang unbekannt ist, wie viele Kolleginnen und Kollegen kommentieren werden. Expertinnen und Experten, die man vielleicht zum Closed Peer Review eingeladen hätte, werden unter Umständen gar keine Beiträge liefern. Jenseits von Pioniervorhaben wie diesem ist noch weitgehend offen, wie hoch die Qualität der Kommentare dauerhaft sein wird – und was normalerweise am Ende eines erfolgreich durchlaufenen Open Peer Review-Verfahren stehen kann; ein gedrucktes Buch wird es wohl zumindest nicht in jedem Fall sein.

Da es für die Funktionsfähigkeit eines Open Peer Review-Verfahrens entscheidend ist, dass sich Peers beteiligen, scheidet das Format der Open Review – das zugleich das offenste und demokratischste wäre – wohl aus. Denn in diesem müssten Expertinnen und Experten zu einer Arbeit an der Sache zusammenkommen, ohne dass Autoritätspersonen entscheiden, wer Peer sein kann und wer nicht. Ein solches Vorgehen ist in einem Fach wie dem unseren im Netz faktisch kaum möglich – es sei denn, man wollte die Peer-Fähigkeit auf Mitarbeiter/innen universitärer Einrichtungen beschränken, die alle im Netz gut sichtbar sind, so dass jeder ihre Qualifikation überprüfen kann – für Spezialistinnen und Spezialisten, die in der Wirtschaft, an Schulen oder sogar in Museen und Archiven arbeiten, gilt das aber kaum in gleicher Weise. In vielen Disziplinen würde sich die Auswahl der Diskussionspartner/innen von selbst ergeben. Foren, in denen Spezialfragen der reinen Mathematik oder theoretischen Physik diskutiert werden, wird man als absoluter Laie weder finden, noch als interessant ansehen. Sollte jemand doch versuchen, mit blöden Sprüchen mitzudiskutieren, kann man die Beiträge mühelos identifizieren und überlesen. (Das wäre bei naturwissenschaftlichen Themen wie Klimawandel oder Evolution natürlich ganz anders.)

Die fachimmanenten Hürden in Geisteswissenschaften sind dagegen in den meisten Fällen deutlich geringer. Zwar sind die Themen inhaltlich vielfach extrem spezialisiert, aber weder Formalismen noch ein für Laien völlig hermetisches Vokabular entfernen die Diskussion so weit von der Alltagssprache, dass ein Zugang unmöglich ist – sieht man von langen Passagen in Quellensprachen wie Latein ab. Der Zugang zur Diskussion ist daher scheinbar relativ einfach, die politische Relevanz vieler Themen überaus einsichtig, die Bereitschaft zum Mitdiskutieren und zum wenig qualifizierten Bewerten potentiell enorm. Das senkt die zu erwartende Qualität von Kommentaren und Hinweisen und eröffnet Spielräume für Missbrauch – man denke an die kuriosen Fälle von „Peer Review" durch Autoren oder ihre Konkurrenten auf amazon. So wurden die sehepunkte rasch von rechtsradikalen Kreisen entdeckt, die die vermeintliche Offenheit der Onlinerezensionen nutzen wollten, um ihre Lieblingsmilitaria-Bücher oder Gesinnungsschriften in einem wissenschaftlichen Kontext zu präsentieren und andere Sichtweisen von einer privilegierten Position aus, die durch das erkennbar wissenschaftliche Format der Rezensionsplattform gegeben war, diffamieren zu können. Natürlich kann man auf der Angabe von Klarnamen bestehen – aber ich wäre wenig optimistisch, dass man die Echtheit der Angabe immer überprüfen kann. Am Schluss landet man dann rasch bei einer traditionalen akademischen Hierarchisierung der Beiträge (etwa nach der Qualifikationsstufe der Autorinnen und Autoren). Eine offene Diskussion kann natürlich auch interessant sein, gerade weil sie nicht fokussiert ist – das ist aber etwas anderes als Review. So war ich etwas überrascht, dass dieser Artikel aus der Sicht vieler Kommentare vor allem etwas mit Open vs. Closed Access zu tun zu haben schien. Selbst wenn man das kollektive Urteil am Ende von Closed Peer Review-Verfahren nicht als absolut richtig anerkennt, bleibt es somit unwahrscheinlich, dass seine Qualität geringer ist, als das Urteil, dass – zum gegenwärtigen Stand – in Open Peer Review-Verfahren typischer Weise erreicht werden könnte. Es hat zumindest den Vorteil, einigermaßen ökonomisch mit der Zeit der Beteiligten umzugehen. Wenn man das Gefühl hat, dass Verfahren des Closed Peer Review die Veröffentlichung wichtiger Ergebnisse verhindern oder verzögern oder dass sie zentrale Positionen ausgrenzen, wäre die Antwort meiner Ansicht nach weniger Open Peer Review als die klassische Methode der Gründung einer neuen Zeitschrift – mit oder ohne Peer Review, im Open oder Closed Access. Das ist freilich mit erheblichem Aufwand verbunden: für Werbung, für die Etablierung eines Profils, für die Akquise von Artikeln und/oder Rezensionen, für das Versenden von Rezensionsexemplaren, für das Einspeisen in Bibliographien, für Peer Review, für Redaktionsarbeit.

Der Wert der Geschwindigkeit

Selbst, wenn man nicht glaubt, dass durch neue Verfahren bessere Texte entstehen können als durch traditionelle, bleibt Blogs ein entscheidender Vorteil: Die Geschwindigkeit, mit der eine Publikation möglich ist. Die Frage wäre freilich, welche Bedeutung das für unser Fach hat. Man kann per Blog natürlich ein Forschungsfeld schneller für sich reklamieren als durch einen Eintrag bei der AHF – aber der Abstand beträgt inzwischen eher Wochen als Monate. Theoretische Bezugspunkte, die als besonders aktuell gelten, stammen mehrheitlich aus den 1960er und 1970er Jahren – sind also offenbar selbst nach 50 Jahren nicht veraltet. Die Rezeption von Beiträgen erfolgt in der Regel erst im Laufe der Zeit – die notwendig ist, um komplexe Argumente auf der Basis umfassender Quellenkorpora differenziert zu verstehen und zu beurteilen. Weder empirische noch theoretische Beiträge in Monographien „veralten" in den zwei bis drei Jahren, die vielfach zwischen Publikation und dem Beginn einer intensiveren Wahrnehmung liegen. In einer Wissenschaft, die auf der immer erneuten Reflexion von Quellen beruht, die im Prinzip vielfach bekannt sind, gibt es ja keinen wissenschaftlichen Fortschritt, der sich linear weiterbewegt – nur aktuellere und weniger aktuelle Debattenkontexte, deren Konjunkturen sich aber eher in Jahren als in Monaten bemessen. Dass man sich immer wünscht, es könnte offener, schneller, differenzierter, pluralistischer zugehen, man könnte einen Weg finden, unmittelbar mit den wenigen Menschen zu kommunizieren, die sich für dieselben Probleme interessieren wie man selbst – das ist klar und notwendig. Insofern müssen die Versuche, über neue Kommunikationswege nachzudenken, immer wieder unternommen werden. Aber ob die Revolutionierung der Wissenschaftskommunikation mit Hilfe gar nicht mehr so neuer Techniken gelingen kann, obwohl entsprechende Versuche bisher nicht besonders gut funktioniert haben, bleibt in meinen Augen sehr fraglich.

Literatur

Olivier Dumoulin: Le rôle social de l'historien. De la chaire au prétoire. Paris 2003.

Jan Hecker-Stampehl
Bloggen in der Geschichtswissenschaft als Form des Wissenstransfers

Die Publikationskultur in der Geschichtswissenschaft steckt in einem grundlegenden Veränderungsprozess. Bei der Erweiterung des publizistischen Repertoires von Historikerinnen und Historikern spielen Blogs eine große Rolle – unter der Überschrift einer „digital scholarship" (hierzu Weller 2011, Kap. 4 „The Nature of Scholarship") sind sie in vielen Disziplinen ein immer stärker genutztes Mittel zur Positionierung als Forscherin oder Forscher. In diesem Beitrag sollen die Chancen ausgelotet werden, die geschichtswissenschaftliche Blogs für die Vermittlung von Inhalten und Methoden des Fachs – fachintern und an die viel beschworene „breite Öffentlichkeit" – spielen können. Der Beitrag ist nicht empirisch angelegt, sondern versucht gewissermaßen, das Terrain „auszuloten" und Potenziale aufzuzeigen. Grundlage sind medien- und kommunikationswissenschaftliche Auseinandersetzungen mit der Blogosphäre im Allgemeinen, aber auch fachspezifische Erörterungen zur Geschichtskultur und zur historischen Blogosphäre im Besonderen.

Blogs und Digital Scholarship

Es gibt nicht nur immer mehr Akademikerinnen und Akademiker, die Blogs lesen, es bloggen auch immer mehr von ihnen aktiv: „The target group or audience for these blogs is not necessarily only peers; the blogging activity can also be intended to disseminate research results to the public at large." (Kjellberg 2010) Wissenschaftliches Bloggen etabliert sich zusehends als weitere Form wissenschaftlichen Publizierens. In der anglo-amerikanischen Academia ist dies im Bereich der Geschichtswissenschaft schon so weit vorangeschritten, dass bloggende Historikerinnen und Historiker in einer populärwissenschaftlichen Zeitschrift sogar als Normalität beschrieben wurden (Poyntz 2010). Im deutschsprachigen Bereich ist dem nicht so – darum gibt es ja dieses Buchprojekt. Indes wächst die Zahl deutschsprachiger geschichts- und sozialwissenschaftlicher Blogs etwa auf der Plattform hypotheses.org in beeindruckendem Maße und in faszinierender fachlicher Vielfalt.

Für viele Akademikerinnen und Akademiker aus den Geistes- und Sozialwissenschaften scheint trotz dieser unbestreitbaren Dynamik die Feststellung zuzutreffen, dass sie in Hinblick auf die wissenschaftliche Blogosphäre passiv beobachtend verharren oder gar als indifferent erscheinen. Sie scheinen auf einen Appell zur Beteiligung zu warten – der aber nie erschallt (Quiroga 2011, S. 77). Das Heft des Handelns müssten nämlich *sie* in die Hand nehmen: Wer Teil der Blogosphäre werden will, muss selbst aktiv werden. In deutschsprachigen akademischen Milieus beinhaltet dies häufig noch, Kommentare zu erhalten wie „ist das ‚richtige Wissenschaft'?" oder „das ist doch irrelevant und banal". Blogs sind aber auch geradezu zum Inbegriff eines neuen digital geprägten Wissenschaftlerdaseins geworden – weil sie so einfach und schnell zu realisieren sind. Zugleich liegt in ihrer technischen wie inhaltlichen Unbeschränktheit auch ein Grund dafür, dass die Skepsis vielerorts noch anhält (Weller 2011, S. 5).

Wer „digital scholarship" sagt, meint auf jeden Fall an zentraler Stelle – wenn auch nicht alleinig – Blogs. Der Wandel, der sich durch das Anwachsen der *historyblogosphere* abzeichnet, ist ein grundlegender und wird die Kommunikationskultur innerhalb des Fachs sowie vom Fach aus nach außen massiv verändern. Die anfängliche Zurückhaltung könnte auch ihr Gutes gehabt haben: Blogs sind durch mehrere Phasen von Skepsis und vehementer Kritik gegangen und vieles, was in der Frühphase über die Blogosphäre im Allgemeinen festgestellt wurde, hat sich abgeschliffen. Wenn es vor 15 Jahren überhaupt wissenschaftliche Blogs gab, haftete ihnen häufig der Geruch des Unseriösen an. Doch mittlerweile haben sich die verschiedensten Nutzungsformen von Blogs im akademischen Bereich etabliert. Eine davon ist ganz grundlegend die Kommunikation über fachliche Inhalte, das Schreiben über die eigene Forschungstätigkeit, das Informieren über fachliche Kontroversen und Debatten oder Hinweise auf Hintergrundwissen zu tagespolitischen Auseinandersetzungen (um nur einige Beispiele zu nennen). Mit dem wissenschaftlichen Bloggen steht der Geschichtswissenschaft ein neuer Kanal zur Verfügung, der die Chance in sich birgt, neue Verbindungen zwischen der fachlichen und der breiten Öffentlichkeit zu knüpfen – oder alte zu erneuern.

Wissenstransfer innerhalb der Geschichtswissenschaft

Die Geschichtswissenschaft ist anno 2013 in viele Unterdisziplinen ausdifferenziert. Dieser Prozess setzte im Prinzip mit der Verwissenschaftlichung der Geschichtsschreibung ein, wenn auch die meisten Verzweigungen des Fachs in der Zeit nach dem Zweiten Weltkrieg entstanden sind. Gelegentlich wird die im Laufe der Zeit entstandene Pluralität von Diskursen noch zusammengeführt, etwa beim Deutschen Historikertag. In der Alltagspraxis pflegen jedoch

Mediävistinnen und Mediävisten eine eigene Diskussion, die Osteuropäische Geschichte gilt nahezu als eigenes Fach, die Lateinamerikahistorikerin wird nur selten Berührungspunkte mit den Gegenständen des Nordeuropahistorikers finden. Die hochgradige Spezialisierung, die in den Qualifikationsarbeiten abverlangt wird, führt dazu, dass Expertenwissen häufig in kleinteiligen Milieus akkumuliert und diskutiert wird. Hier entstehen methodisch wie von der Quellenerschließung her oft sehr ambitionierte Arbeiten, die aber ein eher kleines Publikum erreichen. Auf der anderen Seite stehen die immer stärkere Beschäftigung mit der deutschen Geschichte oder gleich die Verlagerung auf Phänomene der Globalgeschichte, nicht zuletzt auch postkoloniale Ansätze. Diese knappen Hinweise deuten schon an, dass es widersprüchliche Trends gibt, dass Forderungen erhoben werden – wie etwa jüngst nach einer stärker transnational ausgerichteten Geschichtswissenschaft – die in Teilen des Fachs längst gängige Praxis sind. Man weiß schlichtweg zu wenig übereinander. Allein fachintern sollten Blogs eine viel größere Rolle im Wissenstransfer spielen und im Abbau von Hierarchien hilfreich sein.

Die Aufsplitterung des Fachs in einzelne Epochen, gar Subdisziplinen wird auch in der *historyblogosphere* nicht aufgehoben – dies soll und kann sie auch gar nicht. Allerdings sollte man der Illusion einer – so nie dagewesenen – Totalität des Faches, einer allumfassenden internen disziplinären Öffentlichkeit, gar nicht erst erliegen. Dennoch: Eher als die teilweise stark spezialisierten wissenschaftlichen Zeitschriften, die sich auch an eigene Teilöffentlichkeiten richten, bieten Blogs die Chance, Wissen aus den verschiedenen Teilen des Fachs in eine größere Fachöffentlichkeit zu kommunizieren. Die Knotenpunkte wären beispielsweise als Themenpools oder in Form von „Methoden-Sharing" vorstellbar. Einen großen undifferenzierten Einheitsbrei will niemand. Doch zu wenig verschaffen wir uns innerhalb des Fachs Klarheit über das, was über diese Aufsplitterungen hinweg verbindet. Gerade Gruppen-Blogs mit größerer Autorenschaft könnten Entwicklungen im Fach in ihren spezifischen Ausformungen in verschiedenen Teilen der Disziplin aufgreifen, um methodisch-theoretische Diskussionen auf andere Weise zu führen und zu bündeln als bisher. Weitere Vorteile bieten in diesem Zusammenhang die Kategorisierung und Verschlagwortung der Beiträge durch Tagging. Die Verknüpfung der einzelnen Knotenpunkte zu einem großen Wissensnetz kann durch das Verlinken und die Trackback-/Pingback-Funktion vorangetrieben werden. Insofern könnten Blogs dabei helfen, so manche Forscherin und manchen Forscher aus dem fachlichen Inseldasein herauszulösen.

Ein nicht zu unterschätzender Aspekt bei der Frage danach, welches Wissen hier vermittelt wird, ist mit dem vermeintlich problematischen subjektiven Charakter von Blogs verknüpft. Das Subjektive (siehe Beitrag von J. Schreiner) und die Geschichtswissenschaft, die so sehr mit der komplexen Problematik

„historische Objektivität" ringt – das scheint nicht recht zusammenzupassen. Dabei wird hier nur transparenter gehandhabt, was doch ohnehin spätestens seit der Konstruktivismus-Debatte und den Debatten um die Geschichtswissenschaft in der Postmoderne klar geworden ist: Wir als Historikerinnen und Historiker haben hochgradig subjektiv geprägte Zugänge zu unseren Themen. Wir konstruieren unsere Themen und unsere Quellenkorpora und finden sie nicht fertig vor. Blogs legen diesen Umstand noch deutlicher frei und können so ein Bild davon zeichnen, wie geschichtswissenschaftliche Forschungspraxis funktioniert. Weller spricht im Zusammenhang von wissenschaftlichen Blogs auch von dem Phänomen des „thought share", um diese Subjektivität herauszustreichen (Weller 2011, S. 67).

Wissenstransfer in die Öffentlichkeit

Zugleich gelangen nicht allzu viele Themen aus der fachlichen Diskussion in die Öffentlichkeit. Die traditionellen Medien kanalisieren das Interesse auf eine bestimmte Auswahl von Themen, überspitzt gesagt, primär auf das Dritte Reich, den Zweiten Weltkrieg, die deutsch-deutsche Teilungsgeschichte – und ein wenig Drumherum. Die klassischen Medien fallen durch eine inhaltliche Engführung auf und richten sich zudem primär an ein nicht-fachliches Publikum. Das Interessante an der *historyblogosphere* ist dagegen ihre Hybridität. Geschichtswissenschaftliche Blogs verfügen über ein enormes Potenzial für den Wissenstransfer – nicht nur in andere Teilöffentlichkeiten des Fachs, sondern auch in die allgemeine Öffentlichkeit hinein. Das Interesse an geschichtlichen Themen ist nach wie vor ungebrochen, wenn es nicht gar noch weiter wächst. An der Aufmerksamkeit, die historische Themen in Fernsehen, Radio und Kino finden, kann man schon länger nicht mehr vorbei sehen; auf die immense Nachfrage nach historischen Themen und die Beteiligung zahlreicher „Amateurinnen und Amateure", ob auf Wikipedia, oder mit eigenen Geschichtsseiten oder auch Blogs im Netz (auch Amateurinnen und Amateure sind Teil der *historyblogosphere*!) ist bereits hingewiesen worden (stellvertretend: Cohen/Rosenzweig 2006; Rosenzweig 2011). Doch im Unterschied zur Open-Access-Bewegung, welche für die Öffnung der Wissenschaft ebenfalls relevant ist, passiert beim wissenschaftlichen Bloggen noch etwas Anderes: Durch Open Access ändert sich die Zugänglichkeit wissenschaftlicher Inhalte; Barrieren wie kostenpflichtige Abonnements, Verfügbarkeit von Nutzungslizenzen in Universitäts- und Bibliotheksnetzwerken und Passwortschutz entfallen. Das Genre des wissenschaftlichen Textes mit Fußnotenapparat etc. bleibt jedoch in der Regel gleich.

Bloggen hingegen ist eine distinkt andere Form der Autorschaft, welche verschiedene Medien und Textgenres aggregiert und welche nicht-linear und konzentrisch (Stichworte: Hyperlinks, Blogroll, Pingbacks, Embedding) funktioniert (Weller 2011, S. 67). Bloggen ergänzt traditionelle wissenschaftliche Publikationsformate und wird letztere auch verändern – aber nicht vertreiben. Beim Bloggen kommt im Rahmen des Wissenstransfers der in der Philosophie des Web 2.0 so prominente Gedanke des „Sharing" zum Zuge. Dabei kommen Blogs den Lese- und Konsumgewohnheiten der breiteren Öffentlichkeit wesentlich stärker entgegen als wissenschaftliche Papers. Das über Blogs betriebene „knowledge sharing" geht – ganz im Sinne der „non-profit"/ open-source-Mentalität – nicht von einem sich unmittelbar auszahlenden Nutzen aus. Wissenschaftsbloggerinnen und -blogger können sich kaum Profit im materiellen Sinne erhoffen, wenngleich sie nicht aus purem Altruismus agieren. „Knowledge sharing" über Blogs ist indes momentan noch kein voll akzeptierter Baustein zum Aufbau sozialen Kapitals in der Wissenschaftslandschaft. Meine Prognose ist, dass ein eigener Fachblog oder die Beteiligung an einem wissenschaftlichen Gruppenblog über kurz oder lang für viele (nicht alle) zum Portfolio dazugehören wird (mehr zu Aspekten des Reputationsgewinns und der Bereitschaft zum „knowledge sharing" in Online-Communities: Shu/Chuang 2011). Der Skepsis, die Andreas Fahrmeir diesbezüglich äußert (vgl. seinen Beitrag in diesem Band), sollte man dennoch Gehör schenken. Blogs werden die klassische Hierarchie der akademischen Publikationskanäle schwerlich umstoßen, sie sind eher ein Addendum und ein Mittel, um das, was in den umfänglicheren und fachjargonbeladeneren Textgenres für die fachliche Community aufbereitet wird, in andere Foren zu tragen. Gleichwohl: Es werden und müssen gar nicht alle bloggen, doch ist vorstellbar, dass Forscherinnen und Forscher immer wieder punktuell und an verschiedenen Orten an Blogs beteiligt sind. Ein zeitlich begrenztes Forschungsprojekt informiert womöglich in Blogform über seine Arbeit, es werden in Zukunft wahrscheinlich mehr Gruppenblogs zu bestimmten Subdisziplinen oder Spezialthemen aufkommen, für die hie und da Beiträge beizusteuern sind, Konferenzblogs sind ein weiteres Beispiel.

Es gibt Stimmen, welche eine Verlagerung der fachlichen Diskussionen in die sozialen Netzwerke vermuten, doch dürften diese eher eine Brückenfunktion zu Blog-Inhalten wahrnehmen. Die Kürze eines Tweets oder eines Postings in Facebook, Google+ etc. reicht für eine ausführlichere Auseinandersetzung mit Inhalten kaum aus. Die unter internetaffinen Wissenschaftlern zunehmend beliebte Plattform Twitter dient als Verweismedium jedoch dazu, auf Blogbeiträge aufmerksam zu machen und Diskussionen anzustoßen. Trotz der Kürze sind indes selbst auf diesen Medien pingpongartige Debatten möglich, doch kommen die Tweets und Postings in solchen Zusammenhängen selten ohne

Links auf weiterführende Lektüre aus. Die URL-Shortener, mit deren Hilfe die Links eingebaut werden, benötigen dabei immer wieder neues Futter – etwa in Form von Verweisen auf Blog-Beiträge. Diese Chance zu neuer und möglicherweise stärker assoziativer Referentialität von Blogs könnte man auch in Hinblick auf andere Online-Inhalte weiterdenken. Die oft kritisierten kurzen Aufmerksamkeitsspannen in der digitalen Lese- und Klick-Kultur sind das eine, das andere ist die Möglichkeit, auf ganz ungeahnten und ungewohnten Wegen zu neuen Inhalten im Netz geführt zu werden. Ein Blog-Beitrag, der eine digitale Quellensammlung vorstellt und kritisch kommentiert, wird auf diese selbst, aber auch auf andere Beispiele und verwandtes Material verlinken. Eine kritische Einlassung über einen Wikipedia-Eintrag wird auf diesen verweisen, aber – hierin liegt zumindest das Potenzial, welches Blogs durch ihren oft reflektierenden Charakter aufweisen – es wird oder sollte nicht bei einem bloßen Verweis bleiben. Wie wenige andere Foren ermöglichen Blogs neben der Verlinkung auch eine Kommentierung dessen, worauf man verweist. Es geht dabei weniger um eine technische Möglichkeit (dies ginge in Online-Diskussionsforen ja auch!), sondern darum, dass Blogs durch das Fehlen einer Registrierungspflicht für Leserinnen und Leser (wie etwa bei den meisten Foren) offener zugänglich sind. Zudem können wissenschaftliche Blogs durch die Impressumspflicht und durch das Interesse ihrer Betreiberinnen und Betreiber, ihren Namen mit dem Produkt zu verbinden, ein gewisses soziales Kapital aufweisen, dass der Schar an anonym oder unter einer Vielzahl bizarrer Pseudonyme agierenden Foren-User fehlt. Damit stehen wissenschaftliche Blogs auch für Zuverlässigkeit und Nachvollziehbarkeit, sowie gegebenenfalls namentlich zu adressierenden Widerspruch. Die Erfahrungen zeigen, dass Wissenschaftsblogs somit einer der größten Unsicherheiten, die etwa Studierende in der Begegnung mit dem Internet berichten, begegnen könnten. Sie halten eine Antwort auf die Frage bereit: „Wo finde ich im Internet eigentlich seriöse und verlässliche Informationen?" Wissenschaftsblogger sollten daran arbeiten und sich geradezu dazu berufen fühlen, die Bereitstellung substanzieller und vertrauenswürdiger wissenschaftlicher Erkenntnisse im Netz zu ermöglichen.

Charakteristika von Blogs ...

Blogs sind überall und kaum zu übersehen, auch wenn sich die deutschsprachige Geschichtswissenschaft noch schwer mit ihnen tut. Dabei spricht viel für sie: „Blogs can also be used as tools to facilitate research, collaboration, and the sharing of knowledge. These media offer an avenue for faculty members to engage a society in which use of the Internet has become common and routine."

(Powell et al. 2012, S. 272) Blogs sind also längst „in der Mitte der Gesellschaft angekommen" – was die Schranken für Leserinnen und Leser senken könnte, die die „klassischen Formate" als schwierig oder gar abschreckend empfinden. Hierzu trägt jedenfalls im deutschen Sprachraum der noch zu weit verbreitete hermetische und komplexe Fachjargon bei. Verständlich, griffig und möglicherweise so knapp wie in einem Blog-Beitrag zu schreiben, ist noch nicht allerorten ‚gängige Währung' in der akademischen Meritokratie. Verdienste erwirbt man sich in der Regel immer noch mit einer umfangreichen Monografie. Dieses Format wird auch gar nicht verschwinden – oder gar weichen *müssen*. Für das Ausbreiten, Durchdringen und Analysieren großer Quellenbestände wird man weiterhin ein gewisses Maß an Platz benötigen. Von daher werden Blogs nicht Ersatz, sondern ein zusätzlicher Kommunikations- und Publikationskanal werden – und das vermutlich in immer weiter ansteigendem Maße (Walker 2007, S. 136).

Übliche Erörterungen zu Blogs verweisen auf die Spontaneität, die Aktualität, den Tagebuch-Charakter, Subjektivität, kurze Texte, Blog-Manifestos fordern dazu auf, das Scheitern beim Bloggen mit einzuplanen. Schnelle Interaktion ist gefragt, viele Analysen heben auch auf den quasi-journalistischen Charakter von Blogs ab (Schmidt 2006, S. 199 ff.; Ebersbach et al. 2011, S. 61 ff.; Porombka 2011). Manche Autorinnen und Autoren meinen gar, mit zeithistorischen Blogs ließe sich unmittelbar in aktuelle Debatten eingreifen, und sehen die Vermittlungsarbeit primär auf Foren des politischen Diskurses und internationaler Konflikte (Cole 2011, S. 666 ff.). Nach einer Einteilung in einem Überblickswerk zum Social Web würde die Facette des wissenschaftlichen Bloggens, die hier umrissen wird, etwas profan wie folgt kategorisiert: „*Infoblogs* informieren themenspezifisch". Zudem sind viele geschichtswissenschaftliche Blogs Textblogs – die Disziplin ist nun einmal sowohl von ihrem Quellenmaterial wie von ihrer akademischen Praxis her sehr textlastig (Kategorien nach Ebersbach et al. 2011, S. 65). Doch liegt für Geschichtsblogs der Wandel nicht allein in der Schreibform – in der Tat greift eine Sicht auf das Bloggen als „Schreibwerkstatt" oder als „anderer Schreibmodus" zu kurz. Allein die multimedialen Elemente, die in einem Blog-Post verknüpft werden können – und denen immer noch die Kritik der skeptisch gebliebenen nicht-bloggenden Kolleginnen und Kollegen gilt – erlauben eine ganz neue Art der Vermittlung historischer fachlicher Inhalte (Quiroga 2011, S. 68, 77). Dabei kommen Blog-Posts, welche verschiedene mediale Inhalte verbinden, den Konsumgewohnheiten vieler Rezipientinnen und Rezipienten näher. Sie können etwas erfüllen, was in keiner Monografie und in keinem traditionellen Aufsatz möglich wäre, und auch nicht in den monodirektionalen klassischen Medien: nämlich, Geschichte mit allen Sinnen zu vermitteln und zugleich Interaktion zu ermöglichen. Es muss aber eingeräumt werden, dass hier noch einiges zu leisten ist und eine solche Idealform des Blog-Beitrags noch nicht die Normalität in der *historyblogosphere* darstellt.

... und welche davon für den Wissenstransfer genutzt werden könnten

Neben den multimedialen Möglichkeiten ist es aber auch die Aufhebung der Grenzen zwischen interner und externer Fachkommunikation, welche den Blogs ihre Stärke als Medium des Wissenstransfers eröffnet. In der Blogosphäre ist die Grenze zwischen verschiedenen Leserschaften nicht erkennbar, nicht steuerbar und eine Grenzziehung auch gar nicht mehr erwünscht. Pierre Mounier schreibt in diesem Zusammenhang davon, wie Historikerinnen und Historiker auf dem eigenen Blog in einem „atelier ouvert" arbeiten, wo man ‚zusehen' kann, wie Forschung passiert (vgl. auch den Beitrag von Mounier in diesem Band). Viele Forschungsblogs, welche begleitend zu einer Qualifikationsarbeit oder einem größeren Projekt entstehen, nehmen genau diese Rolle ein: Sie machen Vorgehensweisen und methodische Stolpersteine öffentlich, sie erörtern arbeitstechnische Herausforderungen, etwa die richtige Technik zum Abfotografieren von Archivquellen mit Digitalkameras (Zimmermann 2012). Der vermittelnde Charakter besteht also nicht nur darin, dass Gegenstände der historischen Forschung ausgebreitet werden, sondern in einem viel höheren Maße als früher die Tür zur ‚Werkstatt des Historikers' geöffnet und Einblick gewährt wird. Kolleginnen und Kollegen, die an ähnlichen Problemen sitzen, könnten durch Blogs viel früher auf parallel laufende Projekte ähnlicher Art stoßen und sich mit diesen vernetzen. Gerade, wo die Forschungsblogs offen und selbstkritisch gefasst sind, zeigen sie auf, wo und wie Stolpersteine das Arbeiten an dem eigenen Thema beeinflussen, aufhalten, schwierig machen. Solche Forschungsblogs können das Prozesshafte offenlegen und damit methodische Diskussionen stimulieren, aber auch Beispiele und Anregungen für andere Generationen von Forscherinnen und Forschern geben. Geschichte schreibt sich eben nicht von selbst, und geschichtswissenschaftliche Forschungsarbeiten ebenso wenig. Hier wäre also ein Wissenstransfer im Sinne einer Open Science erkennbar.

Diesem Verständnis folgend könnten Barrieren zwischen der innerfachlichen und der nach außen gerichteten Kommunikation abgebaut werden: „Finalement, il évoque un aspect de la recherche ‚en train de se faire' [...], qui intéresse aussi bien ses collègues les plus immédiats [...] et en même temps un plus large public intéressé pour une raison ou une autre par le thème traité." Indem sie es wagen, ihre wissenschaftliche Arbeit im Stadium der Unfertigkeit zur Diskussion zu stellen, können bloggende Historikerinnen und Historiker Studierenden und jüngeren Forscherinnen und Forschern Einblick in den Arbeitsprozess geben und sie zur eigenen Arbeit motivieren. Die Freiheit, sich nur einzelne methodische oder inhaltliche Aspekte herauszugreifen und hinsichtlich der Themenwahl, des Veröffentlichungsrhythmus', der Länge des Beitrags und des jeweils gewählten Stils nicht festgelegt zu sein, erlaubt ihnen, eine hybride Leserschaft anzuziehen, die auf nur einem einzigen Kanal gar nicht erreicht werden könnte (Mounier 2011, S. 102 f., Zitat: S. 102).

Geschichte in der Öffentlichkeit – Chancen für geschichtswissenschaftliche Blogs

Geschichtliche Themen werden nicht nur, wie bereits erwähnt, in der Öffentlichkeit zunehmend stärker nachgefragt, es vollzieht sich auch ein Wandel darin, *wie* diese Themen abgerufen oder rezipiert werden. Geschichte wird zunehmend zum Konsumobjekt, einem der erfolgreichsten in der kommerzialisierten Vermarktung von Bildungsinhalten obendrein. An dieser Stelle sind Historikerinnen und Historiker in besonderem Maße gefragt. Wir können uns der Tatsache nicht verschließen, dass Geschichte eben immer stärker *konsumiert* wird und es Nachfrage nach der ‚Ware Geschichte‘ gibt. Geschichte ist ‚unterhaltsam‘ geworden und die leichte Zugänglichkeit zu entsprechenden Beiträgen jedweder Art und Qualität im Netz muss kritisch betrachtet werden (vgl. hierzu die Beiträge in Hardtwig/Schug 2009). In der Tat: Historikerinnen und Historiker sollten die Trivialisierung und Engführung von Geschichte, egal, wo sie stattfindet, kritisieren. Sich aber nach Abfeuern der Kritik wieder gemütlich in den Ohrensessel der Tradition zurückzulehnen und nichts weiter zu unternehmen, nur um bei nächster Gelegenheit erneut loszuzetern: Damit wird man diesen Herausforderungen nicht gerecht. In einer multipolaren Kommunikationslandschaft und Medienwelt bieten Blogs eine nicht zu unterschätzende Chance, um die Geschichtswissenschaft wieder in die öffentliche Vermittlung von Geschichte einzubringen. „Academics have created valuable techniques aimed at preserving the integrity and, as far as is possible, the objectivity of their writing. But in this new world, where barriers between the ivory tower and the public are being eroded by the internet, and where, it turns out, the public is sometimes deeply interested in the results of our researches, historians have to ask themselves if they want always to leave the popularization of their findings to journalists, generalists and (sometimes) mere rhetoricians." (Cole 2011, S. 670) Geschichtswissenschaftliche Blogs sollten also nicht zuletzt als an die Gesellschaft gerichtete wissenschaftliche Dienstleistung verstanden werden: Sie informieren aus ihrem jeweiligen Fachgebiet, punktuell, aktuell und mit einem Blick über die fachliche Sphäre oder spezielle Subdisziplin hinaus. Zudem helfen sie, sich in der unübersichtlichen Welt der digitalen, online stattfindenden Geschichtswissenschaft zu orientieren. Die bloggende Historikerin empfiehlt best-practice-Beispiele, weist auf neue Angebote im Netz hin, teilt eigene Erfahrungen, gibt Benutzungstipps etc. Der bloggende Historiker weist auf Geschichtsdebatten hin, die in anderen Ländern und Regionen stattfinden, die sich nicht allen Usern sprachlich erschließen. Hier könnten in noch viel stärkerem Maße fachliche wie sprachliche ‚Übersetzungsleistungen' erhofft werden. Es bleibt dabei abzuwarten, ob geschichtswissenschaftliche Blogs in allen Fällen die klassischen Vorstellungen, die über Blogs als hochgradig diskursive Foren existieren, erfüllen werden. Die Philosophie des Web 2.0 würde das Toben intensiver Kommentarschlachten erwarten lassen, den kontroversen Austausch von Thesen – gleichwohl, es ist (noch?) nicht überall so. Lese- und Diskussionsgewohnheiten müssen sich in den Geisteswissenschaften in Bezug auf Blogs im Laufe der nächsten Jahre erst noch ändern (vgl. Beitrag und Kommentare bei Baillot 2012) – und selbst dann dürfte es bei dem Bild vom „Blogger als Monarch" und der „Aristokratie der Kommentatoren" vom Grundsatz her bleiben (Friedrich 2012, S. 92). Die Fachdiskussion wird sich nicht in die Blog-Kommentarfelder verlagern – allenfalls zu einem geringen Teil. Das tut aber auch überhaupt nicht Not – schließlich werden wir weiterhin auf Konferenzen fahren und die Kolleginnen und Kollegen dort treffen. Warten Sie schon mal gespannt auf die ersten Gespräche in den Kaffeepausen, in denen es dann heißt „ich habe dazu letztens ihren sehr interessanten Blog-Beitrag gelesen – was ich dazu anmerken wollte: … "!

Als Instrumente des Wissenstransfers und mit Hinblick auf ihre Rolle im Rahmen der Public History könnten Blogs aber durchaus die Funktion von Materialpools übernehmen, die durch die Verschlagwortung mithilfe der Tags, aber auch durch die Sortierung in Kategorien durchsuchbar sind. Eine enzyklopädische Abdeckung aller möglichen Bereiche ist hier sicher nicht machbar oder überhaupt wünschenswert – der Wikipedia soll und wird die *historyblogosphere* keine Konkurrenz machen. Das Genre des Blogs gibt eine solche Ausrichtung auch gar nicht her, bietet dafür aber andere Möglichkeiten. Blogs als sich stets aktualisierende Angebote bieten sich z. B. durch Duktus, Zugänglichkeit und die konzise Knappheit der einzelnen Beiträge dazu an, historische Inhalte mit aktuellen Anlässen zu verknüpfen. Ohne einem atemlosen Aktualismus das Wort zu reden: Blogs könnten so etwas wie den gesellschaftlichen Nutzen von Geschichtswissenschaft wieder evident machen, indem sie Expertise und Hintergrundwissen in die öffentliche Debatte einbringen, für die dem Journalismus meist die Zeit oder die Perspektive fehlen.

Fazit

Die geschichtswissenschaftliche Blogosphäre birgt also die Chance des Brückenbaus zwischen akademischer Welt und öffentlichem Geschichtsinteresse in sich. Historikerinnen und Historiker sollten – in welcher Form auch immer es ihnen liegt – Blogs als einen selbstverständlichen Zweig ihrer Arbeit begreifen und die Chance erkennen, die sich für den Wissenstransfer bietet. Die Geschichtswissenschaft könnte mithilfe der *historyblogosphere* in ihrer Vielfalt wieder sichtbarer werden und das politische und wirtschaftliche Geschehen mit historischem Hintergrundwissen unterfüttern. Die Relevanz geschichtswissenschaftlicher Forschung könnte somit deutlich gemacht werden, und die Mauer zwischen „Elfenbeinturm" und öffentlicher Diskussion wenigstens wieder ein Stück weit abgebaut werden. Blogs bergen die Chance, das Fach in einer sehr viel größeren Bandbreite nach außen zu repräsentieren. Gewiss: Historikerinnen und Historiker sind in den klassischen Medien lange schon präsent gewesen, doch sind es überwiegend über die Fächergrenzen hinweg bekannte (in der Tat häufig: männliche!) Vertreter, denen diese Form der Selbstdarstellung und Wissensvermittlung zugänglich ist. „Virtually nothing most historians could have written 40 years ago could have hoped to have a million readers over a single month, with some rare exceptions [...]. Few historians could have hoped to crack the editorial pages of prestigious newspapers, save if they were at elite institutions and already had the ear of the powerful. The digital revolution is undermining many publication practices that have been taken for granted for two centuries" (Cole 2011, S. 669).

Mit dem Ausbau der *historyblogosphere* wächst das Potenzial, um die Geschichtswissenschaft in verschiedenen Teilen der öffentlichen Sphäre stärker zu verankern. Bloggende Historikerinnen und Historiker müssen nicht gleich ein Millionenpublikum erreichen, um das von ihnen erarbeitete Wissen an eine größere und hybride Leserschaft zu vermitteln. Doch sollten sie in einem höheren Maße die Chance für einen neuen kommunikativen Pluralismus wahrnehmen und über Blogs ihre Forschung, ihre Standpunkte und ihre Freude an der Geschichte und der Geschichtswissenschaft unmittelbar an diese hybride Leserschaft vermitteln. In diesem Sinne: Raus aus dem Ohrensessel – hinein ins Web 2.0!

Literatur

Anne Baillot, Meta-Blogging, Blog-Beitrag 20.9.2012, in Blog: Digital Intellectuals. A blog accompanying the production of the digital edition „Letters and texts. The intellectual Berlin around 1800" [digitalintellectuals.hypotheses.org/750], eingesehen 21.9.2012.

Daniel Cohen/Roy Rosenzweig: Digital History. A Guide to Gathering, Preserving, and Presenting the Past on the Web. Philadelphia, PA 2005.

Juan Cole: Blogging Current Affairs History, in: JContH 46 (2011:3), S. 658–670.

Anja Ebersbach/Markus Glaser/Richard Heigl: Social Web. 2. Aufl. Stuttgart 2011.

Jörg Friedrich: Kritik der vernetzten Vernunft. Philosophie für Netzbewohner. Hannover 2012.

Wolfgang Hardtwig/Alexander Schug (Hrsg.): History Sells! Angewandte Geschichte als Wissenschaft und Markt. Stuttgart 2009.

Sara Kjellberg: I Am a Blogging Researcher: Motivations for Blogging in a Scholarly Context, in: First Monday 15 (2010:8) [firstmonday.org/htbin/cgiwrap/bin/ojs/index.php/fm/article/view/2962/2580], eingesehen 21.8.2012.

Pierre Mounier: Ouvrir l'atelier de l'historien. Médias sociaux et carnets de recherche en ligne, in: Revue d'histoire moderne et contemporaine 58 (2011:5), S. 101–110.

Stephan Porombka: Schreiben unter Strom. Experimentieren mit Twitter, Blogs, Facebook & Co. Mannheim 2011.

Douglas A. Powell/Casey J. Jacob/Benjamin J. Chapman: Using Blogs and New Media in Academic Practice, in: Innovative Higher Education 37 (2012:4), S. 271–282.

Nick Poyntz: History Blogs, in: *History Today* 60 (2010:5), S. 37.

Nicolás Quiroga: Blogs de historia: usos y posibilidades, in: Historia Crítica 43 (2011), S. 62–80.

Roy Rosenzweig: Clio Wired: The Future of the Past in the Digital Age. New York 2011.

Jan Schmidt: Weblogs. Eine kommunikationssoziologische Studie. Konstanz 2006.

Wesley Shu/Yu-Hao Chuang: Why People Share Knowledge in Virtual Communities, in: Social Behavior and Personality. An International Journal 39 (2011:5), S. 671–690.

Jill Walker: Blogging From Inside the Ivory Tower, in: Axel Bruns/Joanne Jacobs (Hrsg.): Uses of Blogs. New York 2007, S. 127–138.

Martin Weller: The Digital Scholar. How Technology Is Transforming Scholarly Practice. London/New York 2011.

Robert Zimmermann, Fotografieren im Archiv – Teil 1, Blogbeitrag 9.5.2012, in: Blog: Das umstrittene Gedächtnis. Erinnerungspraktiken in Skandinavien, [umstrittenesgedaechtnis.hypotheses.org/77], eingesehen 23.9.2012.

Pierre Mounier
Die Werkstatt öffnen: Geschichtsschreibung in Blogs und Sozialen Medien

Aus dem Französischen übersetzt von Inger Brandt und Mareike König.

In welcher Weise verändern die digitalen Technologien die Arbeitsbedingungen für Historikerinnen und Historiker? Bereits seit mehreren Jahrzehnten gibt es darauf Antworten. Die Erstellung quantitativer Datenbanken, die Digitalisierung wichtiger Quellen, die kartografische Darstellung und die Analyse sozialer Netzwerke mit IT-Werkzeugen sind dabei die ältesten und wichtigsten Meilensteine. Die Retrodigitalisierung und Online-Veröffentlichung akademischer Literatur der Disziplin, seien es Zeitschriften oder Bücher, stellen eine weitere Etappe in dieser Richtung dar. Die digitale Technologie hat bis heute zugleich den Werkzeugkasten der historisch Arbeitenden – um den schönen Ausdruck aus dem gleichnamigen Blog „La Boite à Outil des Historiens" (www.boiteaoutils.info/) aufzugreifen – und ihre Publikationsmöglichkeiten grundlegend verändert.

Einige berühmte Beispiele aus der Vergangenheit haben die Geschichtswissenschaft gelehrt, dass nicht immer eindeutig bestimmt werden kann, wann es Zeit ist, die „Revolution zu beenden". Revolutionäre Phänomene nähren sich mitunter selbst. Man kann daher von einer „permanenten Revolution" sprechen, wie es der Soziologe Philippe Breton mit Blick auf das Internet tut (Breton 2000). Es sind heute also die neuen Werkzeuge und vor allem die neuen Praktiken der vernetzten Kommunikation, die – nachdem sie seit einigen Jahren immer stärker von der breiten Öffentlichkeit genutzt wurden – seit kurzem auch in den Sozial- und Geisteswissenschaften auftauchen. Es handelt sich um die Werkzeuge des Web 2.0, die sich von der Vorgängergeneration durch ihre einfache Nutzung und durch ihren gleichzeitig unkonzentrierten, horizontalen und unmittelbaren Charakter der Kommunikationspraktiken unterscheiden: Plattformen für *content sharing* (Dokumente, Fotos, bibliografische Referenzen), Blogs und Soziale Netzwerke stellen ein Ensemble an „sozialen Medien" dar. Deren Anwendung durch Historikerinnen und Historiker wird zunehmend selbst Gegenstand der Debatte. Das zeigt beispielsweise das 2011 vom Deutschen Historischen Institut Paris organisierte Kolloquium „Im Netz der sozialen Medien – Neue Publikations- und Kommunikationswege in den Geisteswissenschaften" (Mounier 2011). Es war besonders interessant, im Verlauf des Kolloquiums Wissenschaftlerinnen und Wissenschaftler unterschiedlicher

Herkunft darüber reden zu hören, wie sie sich die neuen Werkzeuge aneignen, um ihre Kommunikationspraktiken von Grund auf zu erneuern. Man traf dort Historiker wie Peter Haber von der Universität Basel mit seinem Blog bei hist.net (weblog.histnet.ch/), André Gunthert von der EHESS, der die Plattform „Culture visuelle" (culturevisuelle.org/) für wissenschaftliche Blogs über visuelle Geschichte aufgebaut hat, oder auch Klaus Graf, der sein bekanntes Weblog „Archivalia" (archiv.twoday.net/) vorstellte und mit der provokanten These „ein Wissenschaftler ohne Blog ist ein schlechter Wissenschaftler" für Aufsehen sorgte (König 2011).

Eine Arbeit bei „geöffneter Werkstatt"

Trotz der Polemik kann es interessant sein nachzuvollziehen, welche Rolle ein Wissenschaftsblog bei der Arbeit der Forschenden spielen kann und ab welchem Moment es im Forschungsprozess eingesetzt wird. Und da es sich offensichtlich um ein Kommunikationsmittel handelt, stellt sich die Frage nach der Einordnung von Blogs im Vergleich zu den traditionellen Publikationen wie Zeitschriften und Büchern, die mittlerweile auch im Internet vertrieben werden. Bei aufmerksamer Betrachtung wissenschaftlicher Blogs wie den gerade erwähnten oder den auf der von OpenEdition in Frankreich betriebenen Plattform hypotheses.org (hypotheses.org/) gehosteten Blogs kristallisiert sich folgendes Hauptmerkmal heraus (zu den Geschichtsblogs bei hypotheses.org siehe auch den Beitrag von Mareike König in diesem Band): Während die traditionellen Publikationen scharf die interne Kommunikation (Forschungsergebnisse adressiert an Kolleginnen und Kollegen) von der externen Kommunikation (an die breite Öffentlichkeit gerichtete populärwissenschaftliche Aufbereitung) trennen, neigen Wissenschaftsblogs dazu, beide Bereiche an einem Veröffentlichungsort zusammenzuführen. In ihren Blogs arbeiten Historikerinnen und Historiker bei „geöffneter Werkstatt"; sie enthüllen darin ihre tagtägliche Arbeitsroutine, ihre Lektüren und manchmal auch ihre Erkenntnisse, ihre Hypothesen, ihre Zweifel. Damit legen sie einen Aspekt ihrer Forschung offen, noch „während diese im Entstehen" ist, wie es bei den Soziologen aus der Schule von Bruno Latour heißt (Blanchard 2008). Das weckt sowohl das Interesse der unmittelbaren Kolleginnen und Kollegen, die schnell Zugang zu dieser Information erhalten und diese eventuell nach wissenschaftlichen Gepflogenheiten kritisieren möchten, als auch das Interesse einer breiteren Öffentlichkeit, die aus unterschiedlichen Gründen am jeweiligen Thema interessiert ist. Wie dem auch sei, eines unterscheidet das Blog deutlich von den kanonischen Publikationsformen, die sowohl in der Form als auch im Erscheinungsrhythmus festgelegt sind: die Freiheit, die Autorinnen und Autoren im Hinblick auf Tonfall, Form, Länge, Thema und Publikationsrhythmus haben. Diese große Freiheit der Ausdrucksmöglichkeiten macht den Wissenschaftlerinnen und Wissenschaftlern Spaß und motiviert sie daher zum Schreiben. Gleichzeitig zieht sie eine hybride Leserschaft an, die mit den Autorinnen und Autoren ein Gespräch beginnen kann. Das Ergebnis ist erstaunlich: Die wissenschaftlichen Blogs unterscheiden sich stark voneinander; die Forschenden, ob allein oder gemeinsam in einem Forschungsteam, veröffentlichen hier alle Arten von Informationen in unterschiedlichen Rhythmen und in variierender Länge. Im Vergleich zu Zeitschriften und anderen konzeptionell stärker eingeschränkten Publikationsformen geben Blogs ein völlig uneinheitliches Bild ab. Sie zeigen das „Sammelsurium des Wissenschaftlers", wie es Marin Dacos so treffend ausdrückt (Dacos, Mounier 2011). Und über genau diese Vielfalt begreift man das Wesen der Blogs erst richtig, indem die verschiedenen Arten von Informationen, die auf den Blogs verbreitet werden, genauer betrachtet.

Am häufigsten findet man dort kurze Anmerkungen zu den Neuigkeiten aus dem Fachgebiet des Bloggenden: Ankündigungen über Kolloquien und Studientage, *call for papers*, Meldungen über Neuerscheinungen oder Ausstellungen. Oftmals begnügen sich die Bloggenden damit, die Texte der Aufrufe, die Programme der Kolloquien, den Klappentext des erschienenen Werks wiederzugeben, ohne einen besonderen Kommentar hinzuzufügen. Dies ist beispielsweise beim Blog „Emma" (emma.hypotheses.org/) der Fall, das aus dem von Damien Boquet und Piroska Nagy geleiteten Forschungsprogramm zu Emotionen im Mittelalter hervorgegangen ist. Man kann vielleicht nach dem Nutzen eines solchen Blogs fragen, das anscheinend nur aus einer Ansammlung von hier und da erschienen Annoncen besteht. In Wirklichkeit handelt es sich um ein wertvolles Monitoring-Tool, da diese Blogs eine – manchmal in Kategorien geordnete – qualitative Auswahl an Neuigkeiten zu einem Fachgebiet bieten. Für die gleiche Aufgabe könnten auch andere Tools genutzt werden (wie Anzeige-Services oder Ressourcen-Aggregatoren), aber das Blog ist ein ebenso interessanter Informationsträger. Auf hypotheses.org haben einige Blogs diese Vorgehensweise systematisiert, in dem sie „den Radar eingeschaltet" und „Monitoring-Blogs" eingerichtet haben. So steht beispielsweise „Nuevo Mundo Radar" (nuevomundoradar.hypotheses.org/) für das wissenschaftliche Monitoring des lateinamerikanischen Raums durch das Redaktionsteam der gleichnamigen Zeitschrift. Es sei angemerkt, dass die Praxis des minimalistischen *sharing* von Meldungen durch die zunehmende Anzahl von unterstützenden Tools verschiedenster Art eine wunderbare Dynamik besitzt. So ist auch das Center for History and New Media in Washington dabei, mit Pressforward (Rosenzweig 2011) ein Tool basierend auf eben diesem Prinzip zu entwickeln.

Lektürenotizen

Einige Wissenschaftsbloggende entscheiden sich, alle oder einen Teil ihrer Auswahl zu kommentieren. Dabei handelt es sich dann um richtige Postings in Form von Kurzberichten, wie man sie beispielsweise im 2010 von Raphaëlle Bats gestarteten Blog „Les Préfaces du Griffon" (gryphe.hypotheses.org/) zur Geschichte des Lyoner Verlagswesens im 16. Jahrhundert findet. Diese knappen Notizen, aufgeschrieben und sogleich im Eifer des Gefechts veröffentlicht, diese ersten Kommentare zu einer Veröffentlichung müssen deutlich unterschieden werden von Buchbesprechungen, die in Wirklichkeit eigene Artikel sind und in Zeitschriften veröffentlicht werden. Die verschiedenen Formen decken sich nicht, sondern ergänzen sich vielmehr: Der im Blog veröffentlichte Eintrag bietet den Vorteil der Schnelligkeit und der Freiheit im Tonfall (häufig ist man dort bissiger), während eine Buchbesprechung formal und inhaltlich überprüft wird, und somit oft umfassender und sachlicher ist. Es ist nicht ausgeschlossen, dass das Eine in gewisser Weise der Entwurf für das Andere wird. Beim Blogbeitrag handelt sich dann um eine Art vorbereitende Stufe, die zu einer peer-review-Veröffentlichung führen kann. Ein Beispiel dafür ist dieser Artikel selbst, der im September 2011 zunächst auf Französisch im Blog „Homo Numericus" (Mounier 2011) erschienen ist, 2012 dann in der Zeitschrift „Revue d'histoire moderne et contemporaine". Ein anderes Beispiel ist das Blog „Histoire et culture dans la Tunisie contemporaine" (hctc.hypotheses.org/) von Kmar Bendana über die tunesische Revolution, deren Beiträge 2012 sogar zusammengefasst als Buch veröffentlicht wurden (Bendana 2012).

Andere Wissenschaftsblogs bieten ausgearbeitete Notizen, die zwar dem Texttyp entsprechend kurz sind, aber über einen bestimmten Forschungsaspekt Bericht erstatten. Hier wäre „Rwanda" (rwanda.hypotheses.org/) zu erwähnen, ein vielversprechendes Blog, in dem der Doktorand Rémi Korman von seinen Recherchen in den Archiven Ruandas zur Geschichte des Genozids und dem Gedenken daran berichtet. Er erzählt in seinen Notizen relativ sachlich vom Zustand der Quellen, die er bearbeitet, und zwar während er seine Forschungen durchführt. Es ist einer der Vorteile dieser Art von Online-Publikation, die auf einer sehr simplen Blogtechnik beruht, dass sie von überall und selbst bei schwieriger Internetverbindung durchgeführt werden kann. Andere Forschergruppen, wie das Team, das sich im Blog „Terriat" (terriat. hypotheses.org/103) mit „Warteräumen" (territoires de l'attente) im Migrationsprozess in den amerikanischen und atlantischen Gesellschaften befasst, entscheiden sich eher für kurze Notizen, die historische Quellen wie Fotos und Interviewausschnitte kommentieren. Hier wird das Schriftstück weder durch einen umfassenden Anmerkungsapparat noch durch einen Zweifel an der Kohärenz oder der Konstruktion gestört. Es handelt sich um Notizen, die Tag für Tag in dieser Form im Blog veröffentlicht werden. Im Gegensatz zur Zeitschrift, in der die Artikel lektoriert und von Fachkolleginnen und Fachkollegen überprüft werden, handelt es sich beim Blog ausschließlich um das Forschungsjournal einer Wissenschaftlerin oder eines Wissenschaftlers – und um nichts weiter. Aber als solches stellt es eine unschätzbare Quelle für Informationen aus erster Hand dar. Das Blog kann auch kollektiv organisiert sein, was den Charakter von „Aimos" (aimos.hypotheses.org/) widerspiegelt. Dort haben sich einige junge Forschende zusammengefunden, die untereinander, aber auch mit einer breiteren Öffentlichkeit, Ressourcen über die Kunst und Bilder der Arbeiter- und Sozialbewegung austauschen wollen.

Das Blog besitzt darüber hinaus gelegentlich in sich selbst einen historischen Wert, was das Team vom Centre d'étude des mondes africains deutlich erkannt hat. Es veröffentlicht in „Les Cahiers de Terrain de Raymond Mauny" (mauny. hypotheses.org/) online eine digitalisierte Version der Aufzeichnungen des bekannten Archäologen. Dabei erfolgt die Publikation der einzelnen Aufzeichnungen im gleichen Zeitabstand, in dem sie der Forscher damals notierte ... nur 60 Jahre später. Abgesehen von der Neugier, die eine solche Aktion weckt, und dem Geschick, mit dem dieser Teil des wissenschaftlichen Erbes gewürdigt wird, kann man nur erstaunt sein über die historische Kontinuität einer wissenschaftlichen Tradition, die sich so von einem Informationsträger zum nächsten überträgt. Und jenseits der revolutionären Bejahung, die die Entwicklung digitaler Technologien oftmals begleiten: das Wissenschaftsblog oder das Online-Forschungsjournal ist nichts anderes als ein gemeinsam geführtes Ausgrabungsjournal, was gleichzeitig alles und nichts verändert. Im Übrigen wollte Christian Jacob genau das im zweiten Band seiner von ihm herausgegebenen meisterhaften historischen Untersuchung über die „Lieux de Savoirs" (Jacob 2011) erreichen, indem er ein Kapitel über wissenschaftliche Blogs einforderte.

Eine schizophrene Kommunikation?

Über das Ausgrabungsjournal hinaus entscheiden sich einige Forscherteams, ihre Beiträge stärker zu edieren, indem sie Textstile und Präsentation der Informationen vereinheitlichen. Dies trifft beispielsweise auf das „Blog de la Grotte des Fraux" (champslibres.hypotheses.org/) zu, das sich mit den Ausgrabungen in der gleichnamigen Höhle im Departement Dordogne befasst. Dieses reich bebilderte Blog berichtet äußerst gewissenhaft vom Fortschritt der Arbeiten in den Tiefen der Grotte. Ein interessanter Fall, da es zugleich eine fachlich sehr spezialisierte Leserschaft (die Texte sind oft sehr technisch) und ein breites Publikum von Liebhaberinnen und Liebhabern der Archäologie anspricht:

„Die spezifische Welt der Kunst und der Höhle, mit all den Bildern, Vorstellungswelten und dem Verbotenen, das damit verbunden ist, verkörpert die Schwierigkeiten, mit einem speziellen Forschungsgegenstand konfrontiert zu sein. Da sowohl die wissenschaftliche Gemeinschaft wie auch die Öffentlichkeit nur schwer Zugang zu diesen physischen und geistigen Orten finden, ist es unser Anliegen, den Forschenden und der Öffentlichkeit diese Gedankenelemente zur Verfügung zu stellen.

Diese Haltung mag schizophren erscheinen! Wie soll die korrekte Durchführung eines Forschungsvorhabens – das ein Abwägen der Hypothesen, eine Prüfung der Protokolle und eine Bestätigung der Ergebnisse erfordert – mit der Veröffentlichung von vorläufigen Rohdaten, die Gefahr laufen widerlegt zu werden, zusammengeführt werden? Das ist die große Herausforderung in diesem Forschungsblog: möglichst schnelle Verbreitung der Daten auf einem wissenschaftlichen Portal, bei gleichzeitiger Wahrung der Freiheit, sich widersprechen und sein Urteil ändern zu können. Das ist die Idee, die uns an diesem Projekt so fasziniert hat.“

Schizophren gestaltet sich das Projekt „Blog de la Grotte des Fraux" allerdings keineswegs, ganz im Gegenteil. Denn es wird versucht, im selben editorischen Rahmen zugleich nicht belegte Arbeitshypothesen, bestätigte Ergebnisse und Erläuterungen für ein fachfremdes Publikum zu vereinen. Aus diesem Grund stellt das Blog eines der interessantesten und innovativsten Experimente auf dem Gebiet der wissenschaftlichen Kommunikation dar.

Von einem Blog mit Textentwürfen bis zum stärker ausgearbeiteten Grabungsjournal hat das Online-Forschungsjournal den Vorteil einer großen Flexibilität, die es Wissenschaftlerinnen und Wissenschaftlern erlaubt, die Art und Weise der Nutzung des eigenen Blogs selbst festzulegen. Die Distanz zum Blog ist nicht leicht aufzubauen und wird in tausend aufeinanderfolgenden Anpassungen vorgenommen, wie Benoît Kermoal es in einem Beitrag seines Blog „Enklask/Enquête" (enklask.hypotheses.org/) ausdrückt, bei dem es wie in seiner gleichnamigen Doktorarbeit um die Geschichte der sozialistischen Bewegung in der Bretagne geht.

„Trotz meiner Vorsicht scheinen einige Leser zu glauben, dass die Notizen in diesem Blog meine gesamte Forschungsarbeit ausmachen. Es handelt sich aber lediglich um Skizzen, um Teile eines Puzzles ohne Vorlage, um eine Ansammlung von Legosteinen, die schlecht zusammengefügt sind und noch kein Objekt bilden. Ich mache aber dennoch weiter, und zwar vor allem, um mich im Schreiben zu üben. Ich betreibe diese Form der Übung aber auch deshalb weiter, weil sie mir erlaubt, meine Forschung zu ordnen, zu klassifizieren, gedankliche Pfade zu kreuzen und zu verfolgen und nicht den lähmenden Eindruck zu bekommen, auf der Stelle zu treten.

Das kann dem Leser natürlich als Entwurf erscheinen, als zu skizzenhaft und zweifellos auch als ähnlich egozentrisch wie ein Forschungsjournal, das man für sich behält. Aber „Enklask/Enquête" ist kein Notizheft mit Textentwürfen (davon habe ich bereits genug); es ist auch keine Aneinanderreihung von Beiträgen, die zusammen fertige und redigierte Artikel nach den Regeln der Geschichtskunst bilden. Es handelt sich um eine hybride Form, eine Erforschung mehrerer Wege, bevor der richtige gefunden ist. Man sollte sich nicht davor fürchten, wieder zurück zu gehen, sich einzugestehen, dass man sich verlaufen hat oder seine Fehler anzuerkennen. Das Wichtige ist jedoch, mit seinen Forschungen voranzukommen. Eine solche hybride Form impliziert zusätzlich eine Vielzahl von Änderungen im Ton, in der Sichtweise und im „Ansatzpunkt" (Kermoal 2011).

Die Archive öffnen?

Der Bereich der Archive spielt eine zentrale Rolle in der Werkstatt der Historikerinnen und Historiker. Hier tun sie sich schwer mit der Preisgabe von Informationen. Die Entdeckungen, die sie dort machen können, könnten ihnen möglicherweise einen Wettbewerbsvorteil gegenüber den Kolleginnen und Kollegen verschaffen. Obwohl es für Historikerinnen und Historiker oft schwierig ist, Informationen aus „ihren" Archiven öffentlich zu machen, insbesondere solange die eigene Arbeit bisher noch nicht in einem oder mehreren Werken veröffentlicht wurde, haben einige Wissenschaftlerinnen und Wissenschaftler dennoch beschlossen, bei „offenem Archiv" zu arbeiten. Ein solcher Fall ist Isabelle Brancourt, die seit mehreren Jahren über das „Parlament von Paris"(parlementdeparis.hypotheses.org/) forscht. In ihrem Blog betreibt sie vor allem „die Bereitstellung [ihres] persönlichen Forschungsjournals mit der Analyse der Sammlung des Gerichtsschreibers Jean-Gilbert Delisle, im Dienste des zivilen Urkundsbeamten des Pariser Parlaments in der ersten Hälfte des 18. Jahrhunderts" (Brancourt 2010). Es sind nicht viele Beispiele bekannt, bei denen Wissenschaftlerinnen und Wissenschaftlern ihre Rohdaten während des laufenden Forschungsprozesses zur Verfügung stellen. Da diese Vorgehensweise anscheinend sehr selten ist, soll sie hier besonders hervorgehoben werden soll, denn sie hinterfragt die gängigste Gewohnheit der Disziplin.

Es wäre schade, diesen Überblick der verschiedenen Nutzungsmöglichkeiten von wissenschaftlichen Blogs abzuschließen, ohne die methodologischen Blogs zu erwähnen, die in mehreren Disziplinen entstehen. Dazu gehören

zum Beispiel in der Soziologie „Quanti" (quanti.hypotheses.org/), aber auch
in der Geschichtswissenschaft „Devenir Historien-ne" (devhist.hypotheses.
org/), oder interdisziplinär das Blog „Les Aspects concrets de la Thèse" (act.
hypotheses.org/), das nicht nur Historikerinnen und Historiker, sondern auch
andere Disziplinen anspricht. „Thinking with my fingers" (torillsin.blogspot.
fr/): Für die Mehrheit der Bloggenden wie auch für die Wissenschaftlerin Torill
Mortensen, die diesen Titel für ihr Blog gewählt hat, handelt es sich beim
wissenschaftlichen Blog zunächst um ein Werkzeug zur Selbstreflexion, da
das Blog ihnen erlaubt, durch die Erklärung ihrer Forschung in ihrer Arbeit
voranzukommen. Jedoch sind Blogs nicht trivial: Online gestellt wird es veröffentlicht und weiter verbreitet. Das bringt eine Mehrdeutigkeit mit sich, die
von Benoît Kermoal schön zusammengefasst wurde: „An wen richten sich
die Beiträge? Das kommt darauf an: mal an mich selbst, mal an alle Leser,
manchmal an Doktoranden oder an Liebhaber der lokalen Geschichte oder
der Geschichte der Arbeiterbewegung. Aber es ist vor allem eine Arbeit, die
mir erlaubt, meine Forschungen zu strukturieren." (Kermoal 2011). Diese
Mehrdeutigkeit ist der Preis für die Freiheit und sie kann mit gutem Recht
kritisiert werden. Und das wird sie im Übrigen auch oft. Sie macht aber auch
den Reichtum eines wissenschaftlichen Blogs aus. Ein Blog kann Kreativität
freisetzen, weil es die Schreibenden von jeglichem akademischen Formalismus
befreit. Allerdings kann dieser Prozess nur funktionieren, wenn das Blog der
öffentlichen Lektüre unterworfen wird, sei es mit Blick auf unterschiedliche
oder unbestimmte Empfängerinnen und Empfänger. Es stellt also für Doktorandinnen und Doktoranden wie auch für erfahrene Wissenschaftlerinnen und
Wissenschaftler ein nicht zu leugnendes Risiko dar. Das ist die Sache jedoch
wert.

Zitierte Literatur

Kmar Bendana, Un an et après? in: HCTC, 14.1.2012, hctc.hypotheses.org/103.

Antoine Blanchard, Comment montrer la „science en train de se faire"?, in: La
Science, La Cité, 31.5.2008, www.enroweb.com/blogsciences/index.php?2008/
05/31/261.

Isabelle Brancourt, Mon „carnet" Delisle?: Son Journal pour l'année 1730
(I), in: Parlement de Paris (XVIe-XVIIIe siècle), 9.2.2010, parlementdeparis.
hypotheses.org/218.

Philippe Breton, Le culte de l'internet: une menace pour le lien social?, Paris
(Editions La Découverte) 2000.

Marin Dacos, Pierre Mounier, Les Carnets de recherches en ligne. Espace d'une conversation scientifique décentrée, in: Lieux de savoir 2. Les mains de l'intellect, Paris 2011, S. 333–353.

Christian Jacob (Hg.), Lieux de savoir 2, Les mains de l'intellect, Paris 2011.

Benoît Kermoal, Seulement la partie visible de l'iceberg, in: Enklask / Enquete, 6.9.2011, enklask.hypotheses.org/257.

Benoît Kermoal, Seulement la partie visible de l'iceberg, in: Enklask / Enquete, 6.9.2011, enklask.hypotheses.org/257.

Mareike König, Tweets und Gedanken zur Tagung „Im Netz der sozialen Medien", in: Digital Humanities à l'IHA, 11.7.2011, dhiha.hypotheses.org/284.

Pierre Mounier, Dans la toile des médias sociaux / Im Netz der sozialen Medien 27–28 Juin 2011, in: Digital Humanities à l'IHA, 24.5.2011, dhiha.hypotheses. org/25.

Pierre Mounier, Ouvrir l'atelier de l'historien: médias sociaux et carnets de recherche en ligne, in: Homo Numericus, 11.9.2011 www.homo-numericus.net/ spip.php?article304.

Pierre Mounier, Ouvrir l'atelier de l'historien. Médias sociaux et carnets de recherche en ligne, in: Revue d'histoire moderne et contemporaine n° 58–4 bis -5 (2012), S. 101–110 cairn.info/revue-d-histoire-moderne-et-contemporaine-2011-5-page-101.htm.

Roy Rosenzweig, Introducing PressForward, in: Center for History and New Media, 24.6.2011, chnm.gmu.edu/news/introducing-pressforward/.

Jan Hodel

A Historyblogosphere Of Fragments. Überlegungen zum fragmentarischen Charakter von Geschichte, von Blogs und von Geschichte in Blogs

Dieser Beitrag, der den fragmentarischen Charakter von Blogs und die historiographischen Konsequenzen daraus behandelt, gestattet sich eine leicht fragmentarische Form der Darstellung und des Aufbaus. Diese andeutungsweise Annäherung an ein fragmentarisches Format, die im Folgenden als für Weblogs typisch vorgestellt wird, soll die Erwartungshaltung der Lesenden herausfordern und – es sei offen deklariert – für die Argumente am Ende des Textes empfänglich machen. Dass dieser versuchsweise Umgang nur eine Andeutung bleibt, und beispielsweise auf eine chronologisch umgekehrte Darstellung (den Schluss zuerst, den Anfang am Ende) verzichtet wird, mögen die geneigten Leserinnen und Leser dem Autor nachsehen.

***

Der Begriff des Fragments will für eine Beschreibung digitaler Medienwirklichkeit nicht recht passen. Er impliziert Vorstellungen von Unvollständigkeit, von Verlust und Reduktion, die nicht passen wollen zu den Kernkonzepten digitaler Medien – wie der Medienintegration, der verlustfreien Duplikation von Daten, der technischen Unterstützung sozialer Interaktion im *Social Web*, dem daraus resultierenden produktiven Zusammenwirken zahlreicher Menschen im kollaborativen Prozess des *Crowdsourcing*, dem Informationsüberfluss und, vor allem, der Vernetzung. Das einzelne Element, sei es Informationseinheit oder menschlicher Akteur, wird im digitalen Zeitalter als Modul bezeichnet, dessen Merkmal seine Verbindung mit anderen Modulen ist, die sich idealiter zu einem Netz anordnen. Ausgreifender noch als bei der Metapher des Netzes, das immerhin leere Zwischenräume kennt, ist die Wirkkraft der Metapher vom umfassenden „Meer" an Informationen, das die digitale Surferin trägt, in dem sie aber ebenso rasch ertrinken kann. Die Informations-„Tropfen" fügen sich nahtlos zum Daten-Ozean zusammen, der über dem überforderten Individuum zusammenschlägt. Bruchstückhafte Informationen scheinen hier das Problem nicht zu sein – im Gegenteil.

***

Das letzte Mal begegnete mir der Begriff des Fragments in Gestalt jener *Defragmentierung*, welche ich meiner auf der Festplatte abgelegten Datenstruktur zugute kommen lassen sollte. Doch seit die magnetischen Datenträger durch *SSD* (Solid State Drives) alias „Flash-Speicher" abgelöst worden sind, ist das Fragment semantisch auch aus diesem Teil der digitalen Welt verschwunden (de.wikipedia.org/wiki/Fragmentierung_(Dateisystem)).

***

Das Fragment mutet im Reden vom digitalen Netz als Fremdkörper an. In der Netzmetapher können Fragmente nur Ausdruck des Scheiterns, des Versagens darstellen: Ein fragmentiertes Netz ist ein dysfunktionales oder gar zerstörtes Netz. So gesehen kann das Fragment als Antithese, als Irritation oder Störung des idealisierenden Netz-Konzepts verstanden werden. Bekanntlich gehören Störungen und Irritationen zu jedem Ideal, so auch im Netz, das blitzschnell fragmentiert werden kann, wenn die digitalen Verbindungen zwischen Maschinen, Menschen, Daten abbrechen.

***

Auch wenn der Begriff des Fragments im digitalen Umfeld fremd, ja anachronistisch wirken mag: Fragmente – das die Behauptung dieses Beitrags – sind im hier zu behandelnden Bereich, der historischen Blogosphäre, allgegenwärtig. Ja, mehr noch: Fragmente stellen in verschiedener Hinsicht ein konstitutives Element der gebloggten Historiographie dar.

***

Ist das Fragment wirklich eine „Störung" im Konzept der Vernetzung? Das Internet zumindest baut funktional auf Fragmentierung auf. Das TCP/IP-Protokoll tut nichts anderes, als Informationen in kleine Dateneinheiten zu zerteilen und die so entstandenen Fragmente als Datenpakete durch das Netz zu schicken, wo sie empfängerseitig wieder zu einem Ganzen zusammengebaut werden. Misslingt dieser Vorgang, erhält der Empfänger ein Fragment (www.rvs.uni-bielefeld.de/~heiko/tcpip/tcpip_html_alt/kap_2_3.html). Allerdings handelt es sich hier um ein Fragment einer Kopie, das Resultat einer unvollständig ausgeführten Duplikation. Daher lässt sich diese Störung einfach beheben durch eine neuerliche Anforderung des fehlenden Datenpakets. Nur am Rande sei erwähnt, dass zuweilen die IP-Pakete unterwegs noch einmal geteilt, also fragmentiert werden können, wenn das Paket bei der Übermittlung auf ein Nadelöhr stößt, durch das es nicht hindurch passt (stack.nil.si/ipcorner/IP_Fragmentation/).

***

Fragmente sind Teile eines nicht vorhandenen Ganzen, auf das sie in ihrer Unvollständigkeit verweisen. Dieser Verweis kann dabei auf das nicht mehr oder noch nicht Vorhandensein der Totalität Bezug nehmen (Schmidt 2003, 66). Fragmente haben folglich zwei Bedeutungsrichtungen: Sie stellen zum einen einen unvollständigen Überrest eines ehemals Ganzen dar, das zerstört oder verloren gegangen ist. Im Vordergrund steht hier die Wahrnehmung des Verlusts, des „nicht mehr". Doch Fragmente können zum anderen auch als Teile eines noch unfertigen Ganzen gesehen werden. Hierbei dominiert die Wahrnehmung des Fragments als Potentialität, des „noch nicht". In jedem Fall verweisen Fragmente auf ein Ganzes, das nur skizziert und angedeutet wird und das im Umgang mit den Fragmenten imaginiert werden muss. Hier eröffnen sich Spielräume für eine Vorstellungskraft, die Möglichkeiten abzuwägen und nicht nur Gewissheiten zu konstatieren in der Lage ist.

**

Die Dichotomie von Fragment und Totalität wirft grundlegende erkenntnistheoretische und philosophische Fragen auf: Wie hängen Fragment und Totalität zusammen, sind sie ohne einander denkbar, sind sie je alleine denkbar? Die Beziehung zwischen Teil und Ganzem sind für Dällenbach und Hart Nibbrig ausschlaggebend für das Wesen des Fragments. Sie unterscheiden drei Typen. Zum einen führen sie die bereits genannte Vorstellung eines Fragments als „Teil eines Ganzen, dem es in zeitlicher Hinsicht nicht mehr oder noch nicht angehört und für dessen Abwesenheit es in stückhafter Präsenz einsteht [...] als pars pro toto" an. Je nachdem kann es folglich „als Rest, Abfall [...] Spur, Ruine, Memorandum oder [...] als Sprungbrett für die Phantasie" dienen (Typus 2). Daneben sehen sie aber auch jene Fragmente „als Teil eines Ganzen, dessen Vollständigkeit nicht in Frage steht", wodurch ein wesentlicher „Charakter des Fragmentum, das [...] Abgerissensein vom Ganzen" fehlt und die Eigenschaft des Fragments grundsätzlich in Frage steht (Typus 1). Und schließlich nennen Dällenbach und Hart Nibbrig eine dritte Auffassung, bei der eine Totalität weder vorstellbar noch (wieder-)herstellbar ist (Typus 3; alle Zitate Dällenbach/ Hart Nibbrig 1984, 15). Beim letzten Typus löst sich die Dichotomie von Fragment und Totalität auf und wirft die Frage auf, ob das Fragment überhaupt noch als Fragment bezeichnet werden kann.

**

Gegen Dichotomien wandten sich Deleuze und Guattari mit ihrem Konzept der Rhizome. Verbindungen von einzelnen Teilen entwickeln sich in dieser Theorie dynamisch und sind folglich nicht als festgefügte Struktur zu verstehen. Vor allem entwickeln sich Rhizome frei von einer übergeordneten, als Gesamtheit zu verstehenden Idee, welche die Wuchs- und Entwicklungsrichtungen vorgeben (Deleuze/Guattari 1977). Im Rhizom, so scheint es, treffen sich die so gegensätzlichen Konzepte von Fragment und Vernetzung. Die Hypertext-Theorie (z. B. Landow 2006, 60) hat sich das Rhizom als Gegenkonzept zur hierarchischen Baumstruktur gleichsam einverleibt, was nicht ohne kritisches Echo geblieben ist (Buchanan 2008). Bedeutsam für die hier vorliegenden Überlegungen ist die Feststellung einer fragmentierenden Logik der hypertextuellen Vernetzung: Um einen Text als Netz oder Gewebe zu schaffen, das in seiner Struktur den Rezipient/innen nicht vorgibt, wie (d.h. insbesondere in welcher Reihenfolge und damit mit welcher Sinnstruktur) es rezipiert werden soll, muss besagter Text erst zerteilt werden (Bolz 1993, 208). Fragmentierung ist Voraussetzung für Vernetzung.

***

Die Ambivalenz des Fragments, die sich in seinen zwei Verweisrichtungen „nicht mehr" und „noch nicht", aber auch in der letztlich „unfassbaren" Dialektik von Teil und Ganzem manifestiert, lässt sich auch verwenden, um den Erkenntnisprozess in den Geschichtswissenschaften zu beschreiben. Geschichte befasst sich mit Fragmenten, die aus der Vergangenheit übriggeblieben sind. Die Geschichtswissenschaften nennen sie „Quellen". Wiewohl diese Quellen Spuren und Überreste darstellen, mithin also auf das „nicht mehr" verweisen, so verweist das Wort „Quelle" zugleich auf den „noch nicht"-Charakter der Fragmente und betont damit ihre Bedeutung als Grundlage der Geschichtsschreibung.

***

Linguistic und Narrative Turn (vgl. Noiriel 2002) haben vor Augen geführt, dass Geschichte ein Konstrukt darstellt, das die gegenwärtige vielfältige Gliederung der Gesellschaft und der damit verbundenen Interessen abbildet. Geschichte stellt Vergangenheit nicht wieder her und kann sie auch nicht abbilden, wie sie wirklich war. Geschichtsschreibung muss sich – unter Berücksichtigung wissenschaftlicher Plausibilitäts- und Wirklichkeitsansprüche – jenen imaginativen und interpretatorischen Spielraum im Umgang mit Fragmenten schaffen, der bedeutungsvolle historische Sinnbildungen überhaupt erst ermöglicht. Aus Fragmenten werden Geschichten.

***

Im Akt der Geschichtsschreibung werden wohl Fragmente durch Interpretations- und Kontextualisierungsleistungen zu einer sinnvollen Geschichte zusammengefügt. Solche Geschichtsdarstellungen bilden, wenn sie gelungen sind, ein überzeugendes Ganzes. Und doch bleibt auch Geschichte als Unterfangen immer den Prämissen der Selektivität und Partikularität unterworfen. Aus diesem Grund „muss, wer etwas erzählt, auswählen, weglassen und das Erzählte

in einer Geschichte anordnen, die chronologisch oder sachlich angeordnet ist"
(Baberowski 2005, 213). Jede Geschichte muss sich auf ein Set von Akteuren, Er-
eignissen, Vorgängen, Zuständen beschränken und diese aus einer bestimmten
Perspektive in einer Erzählung zusammenfügen. Insofern bleibt jede Erkenntnis
über die Vergangenheit und damit jede Geschichtsschreibung selbst ein Fragment, das auf das Ganze der nie vollumfänglich zu erfassenden Vergangenheit
verweist.

***

Zu Beginn des 21. Jahrhunderts ist eine Zergliederung der Geschichte als
Ausdruck einer historiographischen Entwicklung festzustellen, die in den
letzten Jahrzehnten zu einer Abwendung von nationalen oder eurozentri-
schen Meistererzählungen und zu einer Hinwendung zu Untersuchungen
unter spezifischen Fragestellungen gesellschaftlicher Teilgruppen oder zu einer
umfassenden Globalgeschichte geführt hat. Die Geschichte sieht sich dabei
konfrontiert mit „der widersprüchlichen Forderung nach Einheit auf der einen
und Fragmentierung auf der anderen Seite" (Völkel 2006, 346).

***

Fragmente sind jedoch nicht nur eine erkenntnistheoretische Denkfigur,
sondern auch eine literarische Textform. Ende des 18. Jahrhunderts als literarische Form etabliert verfassen bedeutende Schriftsteller besonders des frühen
20. Jahrhunderts wie Musil, Döblin oder Kafka ihre Werke in fragmentarischer
Form. Dies lenkt das Interesse auf die Geschichtsschreibung als auktorialen
Text. Liegen auch Geschichtsdarstellungen in fragmentarischer Form vor?

***

Walter Benjamin beabsichtigte seine historische Darstellung über das Paris
des 19. Jahrhunderts („Passages") in einer fragmentarischen Form zu veröffentlichen. Dies war aber zugleich auch ein Ausdruck seiner Ablehnung
herkömmlicher Geschichtswissenschaft. Er wandte sich dezidiert gegen die
„sinngestützt-hermeneutische und auf einen Kontinuitätszusammenhang ver-
pflichtete traditionelle Geschichtsdarstellung" (Greiert 2011, 513). Darin, so
war Benjamin überzeugt, würde nur die Geschichte der Sieger repliziert. Die
Geschichte der Besiegten müsste in einem Modus erzählt werden, der keine
Sinndeutungen vorgebe. Wie genau eine solche Geschichtsschreibung nach
Meinung von Benjamin letztlich aussehen sollte, bleibt unklar, denn Benjamin nahm sich vor der Vollendung der „Passages" auf der Flucht vor den
nationalsozialistischen Truppen 1940 an der französisch-spanischen Grenze
das Leben (www.gdw-berlin.de/nc/de/vertiefung/biographien/biografie/view-
bio/benjamin/). Der letzte Text, an dem Benjamin vor seinem Tod arbeitete,

war sein fragmentarischer Text „Über den Begriff der Geschichte" (www.
mxks.de/files/phil/Benjamin.GeschichtsThesen.html), der den „Passages" vor-
angestellt werden sollte. Bekannt wurde aus diesem Text jenes Fragment, in
dem er ausgehend von einem Bild Paul Klees den „Engel der Geschichte"
beschreibt.

***

Während des Zweiten Weltkrieges entstand ein weiteres geschichtsphiloso-
phisches Fragment, Marc Blochs „Apologie der Geschichtswissenschaft oder
der Beruf des Historikers" (Bloch 1949/2002). Bloch kämpfte im Untergrund
und wurde von der Gestapo umgebracht, bevor er sein Werk vollenden konnte.
Bloch schrieb den Text im unbesetzten Teil Frankreichs und war von seiner Bibliothek in Paris getrennt. Man könnte in fragwürdiger Analogie zum Schluss
kommen, sein Wissensnetz sei fragmentiert und der Zugriff darauf unterbro-
chen gewesen.

***

Die erkenntnistheoretischen und historiographiegeschichtlichen Überlegungen zu Fragmenten und ihre Bedeutung für die Geschichte sind hier von
Belang, weil der digitale Medienwandel mit dem Anspruch einhergeht, völlig
neue Kommunikations- und Diskursformen zu ermöglichen, die den „Ab-
schied von Gutenbergs Welt der Schrift" bedeuten (Bolz 1993, 183). Im hier
interessierenden Falle geht es um die Frage, ob Weblogs völlig neue, noch nie
da gewesene Formen der Geschichtsschreibung ermöglichen, und falls diese
Frage bejaht wird, welche Konsequenzen dieser Befund für den geschichtswissenschaftlichen und (ausserhalb des fachinternen Austausches) für den
geschichtskulturellen Diskurs hätte.

***

Was Benjamin ablehnte, ist spätestens seit Hayden Whites Betrachtungen
zur *metahistory* (White 1986) im geschichtstheoretischen Diskurs etabliert:
Die Erzählung in ihrer typischen Ausprägung mit Anfang, Peripetie und
Ende ist die Standardform der Geschichtsschreibung. In Erzählungen ist das
Ende eines Geschehens bereits bekannt, nur so lassen sich die Ereignisse,
Entscheidungen, Prozesse und Zustände in einen erklärenden, sinnvollen
Deutungszusammenhang stellen. In Erzählungen wird aus der Kontingenz
vergangener Ereignisse, Vorgänge und Zustände eine sinnvolle Geschichte.
Inwiefern können Geschichtsdarstellungen fragmentiert sein, ohne sinnlos zu
werden?

***

Gumbrechts Werk „1926" (Gumbrecht 2001) gibt uns hier interessante Auf-
schlüsse. Gumbrecht fügt eine Reihe kurzer Darstellungen zu Geschehnissen,
Vorstellungen, Personen und sozioökonomischen Strukturen zusammen, die er
mit dem Jahr 1926 in Verbindung gebracht hat. Auf den ersten Blick wirkt dies
wie eine zufällige zusammen gewürfelte Anhäufung von historiographischen
Fragmenten. Es ist das Ergebnis einer sorgfältigen Auswahl von Inhalten, die
einer übergeordneten Idee folgt. Diese Fragmente sind (im Sinne der Typologie
von Dällenbach/Hart Nibbrig) eher dem Typus 1 zugehörig. Diese Einschätzung bestärken die von Gumbrecht bei den einzelnen Fragmenten angebrachten
Verweise, die zu anderen Fragmenten führen. Auch sie sind Ausdruck einer
Auswahl, einer Entscheidung, die auf eine übergeordnete Idee verweisen, wie
Geschichte präsentiert werden soll. Diese Idee liegt dem Entwurf des Buches
zugrunde, und sie findet ihren Abschluss beim Druck des Buches. Gumbrechts
„1926" ermöglicht trotz seines fragmentarischen Charakters keine vollends offene Rezeption. Denn auch wenn die Reihenfolge, in welcher sie es tun, den
Lesenden freisteht: rezipieren können sie nur, was Gumbrecht im Buch vorgelegt hat.

***

Die Technologie des Hypertexts wirft die Frage auf: Gibt es nicht-lineare Geschichtsdarstellungen? Denn ein wesentliches Merkmal von Hypertexten ist die
Möglichkeit, unsequenzierte Texte zu erstellen, zu deren Rezeption nicht eine
vom Autor festgelegte Reihenfolge eingehalten werden muss. Wie Krameritsch
(2007) zeigt, führt dies zu einer Verschiebung der Gestaltungsmöglichkeiten des
konkret zu rezipierenden Textes von den Autor/innen zu den Lesenden. Diese
erhalten somit mehr Gestaltungsmöglichkeiten, aber auch mehr Verantwortung
in Bezug auf die Geschichte, die sie in Hypertexten rezipierend herstellen.

***

Dennoch betont Krameritsch die Verantwortung der Autor/innen für die
Kohärenz von Hypertexten. Die innere Stimmigkeit wird durch die Verständ-
lichkeit der einzelnen Module bestimmt, die gewährleistet sein muss – unabhängig davon, welche anderen Module die Lesenden zuvor gelesen haben. Sie
wird aber vor allem hergestellt durch sinnvolle Verbindungen zwischen den Modulen, durch *Hyperlinks*. Die Links drücken die Auffassung der Autor/innen
aus, wie die gesamte Geschichtserzählung kohärent, und damit sinnvoll zu einem Ganzen gefügt werden kann. Die Freiheit der Lesenden besteht in der Wahl
der Verbindungen, nicht in deren Herstellung. Und diese hypertextuellen Geschichtsdarstellungen haben mit Fragmenten folglich wenig gemein.

***

Links in hypertextuellen Geschichtsdarstellungen wirken sinnstiftend und sind Ausdruck einer erzählerischen Absicht, auch wenn sich diese nicht in einer linearen Darstellungsform manifestiert. Dies zeigt gerade der Bruch solcher Konvention in den grotesk wirkenden Zusammenstellungen von Wikipedia-Artikeln in der Rubrik „in sieben Schritten" im Online-Portal „einestages" (einestages.spiegel.de/rubrik/In-sieben-Schritten). Die humorigen Beiträge unter Titeln wie „Wie der Inzest römischer Kaiserfamilien zum Triumph der Piratenpartei führte" oder „Wie Mark Twain das Burnout erfand" führen die populäre Wahrnehmung, dass in Geschichte irgendwie Alles mit Allem zusammenhängt, ad absurdum. Sie machen sich hierfür die Eigenschaften der kollaborativ erstellten Online-Enzyklopädie Wikipedia zu Nutze, wo die Benutzer/innen nicht nur selber die Einträge verfassen, korrigieren und erweitern, sondern auch nach eigenem Dafürhalten Links zu anderen Einträgen anlegen können.

**

Wikipedia ist ein bestechendes Beispiel für einen „offenen Hypertext", wie Krameritsch ihn bezeichnet hat (Krameritsch 2007, 151–157). An offenen Hypertexten können die Lesenden aktiv mitwirken, er wird laufend weiterentwickelt, denn er stellt nicht ein abgeschlossenes, fertiges Produkt dar. Wikipedia ist auch im Hinblick auf die Darstellung von Geschichte ein „offener Hypertext": es gibt keine übergeordnete Idee einer Erzählung, nach der sinnbildend eine Auswahl getroffen werden kann, die die Einzelteile zu einem bedeutungsvollen Ganzen verbindet.

**

Offene Hypertexte können, solange sie offen sind, keine Erzählungen sein, denn ihnen fehlt das Ende. Sie können – wie das Beispiel der Rubrik „In sieben Schritten" (einestages.spiegel.de/rubrik/In-sieben-Schritten) zeigt – von den Lesenden durch Auswahl und Anordnung von Teilen mit einem Ende versehen und dadurch zu einer Geschichte geformt werden. Ohne diesen Eingriff der Lesenden bleiben die Teile der Wikipedia letztlich, so intensiv sie verlinkt und Teil der „ganzen Enzyklopädie" sein mögen, im Hinblick auf geschichtliche Sinnbildung nichts anderes als Fragmente.

**

In dieser Hinsicht ist Wikipedia ein besser organisiertes, einheitlicher formatiertes Abbild des World Wide Web selbst, das auch einen großen, offenen Hypertext darstellt, aus dem die Lesenden durch Selektion und Anordnung von einzelnen Fragmenten sich abhängig von den konkreten Erkenntnisbedürfnissen eine „Geschichte" erstellen müssen. Diese Konstellation birgt die Möglichkeit der völligen Fragmentierung der Geschichte in individuelle Geschichten, die jegliche intersubjektive Verständigung verunmöglicht. Krameritsch führt daher den Modus des „situativen Erzählens" ein, der zumindest zeitweise eine kollektive Verständigung über Vergangenheit ermöglichen soll, um Orientierung für zukünftiges Handeln zu schaffen (Krameritsch 2009). Schmale skizziert den gegenwärtigen medialen Kontext der Geschichtswissenschaften als von „Hybridität, Volatilität, Fluidität, Hypertextualität" geprägt, was zur Herausforderung – auch an die Geschichtwissenschaften – führe, „in einer wie noch nie in Fluss geratenen Welt Kohärenz zu erzielen" (Schmale 2010, 116).

**

Geschichts-Weblogs sind Beiträge von unterschiedlichen Individuen zum „offenen Hypertext" des geschichtswissenschaftlichen und/oder geschichtskulturellen Diskurses. Dass die Grenze zwischen Amateur/in und *professional*, zwischen Einzelmaske und Vertreter einer Institution, zwischen akademisch-allgemeingültigen Wissenschaftsanspruch und subjektiver Befindlichkeit hier unklar verläuft, ist hinlänglich bekannt und je nach Sichtweise und Interesse beklagt oder begrüßt worden. Doch selbst wenn die Geschichtswissenschaftler/ innen ihren Anspruch auf ungestörte professionelle Auseinandersetzung mit Vergangenheit in virtuellen *gated communities* durchsetzen können, wird der zunehmende Gebrauch von Weblogs zu einer Fragmentierung des Diskurses in unzählige Einzelstimmen führen. Dies wird neue Techniken der diskursiven Orientierung (gleichsam der „Defragmentierung") erfordern, die wiederum stark an konkreten Bedürfnissen von Einzelnen oder von Gruppen ausgerichtet sein dürften. Zu beachten bliebe auch, dass sich diese Fragmentierung keineswegs egalitär vollzieht. Möglicherweise bilden sich die alten Hierarchien des etablierten, vor-digitalen Feldes nicht unmittelbar im hypertextuellen Diskurs ab, doch auch dieser Diskurs wird von Hierarchien geprägt: nicht jedes Blog erhält die gleiche Aufmerksamkeit und hat den gleichen Einfluss (Puschmann 2012).

**

Eignen sich Weblogs für Geschichtsdarstellungen, oder, mit anderen Worten: Kann man in Weblogs Geschichte erzählen?

**

Weblogs sind Hypertexte. Es entbehrt nicht einer gewissen Ironie, dass Nicht-Linearität als ein Kernmerkmal von Hypertexten gilt (Kuhlen 1991), Weblogs jedoch (zumindest in der Standardeinstellung) die einzelne Beiträge linear, nämlich in umgekehrt chronologischer Reihung darbieten – und dies zwingend durch die Programmierung der Blogsoftware (Puschmann 2012).

Durch diese technische Vorgabe liegen Weblogs in sequenzierter Form vor; sie bieten den Lesenden eine klare Leserichtung. Diese ist allerdings narrativ „verkehrt", nämlich vom Ende zum Anfang hin angeordnet. Sie eignen sich folglich – wie gleich ausgeführt werden soll – in ihrer Grundanordnung nicht für Erzählungen im herkömmlichen Sinn, und folglich auch nicht für konventionelle Geschichtsdarstellungen.

***

Weblogs sind offene Hypertexte. Sie sind dies weniger, weil sich die Lesenden aktiv beteiligen könnten. Das wäre zwar möglich, wird aber abgesehen von Kommentarfunktionen kaum realisiert. Weblogs sind offene Hypertexte, weil ihr Ende buchstäblich „offen" ist. Zwar gibt es Projekte, die den Tagebuch-Charakter von Weblogs nutzen, um historische Ereignisse in „Echtzeit" abzubilden, bzw. nachzubilden. Als gelungenes Beispiel kann das Projekt *Pepys Diary* (www.pepysdiary.com) betrachtet werden. Hierbei ist das Ende des Weblogs zu Beginn bereits bekannt (und das Weblog wird dann eingestellt). Doch wesentliche Eigenschaft eines Weblogs ist die Unbestimmtheit seines Endes. Die Erzähltheorie hingegen ist der Ansicht: „Wer erzählt, muss einen Anfang und ein Ende finden, in deren Mitte sich etwas Erzählenswertes ereignet. [...] Dabei ist zu berücksichtigen, dass erst das Ende den kompositorischen Anfangspunkt einer Handlung gewissermaßen *ex post* bestätigt, dass die narrative Struktur also nicht einfach linear und progredierend, sondern in hohem Maß rekusiv angelegt ist" (Koschorke 2012, 61). Hier eröffnet sich folglich eine Diskrepanz zwischen erzähltheoretischen Anforderungen an historische Darstellungen und medienspezifischen Voraussetzungen von Weblogs, es sei denn – wie im Falle von *Pepys Diary* – das Ende ist bei Beginn des Weblog-Projekts bereits bekannt. Weblogs als offene Form fortlaufenden Publizierens eignen sich folglich nicht für Geschichtsdarstellungen im herkömmlichen Sinn. Sie ermöglichen allenfalls die Publikation einer Serie von singulären Darstellungen, die (im Stile von Gumbrechts „1926") beliebig kombiniert und durch Links verbunden werden können.

***

Da Weblogs den etablierten narrativen Modus von Geschichtsschreibung nicht einfach außer Kraft setzen können, wird in Weblogs keine Geschichte geschrieben – zumindest nicht im herkömmlichen Sinne. Dennoch gibt es unzählige Weblogs, die Geschichte zum Thema haben. Eine umfassende Analyse aller Geschichtsblogs steht noch aus, dennoch sei die Aussage gewagt, dass diese Blogs sich in den meisten Fällen mit Geschichte auf einer Meta-Ebene befassen. Das heißt, dass die Autor/innen von Geschichtsblogs entweder grundsätzliche Fragen der Geschichtswissenschaft (z. B. edwired, edwired.org) oder der Ge-

schichtsdidaktik (z. B. Medien im Geschichtsunterricht, geschichtsunterricht.
wordpress.com) im Zusammenhang mit digitalen Medien diskutieren, über
Erkenntnisse und Überlegungen im Rahmen eigener Forschungsinteressen
oder Forschungsvorhaben (z. B. Adresscomptoir, adresscomptoir.twoday.
net) berichten und allenfalls Ausschnitte aus diesem Arbeitszusammen-
hang publizieren (z. B. Georgian London, www.georgianlondon.com), oder
Blog-Einträge, die im klassischen Sinne Geschichte erzählen, zumindest
kommentieren (z. B. renaissance mathematicus, thonyc.wordpress.com, oder
Geschichtsblog, geschichts-blog.blogspot.ch). Denn einzelne Blogposts, unter
Umständen sogar in kleinen Serien, eignen sich durchaus für die Darstellung
von Geschichte. Hierin kann die Flexibilität des technischen Formats, das
verschiedene Genres ermöglicht (Puschmann 2012) voll ausgenützt werden.
Doch Weblogs als „Gesamtformat" eignen sich, es sei ein weiteres Mal betont,
nicht für Geschichtsdarstellungen im herkömmlichen Sinn.

***

Weblogs, die Geschichte thematisieren, bestehen folglich aus Blogposts,
die in unterschiedlicher Weise Ergebnisse historischer Erkenntnis darstellen
oder den Prozess und die Rahmenbedingungen der Erkenntnis diskutieren. Diese Posts sind als Fragmente zugleich isoliert als auch verbunden. Sie
können von den Lesenden auch in unterschiedlichen Formen angeordnet
werden: in ausgewählten chronologischen Ausschnitten („Archiv"), sortiert
nach Kategorien oder *Tags* (Stichworten) des Autors bzw. der Autorin oder
nach einem eigenen Suchbegriff. Die Blogposts sind in verschiedene Kontexte
eingebunden: mittels Anordnung durch die Blog-Chronologie in die Selbstdar-
stellungsbemühungen des Bloggers, bzw. der Bloggerin; durch Verweise (seien
es Hyperlinks oder Literaturnachweise) in den geschichtswissenschaftlichen
Diskurs zum jeweils behandelten historischen Narrativ; mittels Indexierung
in die algorithmische Suchlogik von Suchmaschinen; mittels Empfehlung auf
Social-Media-Plattformen („I like", „Tweet this") in soziale Netzwerke der
Leserschaft. Die Bezugsgröße des Fragments bleibt somit unbestimmt, variabel
und situationsbezogen. Im „pluralistischen Kontext [der Postmoderne] ver-
liert die Form des Fragments ihre Verweisungskraft" (Ostermann 2003, 47).
Das Fragment bleibt isoliert, geht gleichsam „verloren" – und mit ihm seine
historisch-narrative Funktion und historiographische Bedeutung.

***

In derlei narrativen Fragmenten digitaler Geschichtsdarstellungen werden
den Usern keine klaren narrativen Zusammenhänge mehr offeriert; die Herstellung von Deutungszusammenhängen wird vielmehr den Usern überlassen.
Dies kann durchaus eine Chance für die Etablierung neuer, weniger starrer

und idealerweise reflektierter Geschichtsbilder darstellen. Es wäre lediglich zu prüfen, ob durch solche narrativen Fragmente, wie sie sich etwa in Weblogs manifestieren, nicht einfach allgemein gängige Deutungsmuster konventioneller Narrative latent transportiert und befestigt werden. Die Bezugsgrößen verschwinden, die Deutungen bleiben. Dabei wäre doch das Herstellen von historiographischer Kohärenz, so Schmale (2010), eine wichtige Aufgabe der Geschichtswissenschaft – auch wenn keine dauerhafte, sondern nur eine temporärer oder (nach Krameritsch 2009) „situative" Kohärenz sein kann.

***

In Weblogs lässt sich keine Geschichte erzählen. Die Hoffnung auf neue Formen einer vernetzten, offen strukturierten, modularisierten Geschichtsschreibung bildet sich bislang in den bekannten historisch interessierten Weblogs nicht ab. Eine solche Geschichtsschreibung aus narrativen Fragmenten, die auch schon erprobt wurde, aber sich nicht etabliert hat (vgl. das 2004 mit dem Medidaprix ausgezeichnete, nicht mehr online erreichbare Projekt pastperfect.at), wird die Weblogs mit den Tücken der Kohärenzbildung und dem erzähltheoretischen Problem des „offenen Endes" konfrontieren. Währenddessen zeigt die Praxis der Weblog-Verwendung jedoch eine andere, ebenso wichtige Funktion im geschichtswissenschaftlichen Diskurs auf. In ihnen wird laufend und vielseitig berichtet von Menschen in ihrem Bemühen, Geschichte zu erzählen. Mit anderen Worten: Die Bedeutung von Weblogs für die Geschichte besteht weniger in neuen Formen der Darstellung von Geschichte, sondern in der kommunikativen Verhandlung der Personen, die Geschichte erforschen und schreiben, und der Rahmenbedingungen, unter denen sie dies tun.

Literatur

Marc Bloch: Apologie der Geschichtswissenschaft oder der Beruf des Historikers [1949]. Aus dem Französischen von Wolfram Beyer. Mit Annotationen und einem Nachwort von Peter Schöttler, Stuttgart: Klett 2002.

Norbert W. Bolz: Am Ende der Gutenberg-Galaxis. Die neuen Kommunikationsverhältnisse. München 1993.

Ian Buchanan: Deleuze and the Internet, in: deleuze international 1 (2008), [deleuze.tausendplateaus.de/wp-content/uploads/2008/01/deleuze-and-the-internet.pdf], eingesehen 5.10.2012.

Lucien Dällenbach/Christiaan Lucas Hart Nibbrig: „Fragmentarisches Vorwort", in: Dies. (Hrsg.): Fragment und Totalität (Edition Suhrkamp, 1107). Frankfurt a.M 1984, S. 7–17.

Gilles Deleuze: Rhizom (Internationale marxistische Diskussion Bd. 67). Berlin 1977.

Andreas Greiert: Erlösung der Geschichte vom Darstellenden. Grundlagen des Geschichtsdenkens bei Walter Benjamin 1915–1925. München 2011.

Hans Ulrich Gumbrecht: 1926. Ein Jahr am Rand der Zeit. Frankfurt a. M. 2001.

Albrecht Koschorke: Wahrheit und Erfindung. Grundzüge einer allgemeinen Erzähltheorie. Frankfurt a.M 2012.

Jakob Krameritsch: Die fünf Typen des historischen Erzählens im Zeitalter digitaler Medien, in: Zeithistorische Forschungen/Studies in Contemporary History 6/3 (2009), S. 413–432.

Jakob Krameritsch: Geschichte(n) im Netzwerk. Hypertext und dessen Potenziale für die Produktion, Repräsentation und Rezeption der historischen Erzählung. Münster 2007.

George P Landow: Hypertext 3.0. Critical theory and new media in an era of globalization. Baltimore, Md 2006.

Jean-François Lyotard/Peter Engelmann: Das postmoderne Wissen. Ein Bericht (franz. Original: La condition postmoderne, Paris 1979). Wien 2009.

Gérard Noiriel: Die Wiederkehr der Narrativität, in: Joachim Eibach/Günther Lottes (Hrsg.): Kompass der Geschichtswissenschaft. Göttingen 2002, S. 355–370.

Eberhard Ostermann: Das Fragment in der Postmoderne, in: Bernhard Fetz/Klaus Kastberger (Hrsg.): Die Teile und das Ganze Bausteine der literarischen Moderne in Österreich (Profile (Zsolnay), Bd. 10). Wien 2003, S. 44–52.

Cornelius Puschmann: Technisierte Erzählungen? Blogs und die Rolle der Zeitlichkeit im Web 2.0, in: Nünning, A u. a. (Hrsg.): Narrative Genres im Internet: Theoretische Bezugsrahmen, Mediengattungstypologie und Funktionen. Trier 2012, S. 93–114.

Wolfgang Schmale: Digitale Geschichtswissenschaft. Wien 2010.

Burghart Schmidt: Fragment/Ruine-Die Zeichenweise dieser Zeit. Auch Weltstand?, in: Bernhard Fetz/Klaus Kastberger (Hrsg.): Die Teile und das Ganze Bausteine der literarischen Moderne in Österreich (Profile (Zsolnay), Bd. 10). Wien 2003, S. 63–80.

Markus Völkel: Geschichtsschreibung. Eine Einführung in globaler Perspektive. Köln 2006.

Hayden White: Auch Klio dichtet oder die Fiktion des Faktischen. Studien zur Tropologie des historischen Diskurses. Stuttgart 1986.

Anton Tantner
Das geschichtswissenschaftliche Weblog als Mittel des Selbstmanagements

Einleitung

Nach Gilles Deleuzes kurzer Skizze „Postskriptum über die Kontrollgesellschaften" ist an die Stelle, wo sich in der Disziplinargesellschaft einst die Fabrik befand, in der Kontrollgesellschaft das Unternehmen getreten. Marketing heißt jetzt das Instrument der sozialen Kontrolle, und auch das Subjekt wird davon erfasst (Deleuze 1993), ein Umstand, den Ulrich Brieler in einem sehr pointierten und lesenswerten Beitrag zum „neoliberalen Charakter" folgendermaßen auf den Punkt brachte: „War vor nicht so langer Zeit die Behauptung: ‚Der Kerl verkauft sich ja!' ein Vorwurf erster Güte, so fragt man heute: ‚Warum verkaufst Du Dich nicht richtig?' Der Wettlauf zur Warenförmigkeit ist das erklärte Programm des neoliberalen Charakters" (Brieler 2005). BefürworterInnen dieses Prozesses haben darauf hingewiesen, dass dem Selbstmarketing, der Selbstvermarktung auch ein emanzipatorischer Aspekt innewohnt, da professionelle Mittelsmänner (und wohl auch -frauen) ausgeschaltet werden (Friebe/Lobo 2006, 41). Kritisch dazu anzumerken ist allerdings, dass diese Mittelsmänner durch einen Wust an BeraterInnen ersetzt werden, seien dies Jobcoaches, KommunikationstrainerInnen oder TherapeutInnen. Die Anforderungen an das Subjekt sind dabei klar: Eine „Ich-AG" hat es zu bilden, sozial kompetent muss es sein, und andauernd ist es dabei, das „Ich" nach den letzten Anforderungen des Markts zu modellieren. Flexibilität lautet das Gebot der Stunde; keine durchgängige Erzählung kann mehr das Subjekt von der Wiege bis an die Bahre begleiten, es ist fragmentiert, Technologien des Selbst müssen erlernt, Zerrissenheit und Disparatheit eingeübt werden. „Beharrungsvermögen und Erfahrungswissen gelten als unnötiger Ballast, angesichts eines Präsentismus, der ohne Rekurs auf die Vergangenheit auszukommen glaubt", so drückte es Thomas Lemke aus. „Da es rational ist, sich nicht festzulegen, sollten langfristige Bindungen und Verpflichtungen möglichst vermieden werden. Die Aufgabe des Einzelnen besteht nicht mehr darin, eine stabile Identität auszubilden, sondern zu verhindern, dass diese zukünftige Optionen einengt oder gar verbaut." (Lemke 2004, S. 86)

Der neoliberale Charakter

Die Situation, in der sich die heutigen Ich-AGs befinden, kann als der vor-
läufige Endpunkt eines historischen Ablöseprozesses beschrieben werden, der
Ende des 20. Jahrhunderts stattfand und der vom schon genannten Ulrich
Brieler als Übergang von den vorherrschenden Charakterformen des autori-
tären und narzisstischen Charakters zum neoliberalen Charakter beschrieben
wurde: Letzterer ist dazu verdammt, widersprüchliche Anforderungen wie
Wettbewerbsfähigkeit, Teamdenken, Vorausplanung und Risikobereitschaft zu
vereinbaren (Brieler 2005).

Dieser neoliberale Charakter, das neoliberale KleinunternehmerInnensubjekt tritt mal als WürstchenbudenbesitzerIn, mal als SelbstmordattentäterIn,
mal als HistorikerIn auf. Ihnen gemeinsam ist, dass sie an der Marke Ich®
arbeiten, denn, wie heißt es in der Bewerbung der Ratgeberliteratur: „Den
Marken entkommt nämlich keiner" (Seidl/Beutelmeyer 2003, Klappentext).
Dieses Diktum gilt auch für sich als widerständig oder revolutionär verste-
hende Bewegungen: Es galt bereits für die sehr markenbewussten Dadaisten,
es galt für die RAF, deren Mitbegründer Andreas Baader sich bei der Überarbeitung des Maschinengewehr-Logos von einem Werbedesigner beraten
ließ, und es gilt für die mexikanischen ZapatistInnen, deren „Markenikone
‚Subcomandante Marcos‘ als charismatischer Vordenker [...] [und] als anonyme Kollektividentität [...] das Bedürfnis nach Heroisierung und Projektion
mit dem Bedürfnis nach Wiedererkennbarkeit und Identifikation [verband]"
(Friebe 2004).

Die adäquate Präsentationsform der Marke Ich® ist im digitalen Zeitalter die
Internet-Präsenz, und auch im Bereich der Wissenschaft wird dieses Medium
der Selbstdarstellung zunehmend entdeckt und genutzt; was mit der persönlichen Homepage noch vergleichsweise statisch begann, wird seit einigen Jahren
um Weblog, Microblogging à la Twitter und Verwendung sozialer Netzwerke
ergänzt: Letztere bieten die Möglichkeit, durch teils mehrfach täglich gepostete
Texthappen Zeugnis von seiner und ihrer Kreativität abzulegen, dem laut Ana-
lysten „wirklich knappe[n] Faktor" in einem Neoliberalismus, (Müller 2012 zit.
nach Konicz 2012) in dem es den Konzernen an Kapital nicht mangelt, sehr
wohl aber an dessen Verwertungsfeldern. Blogpostings können dazu verwendet werden, Aufmerksamkeit zu generieren und sind damit nach Holm Friebe
und Sascha Lobo eine der wichtigsten Einnahmequellen für die Währung
Respekt (Friebe/Lobo 2006, 210), wobei allerdings entgegen anderslautender
Annahmen nicht damit gerechnet werden sollte, dass allzu bald die Geld-
ökonomie durch eine „Aufmerksamkeitsökonomie" abgelöst wird (Altmann
2009).

Wissenschaft und Marketing

Die Anforderungen und Zumutungen des Selbstmarketings wie -managements gelten auch im Bereich der zunehmend projektförmig organisierten Wissenschaften; es herrscht ein „Präsentationszwang" (so Claus Pias auf dem im November 2007 an der Universität Wien abgehaltenen Workshop „Tabellen, Kurven, Piktogramme. Techniken der Visualisierung in den Sozialwissenschaften") der eigenen Arbeit, über deren Fortführung Fördergeber auch nach Kriterien der „internationalen Sichtbarkeit" und Medienresonanz entscheiden. Es fällt leicht und mag manchmal auch berechtigt sein, im Zeitalter von Forschungsdokumentationssystemen, Journal-Rankings und Impact-Faktoren sich über diese Entwicklungen im Modus einer rückwärtsgewandten, Humboldt'sche Verhältnisse anrufenden Kulturkritik zu beklagen, denn Wissenschaft braucht Weltabgewandtheit, ja geradezu die Weltfremdheit im Elfenbeinturm (Vec 2006), um das vermeintlich Selbstverständliche einer Analyse zu unterwerfen, um neues Wissen generieren zu können. Dabei von den Forschenden auch noch die zuweilen zeitraubenden Techniken der Selbstpräsentation einzufordern, kann als Unverschämtheit betrachtet werden, die dem Ziel des Erkenntnisgewinns diametral entgegengesetzt ist.

Ich möchte jedoch ein anderes Argument stark machen: Wissenschaft wird zumeist durch öffentliche Gelder finanziert und dies rechtfertigt nur zu sehr den Anspruch ebendieser Öffentlichkeit, über die Verwendung der Gelder und die Ergebnisse der Forschung in allgemein verständlicher Form informiert zu werden. Manche WissenschafterInnen werden diese Aufgabe gerne an professionelle MittlerInnen – zumeist WissenschaftsjournalistInnen – delegieren wollen, doch bieten die Präsentationstechniken des Internets eine wenn schon nicht Zeit, dann aber auf jeden Fall Geld sparende Variante, die Kontrolle über die Darstellung der eigenen Forschungsergebnisse zu behalten. Aus der vermeintlichen Zumutung des Marketings kann auch eine die Forschung belebende Wirkung ausgehen, können sich doch durch die Öffentlichkeit an die WissenschafterInnen gestellte Fragen unerwartete, neue Perspektiven eröffnen.

Ein Rückblick auf meine Webaktivitäten

Es war 1995, als ich bei einer Erasmus Summer School in Salzburg einen von Jan Oldervoll geleiteten HTML-Kurs absolvierte, wobei ich in den folgenden Jahren zunächst keinerlei Bedürfnisse verspürte, neben den Seiten, die ich für diverse Institutionen ins Netz stellte – darunter das Institut für Wirtschafts- und

Sozialgeschichte sowie das Institut für Geschichte der Universität Wien –, auch noch eine eigene Homepage mein Eigen zu nennen. Auslöser dafür waren dann eine Anzahl von Fotografien von historischen Hausnummern, so genannten Konskriptionsnummern, die ich während eines Archivaufenthalts in der Tschechischen Republik im Frühjahr 1998 angefertigt hatte, was im Zusammenhang mit meiner Dissertation stand, die sich mit der Geschichte der Volkszählung und der damit verbundenen Hausnummerierung in der Habsburgermonarchie um 1770 beschäftigte (Tantner 2004). Knapp vier Jahre danach scannte ich diese Papier-Fotos ein und erstellte auf dieser Grundlage die auf dem Server der Uni Wien gehostete „Galerie der Hausnummern", eine Sammlung, die seither unter der Adresse hausnummern.tantner.net mehr als 100 Fotos historischer Hausnummern aus verschiedenen europäischen Ländern präsentiert. Gleichzeitig mit dieser Ausstellung der Hausnummern verfertigte ich eine persönliche Homepage – tantner.net – und präsentierte darin die üblichen Inhalte, also eine Publikationsliste, ein paar Volltexte, Informationen zu meinen Lehrveranstaltungen und ein paar Links. Dies war Anfang 2002 und dabei blieb es einige Zeit, bis ich dann etwas mehr als ein Jahr später auf die Welt der Weblogs stieß; damals subskribierte ich die vom Schriftsteller Marcus Hammerschmitt betreute Diskussionsliste Linkskurve, in der dieser immer wieder Hinweise auf sein Weblog – concord.antville.org – postete. Ich brauchte mehrere Monate, bis ich verstand, wie ein solches Weblog funktionierte, obwohl ich die ein paar Jahre zuvor von Rainald Goetz betriebene Homepage „Abfall für alle" (Goetz 1999) und auch das Online-Tagebuch des österreichischen Grünen-Politikers Peter Pilz schon kannte (Pilz 2001 ff). Zum Jahreswechsel 2003/2004 war es dann soweit, ich lernte mehrere andere Weblogs kennen, darunter nicht zuletzt Netbib – log.netbib.de – sowie später dann Archivalia – archivalia.twoday.net –, das mich aufgrund der hohen, bis heute durchgehaltenen Postingdichte zunächst leicht überforderte. Damals spielten Weblogs schon lange nicht mehr in kleinen finnischen Clubs, die nur eingeweihten InsiderInnen bekannt waren – wie das Peter Praschl in seinem Sofa Blog ausgedrückte – (Praschl 2005), sondern Weblogs waren schon auf dem Weg zu einem Massenphänomen, auch wenn gerade im deutschsprachigen Bereich wissenschaftliche Weblogs noch lange eher selten blieben. Es war nur naheliegend, dass ich mich nach einiger Zeit selbst mit dem Gedanken trug, ein solches Weblog zu beginnen, ließ mir damit aber Zeit; zunächst legte ich auf dem Linkverzeichnis meiner Homepage eine Blogroll an, mit interessanten Blogs, die ich regelmäßig konsultierte, fand dann einen geeigneten Namen für mein Weblog, der sowohl zu meinen historischen Interessen als auch zum Internet passte – nämlich Adresscomptoir –, und Ende Juni 2005 richtete ich das Weblog bei twoday ein, abrufbar unter adresscomptoir. twoday.net. Bis heute veröffentliche ich darin zumeist täglich Hinweise auf Artikel in Medien sowohl geschichtswissenschaftlichen als auch politischen Inhalts,

Rezensionen, Fragmente aus meiner Dissertation und Habilitation, rege zuweilen die Vergabe von Orden und Preisen an – genannt seien der „Hans Ulrich Wehler-Orden für besondere Verdienste in der Verbreitung von Schwachsinn über Foucault" sowie der „Joachim Gauck-Freiheits-Preis für besonders krasse Beispiele der Anbiederung an die herrschende Klasse" – und poste nicht zuletzt Fotos von Hausnummern, darunter Beispiele historischer Konskriptionsnummern ebenso wie Hausnummern von Philosophen und Schriftstellern wie Michel Foucault, Walter Benjamin, Theodor W. Adorno, Heiner Müller oder Peter Hacks.

Was die Statistik des Weblogs betrifft, so ist das Adresscomptoir ein durchaus bescheidener Mitspieler in der Blogosphäre: Laut blogcounter.de gibt es gerade mal 40 bis 50 BesucherInnen pro Tag, manchmal waren es 60 bis 80, mit einem Spitzenwert von 240 am 26. Oktober 2007 nach einem von Günter Hack verfassten Bericht in der ORF-Futurezone über meine Dissertation, der es auch auf die Web-Startseite der öffentlich-rechtlichen Rundfunkanstalt orf.at brachte, einem der wichtigsten österreichischen Nachrichtenportale (Hack 2007). An Beiträgen verfasste ich bislang (Stand: Jänner 2013) mehr als 2.700, zu denen es mehr als 380 Kommentare gab; an Bildern veröffentlichte ich mehr als 440, vorwiegend Fotos von Hausnummern. Laut von Twoday zur Verfügung gestellter Statistik handelt der meistgelesene Beitrag über die Nelkenrevolution in Portugal 1976, dicht gefolgt von einem Posting zu Problemen mit der Google Buchsuche; beide wurden mehr als 2.300mal angesteuert. Kurz – 2006–7 – experimentierte ich aus Neugier auch damit, mein Weblog zu kommerzialisieren, indem ich Google Ads und Amazon-Buchanzeigen einband. Das Ergebnis: Mein Account bei Adsense zeigt an, dass ich durch die in der Zwischenzeit wieder entfernten Google Anzeigen 16 Dollar erwirtschaftete; was die Amazon-Buchanzeigen betrifft, so beließ ich diese bis zum Frühjahr 2012 in der Sidebar des Weblogs und konnte damit insgesamt etwas mehr als 60 Euro lukrieren.

Auch in der universitären Lehre, für meine Lehrveranstaltung „Digitale Medien in der Geschichtswissenschaft", setze ich Weblogs ein: Zentrales Medium ist ein Lehrveranstaltungsweblog – tantner.twoday.net –, in dem im wöchentlichen Rhythmus Hinweise auf durch die Studierenden zu konsultierende Lehreinheiten auf der E-Learningplattform „Geschichte Online" gepostet werden, ergänzt um jeweils dazu durchzuführende Übungsaufgaben. Diese Übungsaufgaben werden von den Studierenden in eigens einzurichtenden persönlichen Weblogs erledigt, wobei ich es den Studierenden überlasse, ob sie ihr Weblog anonym – ihr Name nur mir bekannt – oder unter Angabe ihres eigenen Namens führen wollen. Es zeigte sich dabei, dass vor allem die politisch wacheren TeilnehmerInnen der Lehrveranstaltung es bevorzugten, anonym zu posten, wobei ich insbesondere auf ein Studierenden-Weblog hinweisen möchte, dessen UserIn seine/ihre Position im Weblog mit der Position eines Zelleninsassen/

einer Zelleninsassin des Foucaultschen Panoptikums verglich und dabei zu überraschenden Einsichten kam: panopticontra.blogspot.co.at. Gemäß meiner bisher gemachten Erfahrung – fünf Lehrveranstaltungen mit Weblogeinsatz seit 2008 mit TeilnehmerInnenzahlen zwischen 20 und 115 Studierenden – wurden nur die wenigsten Weblogs nach Ende der Lehrveranstaltung weitergeführt, wobei ich selbstredend nicht weiß, ob und wie viele Studierende ihre neu erworbenen Blogkenntnisse zum Anlass nahmen, ein neues Weblog einzurichten. Ohne auf genaue Untersuchungen zurückgreifen zu können, scheint es, dass bislang eher die mobilen und höhersemestrigen StudentInnen Weblogs führen, um über ihre Auslandsaufenthalte oder Diplomarbeits-/Dissertationsthemen zu berichten.

Eine oft von Bloggenden und auch von mir gemachte Erfahrung ist, dass die Resonanz der meisten Postings kaum feststellbar ist, was den niederländischen Internettheoretiker Geert Lovink zu seinem Buchtitel „Zero Comments" veranlasste (Lovink 2008). Dies sollte sich erst ändern, als ich begann, mich an sozialen Netzwerken wie Facebook und Google+ zu beteiligen und die Inhalte meiner Blogpostings auch dort veröffentlichte, was weit mehr Rückmeldungen – und sei es nur in Form von „Likes" und „Plus" – generiert, als das Weblog selbst. Trotzdem würde ich dringend davon abraten, auf das Führen eines Weblogs zugunsten einer reinen Präsenz in sozialen Netzwerken zu verzichten, da nur durch das Weblog ein sowohl anonymer als auch öffentlicher Zugriff auf die zur Verfügung gestellten Inhalte gesichert ist.

Als letzte meiner Beteiligungen an Web 2.0-Angeboten seien meine Twitteraktivitäten genannt: Erschien mir diese Form des Microbloggings anfangs als zu hektisch, lernte ich doch mit der Zeit dessen Möglichkeiten – insbesondere den Einsatz von Hashtags bei Konferenzen – schätzen und richtete im September 2011 den Account @adresscomptoir ein; Anlass war die in London abgehaltene Konferenz „Cultures of Surveillance", bei der ich einen Vortrag zur Hausnummerierung als Kontrolltechnik hielt und somit auch gleich mittels Twitter auf die damals neu erstellte englische Fassung meiner „Galerie der Hausnummern" verweisen konnte. Seither verwende ich Twitter in erster Linie, um nochmals auf Inhalte, die ich im Weblog poste, hinzuweisen und – nicht allzu häufig – andere Tweets von den verhältnismäßig wenigen Accounts, die ich verfolge, zu „retweeten". Die Tweetfrequenz läßt sich somit mit der meines Weblogs vergleichen, das heißt circa ein Tweet pro Tag. Das kann allerdings im Falle von Konferenztweetings rapide ansteigen, wie sich bei der im März 2012 in München abgehaltenen Tagung „Weblogs in den Geisteswissenschaften" zeigen sollte, als unter dem Hashtag #dhiha4 37 fleißige TwitterInnen dafür sorgten, dass dieser am Konferenztag zum Trending Topic Nummer Eins in Deutschland wurde. Bislang blieb dies allerdings eher die Ausnahme, denn bei den folgenden geschichtswissenschaftlichen Tagungen, an denen ich teilnahm – z. B. der European Social Science History Conference in Glasgow im April 2012 oder dem zwei Monate darauf in Innsbruck stattfindenden Kulturgeschichtetag – bewies sich die doch recht beharrliche Trägheit der HistorikerInnen angesichts von Innovationen damit, dass die Tweets selbst bei mehreren hundert KonferenzteilnehmerInnen sehr überschaubar blieben.

Die Selbst-Managementliteratur im Praxistest

Bei all dieser Praxis wollte ich – als lernwilliges prekarisiertes wie neoliberales Subjekt – meine Aktivitäten auch in einen Zusammenhang mit der Ratgeberliteratur zum Selbstmanagement stellen. Bei deren Konsultation fiel mir schnell auf, dass die im Original auf Deutsch geschriebenen Werke, etwa Conrad Seidls und Werner Beutelmeyers (2003) *Die Marke ICH*®, Werner Lanthalers und Johanna Zugmanns (2000) *Die ICH-Aktie* oder *Die andere Ich AG* von Nicolette Strauss (2002) zumeist wenig hilfreich sind, mit der Ausnahme des jüngst erschienenen Buches von Markus Riedenauer und Andrea Tschirf (2012), das sich speziell an WissenschafterInnen wendet. Im Vergleich zu den Büchern von Tom Peters (2001), Robin Fisher Roffer (2001), William Bridges (1998) sowie Reid Hoffman und Ben Casnocha (2012) erschienen mir erstere schlicht nutzlos und wenig erhellend; vielleicht braucht es den von Dirk Baecker 2004 beschriebenen „pragmatisch[en], kalifornisch[en] Blick", um brauchbares über Selbstmanagement zu schreiben. Demgegenüber sehr lobenswert sind die Publikationen der deutschen Gouvernementalitätsforschung, vertreten unter anderem durch Ulrich Bröckling, Susanne Krasmann und Thomas Lemke, die in ihrem 2004 bei Suhrkamp erschienenem „Glossar der Gegenwart" auf eine hervorragende Weise demonstrierten, wie die in der neoliberalen Managementsprache gängigen Allerweltsbegriffe analysiert werden können. Dieses Buch ist in kritischer Absicht geschrieben, lässt sich aber auch, so meine These, als Ratgeber lesen, da es die zitierte Managementliteratur ernst nimmt.

So wird darin betont, dass in der neoliberalen Gouvernementalität für das Subjekt eine „Pflicht zur Einzigartigkeit" (Schmidt-Semisch 2004, S. 226) bestehe: „Nur in dem Maße, in dem er [gemeint ist das Subjekt des Unternehmers, A. T.] sich selbst als unverwechselbare Marke kreiert, hebt er sich von der Masse ab und vermag die Wettbewerber auszustechen. Für genormte und normalisierte Disziplinarsubjekte ist in der Unternehmenskultur kein Platz, gefordert sind Artisten des Alltags, die Exzentrik mit Effizienz verbinden. Unangepasstheit ist zu kultivieren, weil sie ökonomisch gesehen ein Alleinstellungsmerkmal darstellt." Ähnlich ausgedrückt: „Das auf bestimmte Zeiten und Lebensbereiche beschränkte ‚Durchdrehen' oder ‚Durchknallen' ist zum allgemein akzeptierten Bestandteil von Lebensstilen geworden" (Waldschmidt 2004, 195). Wie ließe sich diese Einzigartigkeit, diese Unangepasstheit besser vermitteln als mit Hilfe der eigenen Internetpräsenz; ein Weblog, das im Mainstream mitschwimmt, ist langweilig, es braucht etwas außergewöhnliches, spannendes, das es wert macht, es zu verfolgen.

Nicht viel anders formuliert diesen Umstand der amerikanische Management-Guru Tom Peters in seinem Ratgeber „Top 50 Selbstmanagement. Machen Sie aus sich die ICH AG", der im amerikanischen Original „Reinventing Work: The Brand You" betitelt ist, wobei hier vor allem der Untertitel – „die Marke Du/Ich" zu betonen ist. Peters schreibt seinen LeserInnen vor: „Tun Sie etwas Originelles. Jeden verdammten Tag. Koste es, was es wolle" (Peters 2001, 57). Weiters rät er dazu, von ihm so genannte „Freaks" zu sammeln, d. h. ausgefallene Leute kennenzulernen, zum Beispiel Autoren oder Autorinnen, deren Bücher man schätzt. Es sei tödlich, immer mit den gleichen Leuten herumzuhängen, immer die gleichen Zeitschriften zu lesen, die gleichen Konferenzen zu besuchen. Man müsse eine Rubrik mit Freaks in seinem Adressbuch einrichten, denn: Ich bin so cool, wie die coolen Typen, mit denen ich mich umgebe (Peters 2001, 123–125). Übersetzt in die Sprache der Weblogs: Ich bin so cool, wie die Leute, die auf meiner Blogroll stehen.

Sechs Schritte zum Erfolg

Welche Schritte sind es nun, die gemäß der Ratgeberliteratur nötig sind, die Marke Ich zu managen, und die auch als Leitfaden für das Planen oder Betreiben eines Weblogs bzw. einer persönlichen Homepage herangezogen werden können? (Ich folge bei der Darstellung der Schritte Roffer 2001) Als erstes wird in der Regel eine Selbstanalyse vorgeschlagen: Wer bin ich? Dazu kann durchaus eine Art Produktbeschreibung gehören, zum Beispiel in Form einer Überlegung, welche Marke einem/einer am ehesten entspricht; dazu zählt die Identifizierung der eigenen Kernwerte, der eigenen Leidenschaften und Fähigkeiten. An zweiter Stelle steht die Definition der eigenen Träume, der Ziele: Was will ich sein? Dabei kann ein so genanntes Mission Statement hilfreich sein, das heißt, ein Leitbild, das die Ziele des Unternehmens Ich für sein Produkt beschreibt. Der dritte Schritt ist der Zugang auf das Zielpublikum und dessen Analyse: Was soll das Zielpublikum von mir denken? Wo ist mein Publikum? Um dies herauszufinden, wird zum Beispiel die Teilnahme an Tagungen sehr empfohlen. Wie kann ich die Aufmerksamkeit des Publikums gewinnen? Und schließlich geht es in dieser Phase darum, sich dem Wettbewerb am Markt zu stellen und dabei auch Eigenschaften der eigenen Marke aufzulisten, mit denen man sich von der Konkurrenz abhebt. Als viertes geht es darum, Gefahren, die der Verwirklichung der eigenen Ziele entgegenstehen, herauszufinden. Dafür ist es wichtig, angstfreie Zonen im eigenen Leben zu schaffen, oder Inseln der Ordnung, das heißt Bereiche im Leben, in denen es Stabilität gibt (Bridges 1998, 177). Am besten ist es, gleich einen Notplan für den Fall zu erstellen, dass die eigene Marke mit Widerständen konfrontiert wird. Als Schritt fünf wird die Rekrutierung von Cheerleadern empfohlen, das heißt das Auffinden von Mentoren und Mentorinnen. Überhaupt gilt, dass die Marke Ich nicht als autistische Monade zu verstehen ist, sondern sich von vornherein in einem Netzwerk befindet. Der nächste Schritt ist die Verpackung der eigenen Marke: Das Äußere muss dem Zielpublikum gefallen und soll das Innere möglichst echt widerspiegeln; dies gilt von der Kleidung über das Briefpapier bis hin zur Website. Und schließlich soll man sich daran machen, einen Plan zu erstellen und diesen umzusetzen. Zur Markenplanung gehören Marketingplan, Finanzplan sowie ein Zeitplan für die Markteinführung.

Soweit also die Schritte, die wohl befolgt laut Selbstmanagementratgebern zum Erfolg führen können. Selbstverständlich liegt es nahe, die hier skizzierte Mentalität als neoliberale Ideologie zu verdammen; trotzdem glaube ich, dass hier doch manches zu Tage tritt, was die Bedingungen beschreibt, unter denen wir derzeit und in den nächsten Jahren arbeiten müssen. Das prekäre KleinunternehmerInnensubjekt mit Internetanschluss, das fröhlich mit anderen KleinunternehmerInnensubjekten vernetzt vor sich hin bloggt – und das die meisten von uns darstellen –, ist wohl dazu verdammt, die Selbstmanagementratgeber zumindest vorerst einmal ernst zu nehmen.

Drei kleine Erfolgsstories *und ein Ausblick*

Inwieweit eine persönliche Homepage und ein Weblog als Element des Selbstmanagements bzw. -marketings funktionieren können, soll an drei Episoden demonstriert werden, die im Bereich der Wissenschaften durchaus alltäglich sind: In der Galerie der Hausnummern sowie in meiner im Netz veröffentlichten Publikationsliste verweise ich unter anderem auf meine Dissertation, die sich mit der Geschichte der Volkszählung und Hausnummerierung in der Habsburgermonarchie beschäftigt. Als diese noch nicht am Hochschulschriftenserver der Uni Wien online zugänglich war, bot ich InteressentInnen an, eine PDF-Version dieser Arbeit per E-Mail zuzuschicken. Alle paar Wochen gab es eine solche Anfrage, und so auch Anfang 2005: Ein Schweizer Kollege recherchierte zur Geschichte der Überwachungstechniken und der Hausnummern und stieß dabei auf meine Homepage. Ich schickte ihm die Dissertation, und es stellte sich heraus, dass der Kollege, ein Soziologe, zu den OrganisatorInnen der Schweizer Big Brother Awards gehörte, die in Zürich in der Roten Fabrik eine Veranstaltungsreihe mit dem schönen Titel „Frühlingsüberwachen" organisierten. Er lud mich nach einiger Zeit zu einem Vortrag in dieser Reihe ein und im Mai 2005 referierte ich über den Widerstand gegen Volkszählung und Hausnummerierung in der Habsburgermonarchie, gegen Bezahlung der Reisekosten und Unterkunft sowie für ein Honorar.

Die zweite Episode spielte sich im Frühjahr 2006 ab, als mich Maik Söhler kontaktierte, ein deutscher Journalist, der damals das Ressort „Dossier" bei der linken Wochenzeitung „Jungle World" betreute. Er war auf mein Weblog gestoßen und was ich dort veröffentlichte, darunter die Hausnummernfotos sowie nicht zuletzt Hinweise auf Artikel in der „Jungle World", gefiel ihm. Er fragte mich, ob ich nicht dazu bereit sei, für das Dossier einen Artikel über die Hausnummern zu schreiben sowie einige meiner Fotos dort zu veröffentlichen; so geschah es: Anfang Juni 2006 erschienen in der Jungle World ein halbseitiger Beitrag zur Geschichte der Hausnummerierung sowie nicht weniger als dreieinhalb Zeitungsseiten mit Fotos von Hausnummern (Tantner 2006).

Als rezentes Beispiel sei die Reaktion auf die nach dem Habilitationskolloquium im Juli 2012 erfolgte Onlineveröffentlichung meiner Habilitationsschrift zu den frühneuzeitlichen Adressbüros (Tantner 2011) genannt, auf die ich auch mittels meines Weblogs (Tantner 4.7.2012) und Twitter hinwies; über die Webvermittlung eines Journalisten und Schriftstellers wurde ein Redakteur der Zeitschrift Merkur auf meine Arbeiten aufmerksam und lud mich ein, einen Beitrag für diese Zeitschrift zu verfassen, der dann im Jänner 2013 (Tantner 2013) erscheinen sollte und in der Folge auch zu zwei Radiointerviews mit mir auf DRadio Wissen und in der Wissenschaftssendung „Die Profis" (RBB Radio Eins) führte.

Solch alltägliche Geschichten, die zugleich von überraschender Resonanz für die eigenen Interessen und Obsessionen zeugen, sind, verbunden mit einer gewissen Disziplin sowie Stetigkeit und Beharrlichkeit meinerseits, der Hauptgrund dafür, dass ich mein Weblog bis heute weiterführe. Es stellt für mich eine Möglichkeit dar, meine vielfältigen Interessen zu dokumentieren und auch zu archivieren, denn immer wieder verwende ich mein eigenes Weblog als Rechercheinstrument zur Wiederauffindung von Überlegungen und Links, die ich vor Jahren gepostet habe. Solange mich diese Interessen weiter verfolgen – und derzeit ist kein Abebben in Sicht –, solange beabsichtige ich, meine Netzaktivitäten und insbesondere mein Weblog weiter zu betreiben. Vielleicht wird in absehbarer Zukunft auch die von Klaus Graf bei der Münchner Tagung im März 2012 vorgeschlagene Idee eines Weblogs mit Peer Review mit dem Titel „Historische Miszellen", eingerichtet zum Beispiel im Rahmen der wissenschaftlichen Weblog-Plattform de.hypotheses.org, realisiert (Graf 2012): Es würde mich reizen, für dieses Texte einzureichen, die ich sonst in meinem persönlichen Weblog nicht veröffentlichen würde. Mein Wunsch wäre allerdings, dass diese durchaus absehbare, oft unter dem Schlagwort der „Qualitätssicherung" abgehandelte Professionalisierung und Verwissenschaftlichung der Weblogszene nicht auf Kosten ihres anarchischen Wildwuchs geht; es soll weiter Platz und Beachtung für persönliche Blogs im Graubereich zwischen Wissenschaft, Belletristik, Politik und Selbstdarstellung geben, gerade auch um der Wissenschaft willen, hängt deren Innovationskraft doch nicht zuletzt von Entwicklungen an ihren Rändern ab. Der spezifische Nutzen von Weblogs insbesondere für die Wissenschaften liegt darin, dass sie Aufmerksamkeit für ausgefallene, abseitige Themen generieren und vielleicht dazu beitragen, diese Themen – wie Valentin Groebner es formuliert hat – „[w]ie Hefepilze oder Bakterien" „in traditionelle gelehrte Milieus [zu] injizieren" (Groebner 2010, 23).

Der Beitrag ist eine aktualisierte und erweiterte Fassung eines ursprünglich im Onlinejournal „Medienimpulse" erschienenen Artikels: www.medienimpulse.at/articles/view/307

Literatur

Ralph Altmann: Das Geschäft mit der Aufmerksamkeit, in: Telepolis, 19.4.2009, [www.heise.de/tp/r4/artikel/30/30046/1.html], eingesehen 12.9.2012.

Dirk Baecker: „Die Ich-AG ist keine Alternative". Der deutsche Soziologe Dirk Baecker spricht im STANDARD-Interview über „postheroisches Management" und den „Nutzen ungelöster Probleme", in: Der Standard, 9.1.2004, S. 22.

William Bridges: Manager in eigener Sache. Wie man sich auf dem neuen Arbeitsmarkt durchsetzt. München 1998.

Ulrich Brieler: Der neoliberale Charakter, in: Freitag: Die Ost-West-Wochenzeitung, 2.12.2005, Nr. 48, [www.freitag.de/autoren/der-freitag/der-neoliberale-charakter], eingesehen 12.9.2012.

Ulrich Bröckling/Susanne Krasmann/Thomas Lemke (Hrsg.): Glossar der Gegenwart. Frankfurt am Main 2004.

Gilles Deleuze: Postskriptum über die Kontrollgesellschaften, in: Ders.: Unterhandlungen. 1972–1990. Frankfurt am Main 1993, S. 254–262.

Holm Friebe: Branding the Revolution. Werbung ist keine Besonderheit des Kapitalismus. Über die Linke und ihr Marketing, in: Jungle World, 21.4.2004, Nr. 17, [jungle-world.com/artikel/2004/17/12780.html], eingesehen 12.9.2012.

Holm Friebe/Sascha Lobo: Wir nennen es Arbeit. Die digitale Bohème oder Intelligentes Leben jenseits der Festanstellung. 2. Aufl. München 2006.

Rainald Goetz: Abfall für alle. Roman eines Jahres. Frankfurt am Main 1999.

Klaus Graf: Wissenschaftsbloggen in Archivalia & Co., in: Blog: Redaktionsblog, [redaktionsblog.hypotheses.org/392], 8.3.2012, eingesehen 31.1.2013.

Valentin Groebner: Welches Thema? Was für eine Art Text? Vorschläge zum wissenschaftlichen Schreiben 2009ff, in: Peter Haber/Martin Gasteiner (Hrsg.): Digitale Arbeitstechniken für Geistes- und Kulturwissenschaften. Wien/Köln/Weimar 2009, S. 15–23.

Günter Hack (2007): Mit Nummern wird der Staat gemacht. [Bericht und Interview], in: ORF Futurezone, 26.10.2007 [www.fuzo-archiv.at/artikel/229171v2], eingesehen 12.9.2012.

Reid Hoffman/Ben Casnocha (2012): Die Start-up-Strategie: So machen Sie Karriere – nach dem Vorbild der erfolgreichsten Unternehmen der Welt. Kulmbach 2012.

Tomasz Konicz: Crowdsourcing und Cloudworking: Schöne neue Arbeitswelt. Wie die Technologien des Web 2.0 unser Arbeitsleben grundlegend umkrempeln werden, in: Telepolis, 13.8.2012, [www.heise.de/tp/artikel/37/37431/1.html], eingesehen 12.9.2012.

Werner Lanthaler/Johanna Zugmann: Die ICH-Aktie. Mit neuem Karrieredenken auf Erfolgskurs. Frankfurt am Main 2000.

Thomas Lemke: Flexibilität, in: Bröckling/Krasmann/Lemke (2004), S. 82–88.

Geert Lovink: „Zero Comments". Elemente einer kritischen Internetkultur. Bielefeld 2008.

Henrik Müller: Es ist Zeit für einen neuen Kapitalismus, in: Spiegel Online, 16.4.2012, [www.spiegel.de/wirtschaft/soziales/kommentar-billige-ezb-hilfen-koennen-den-euro-nicht-retten-a-827853.html], eingesehen 12.9.2012.

Tom Peters: Top 50 Selbstmanagement. Machen Sie aus sich die ICH AG. München 2001.

Peter Pilz: Tagebuch, [www.peterpilz.at/peter-pilz-tagebuch.htm], 2001ff, eingesehen am 12.9.2012

Peter Praschl, Blogbeitrag 3.2.2005, in: Blog: Sofa. Rites de Passage, [arrog.antville.org/stories/1040359/], eingesehen 12.9.2012.

Markus Riedenauer/Andrea Tschirf: Zeitmanagement und Selbstorganisation in der Wissenschaft. Ein selbstbestimmtes Leben in Balance. Wien 2012.

Robin Fisher Roffer: Goodbye, Mrs. Nobody! So machen Sie sich einen Namen. München 2001.

Henning Schmidt-Semisch: Risiko, in: Bröckling/Krasmann/Lemke (2004), S. 222–227.

Conrad Seidl/Werner Beutelmeyer: Die Marke ICH®. So entwickeln Sie Ihre persönliche Erfolgsstrategie. 2. Aufl. Wien 2003.

Nicolette Strauss: Die andere Ich AG. Führen Sie sich selbst wie ein erfolgreiches Unternehmen! Frankfurt am Main/New York 2002.

Anton Tantner: Ordnung der Häuser, Beschreibung der Seelen – Hausnummerierung und Seelenkonskription in der Habsburgermonarchie. Wien: Univ. Dissertation 2004 [othes.univie.ac.at/28/]; veröffentlicht in Print Innsbruck/Wien/Bozen 2007.

Anton Tantner: Wer ist die Nummer 1? Die Hausnummer – was für eine ist das eigentlich? Wo kommt sie her? Was sagt sie aus?, in: Jungle World, 7.6.2006, Nr. 23, S. 28–31 [jungle-world.com/artikel/2006/23/17634.html], eingesehen 12.9.2012.

Anton Tantner: Adressbüros im Europa der Frühen Neuzeit. Wien: Habilitationsschrift eingereicht an der Historisch-Kulturwisenschaftlichen Fakultät der Universität Wien, 2011, Onlineveröffentlichung 2012 [phaidra.univie.ac.at/o: 128115].

Anton Tantner: Adressbüros im Europa der Frühen Neuzeit – PDF meiner Habilitationsschrift, in: Blog: Adresscomptoir, [adresscomptoir.twoday.net/stories/104854424/], 4.7.2012, eingesehen 30.1.2013.

Anton Tantner: Adressbüros. Von Suchmaschinen im analogen Zeitalter, in: Merkur. Deutsche Zeitschrift für Europäisches Denken, Nr. 764, 2013/1, S. 34–44.

Miloš Vec: Weltfremdheit, in: Ders. u. a.: Der Campus-Knigge. Von Abschreiben bis Zweitgutachten. München 2006, S. 222f.

Anne Waldschmidt: Normalität, in: Bröckling/Krasmann/Lemke (2004), S. 190–196.

Julia Schreiner
Neue (Auf)Schreibsysteme. Verändern Weblogs die Konventionen des geschichtswissenschaftlichen Schreibens?

Blogs von WissenschaftlerInnen, die nicht rein privater Natur sind, sind Teil von Wissenschaftskommunikation und Teil des (Auf)Schreibsystems Wissenschaft. Verändert sich durch die Schreibform *Bloggen* das *Schreiben* von Geschichte an sich? Oder zurückhaltender formuliert: Welche Chance für Veränderungen sind dem Medium Blog eigen? Entlang der Querschnitte Subjektivierung von Schreiben, Kollektivierung von Schreiben, Schreiben in zeitlicher Dimension werde ich im Folgenden dieser Frage nachgehen – und dabei noch einen Seitenblick werfen auf gewisse Tendenz zu Monopolisierungen im Schreib-System Blog.

Das Ich

„Die Beiträge werden sich auf neu erschienene oder von mir (wieder-)entdeckte Bücher oder einzelne Aufsätze und Zeitungsartikel beziehen, auf Berichte in TV und Radio." So schreibt Jan Hecker-Stampehl über seinen Blog nordic history (nordichistoryblog.hypotheses.org/70). Das Zitat ist exemplarisch für viele andere Beschreibungen der eigenen Blogs. Es geht darum, was der Autor, die Autorin, schreiben möchte. Es geht darum, explizit die eigene Meinung zu formulieren. Über die Schreib- und Publikationsform Blog wird das *Ich* als Ausdruck von Subjektivität gestärkt, das verschleiernde *man* rückt ins Abseits.

Im Schreibsystem Weblog ist *das Ich* nicht nur legitim, sondern sogar unabdingbar. „Ich" zu sagen, gehört zum Bloggen dazu, weil es sich hier um Schreiben im ursprünglichen Sinne des Weblogs, des Online-Tagebuches handelt. Wirkt dieses *Ich-Sagen* zurück auf das wissenschaftliche Schreiben auch außerhalb Blogosphäre? Wird über den (Um-)Weg der Weblogs allgemein deutlicher, dass auch wissenschaftliche Texte von persönlichen Perspektiven, Fragestellungen und Sprachen geprägt sind?

Offensichtlich bedeutet Bloggen nicht die Beerdigung der Autorschaft. Folgen wir dem Rat von Marc Scheloske (Vortrag auf der Kick-Off-Tagung von de.hypothese; siehe www.scheloske.net/ und www.wissenswerkstatt.net/2012/03/13/wege-aus-der-nische-was-man-von-erfolgreichen-wissenschaftsblogs-lernen-kann/), einem frühen Pionier des wissenschaftlichen Bloggens, dann *muss* ein Blog sogar immer personenbezogen sein und sich durch eine unbedingt charismatische Autorpersönlichkeit auszeichnen – zumindest wenn dieser Blog ein erfolgreicher Blog sein soll. Kann Charisma eine Grundanforderung an wissenschaftliches Schreiben sein? Ist das *Ich*-Sagen also nicht nur in methodisch-reflexiver Hinsicht ein Unterschied zu traditionellen Publikationsformen? Sondern geht es unter so einem Blickwinkel rasch mehr um Selbstdarstellung als um Inhalte (siehe Beitrag von Anton Tantner)? Selbstdarstellung meint dann die Darstellung des eigenen Selbst, des *Ich* des Schreibenden, meint aber auch Darstellung im Sinne von Präsentation. Traditionelle Publikationsformen grenzen z. B. die Möglichkeiten, die Optik des eigenen Beitrages zu beeinflussen, weitgehend ein: Schrift und Satzbild einer Zeitschrift sind vorgegeben, die Redaktion bestimmt, wann und wie ein Aufsatz publiziert wird. Im Weblog hingegen sind AutorIn und Publikationsort eins.

Der oben zitierte Weblog „nordic history" hat sich unterdessen zum Gemeinschafts-Blog gewandelt – von Scheloske überspitzt formuliert eigentlich ein „No-Go", in der Wissenschaftskommunikation jedoch ein probates Mittel, um zu einem Thema verschiedene spannende Impulse zu versammeln.

Das Wir

Liegt in den Gemeinschaftsblogs schon das Ende des *Ich* – der Anfang des *Wir*? Ja und Nein. Ja, denn mit jeglichem Gemeinschafts-Blog ist die eineindeutige Übereinstimmung der Urheberschaft des/der Bloggenden mit der URL des Blogs gebrochen. Mehr aber auch nicht. Das ist somit weder das Ende des *Ichs*, noch der Anfang des *Wir*.

Denn auch in Gemeinschafts-Blogs können mehrere *Ichs* autonom schreiben. Frühes, im deutschsprachigen Raum bekanntestes Beispiel ist das Blog von Peter Haber und Jan Hodel auf hist.net (weblog.hist.net/). Hier schreiben (bzw. seit April 2013 nun leider: schrieben) beide Autoren mit ihrer je eigenen „Handschrift" Beiträge, zumindest in den letzten zwölf Monaten gab es keinen Gemeinschaftstext mehr und zum Autoren-Kollektiv wird hist.net vor allem über gegenseitige Kommentierungen.

Kommentare sind eine Spur in Richtung kollektiven Schreibens, in Richtung des *Wir*. Das ist ja eines der Versprechen der Blogosphäre, dass durch vielfältiges gegenseitiges Kommentieren Formen gemeinschaftlichen Schreibens entstehen, Formen, die letztlich zu besseren Texten führen. Und vom Austausch mancher Sticheleien abgesehen, wird in den meisten Fällen kollegiale Kritik kollegial und freundschaftlich beantwortet. Dass zur Blogosphäre auch die

Ausnahmen zählen, ist leider ebenso unvermeidbar, wie der Umstand, dass diese Ausnahmen ggf. besonderes Gewicht sowohl innerhalb der Sphäre als auch in deren Außenwirkung erlangen. Es gibt in der Community auch noch keinen basalen Konsens, was die Mindeststandards von wissenschaftlicher Kommunikation sind. Eine „Netiquette" wurde bisher nicht aufgestellt, weder von der European Association for Digital Humanities, noch von der europäischen Blog-Plattform hypotheses.org. Ebenso wenig gibt es eine Verabredung, wie mit diffamierenden Texten umzugehen ist. Seltsamer Weise scheint im Gegenteil häufig noch die Annahme vorzuherrschen, dass im Zweifel inhaltlich wertvolle Beiträge verbale Entgleisungen überstrahlen (adresscomptoir. twoday.net/stories/156272066/). Dies führt zur Grundfrage nach Seriosität und Ernsthaftigkeit (was nicht dasselbe ist) von Weblogs. Mit dieser Frage steht und fällt aber auch der Einfluss, den die Textform Blog auf das gesamte wissenschaftliche Schreiben wird nehmen können.

Von diesem Umweg zurück zum Schreib-Netz-Werk der Blogosphäre. Das System des Kommentierens ist nicht nur eines des *Schreibens*, sondern eines des *Lesens und Schreibens*. Dies mag es als gegenseitiges Zitieren, Rezensieren und in Sammelbände Einschreiben auch schon in analogen oder frühdigitalen Zeiten gegeben haben. Alle originär digitalen Schreibformen machen die Gedanken-Netzwerke indes noch klarer sichtbar. Gerade die Multiplikation von Inhalten über den Mikro-Blog Twitter verdeutlicht dies. Entscheidend in diesem Netzwerk sind noch nicht einmal die geposteten Kommentare – hier wird bisweilen eher noch ein Mangel beklagt (Landes: rkb.hypotheses.org/194 oder auch der Beitrag von Mareike König in diesem Band), sondern die Verlinkungen, Pingbacks und dergleichen, die das eigentliche Netz der Kommunikation stricken. Interessant ist in diesem Zusammenhang für mich auch der Hinweis von Stefan Hessbrüggen (im Kommentar [sic!] zum gerade genannten Beitrag), dass die Diskussion von Blogs in Sozialen Netzwerken eine andere Art und Weise der Kommentierung sei, die die Hoheit über die Inhalte jedoch anders verteile. Ist der Kommentar einmal abgesetzt, kann er in der Regel nicht mehr gelöscht werden – eine kommentierte Verlinkung auf einen anderen Beitrag im eigenen Blog hingegen natürlich schon.

Anders gefragt: Vielleicht sind Kommentare per se überschätzt? „The comment feature of blogs is vastly overrated anyway. My back-of-the-envelope calculation is that 1 % of blog comments are useful to other readers", postulierte Dan Cohen 2005 in seiner Anleitung, ein eigenes Weblog anzulegen. Seit Sommer 2007 – als er mit seinem Blog auf WordPress umstieg – lässt allerdings auch Dan Cohen Kommentare zu. Die Möglichkeit einer Reaktion, die direkt für alle, die den Blog lesen, sichtbar ist, hat vielleicht überzeugt.

Noch stärker und noch transparenter als beim Bloggen wird die kollektive Arbeit an einem Text in der Spielart des Open Peer Review, wie sie dem

Projekt „historyblogosphere" zugrunde liegt. Besonders im Feld der naturwissenschaftlichen Fachjournale ist dies bereits ein erprobtes Mittel – hier nur ein Beispiel: „Atmospheric Chemistry and Physics" www.atmospheric-chemistry-and-physics.net/. Der Wegweiser in Richtung eines kollektiven und transparenten Schreibprozesses ist aufgestellt, auch die Schreib-Projekte „Writing History in the Digital Age" sowie ganz neu „Open Review" (http://openreview.net/) folgen dieser Idee, die offensichtlich von der Interaktion von Schreibenden und Lesenden, wie sie die Blogosphäre ermöglicht hat, profitiert.

Das *Wir* im Schreib-System Blog meint wie im Open Peer Review das Transparentmachen von Einflüssen, die deutlich sichtbarer werden als bei Zitationen. Es meint nicht so sehr, das unter einer URL zusammengefasste AutorInnenkollektiv, das letztlich doch aus einzelnen Schreibenden besteht, die sich gemeinsam einem Thema *verschreiben*. In diese Kategorie fallen auch die vielfältigen Projekt-bezogenen (z. B. ehenvorgericht.wordpress.com/) oder institutionellen (z. B. www.maxweberstiftung.de/) Blogs.

Schreiben als Prozess – oder Abschied von der Endgültigkeit

Das Weblog als Schreibsystem ist – eigentlich – ein Schreibprozess. Es besteht zumindest die Option, dass nicht nur der fertige Text, nicht das Produkt veröffentlicht wird, sondern dieser Prozess. Das obliegt aber vor allem der persönlichen Arbeitsweise der Bloggenden. Damit ist auch ein öffentliches *Scheitern* des Schreibprojekts als Möglichkeit inbegriffen.

Aber dieses Postulat gilt eben nur eigentlich: Bei allen institutionell betriebenen Blogs ist diese Eigenart per se ausgeblendet. Und auch bei den Blogs, die sich weitgehend auf Einzel-Posts konzentrieren, greift die vierte Dimension nur in reduzierter Variante, nämlich in der Hinsicht, dass etwa Gedanken aus dem Netz(werk) aufgegriffen werden, und dann – oft in Form von eigenen Kommentaren zum eigenen Text – weitergeführt werden.

Denn auch die Einträge in Weblogs sind nicht Schreiben direkt aus den Gedanken; sondern in den meisten Fällen Texte, die erst in einem privaten, abgeschlossenen (Daten-)Raum aufgesetzt, überdacht, umgearbeitet werden, bevor sie veröffentlicht werden.

Dies ist wahrscheinlich ein Grundunterschied zum Kleinst-Text-Format Twitter. Die Texte der Weblogs sind längst der Dauerhaftigkeit verpflichtet und sie sind zunehmend Teil der eigenen digitalen Visitenkarte (siehe Beitrag von Anton Tantner). Sehen wir Twitter als eine Form von Mikro-Blogging, dann zeichnet diese Schreibart viel stärker das Akute, Gedrängte, auch Kryptische aus – vor allem beim Live-Twittern zu Tagungen zu beobachten (weblog.hist. net/archives/6100). Und auch die Geschwindigkeit, mit der auf Tweeds reagiert, geantwortet, re-tweeted wird, ist eine ganz andere. Bei Tagungen hat diese Schreibart bisweilen etwas von Kritzeleien im Klassenzimmer – allerdings mit dem Unterschied einer zumindest potentiellen Öffentlichkeit. Generell wird der Mikro-Blog auch von HistorikerInnen immer stärker eingesetzt, er ist *die* Möglichkeit, um Informationen rasch mit dem eigenen Netzwerk zu teilen.

Geschichtswissenschaftliche wie auch andere Blogs werden zwar bewahrt ggf. sogar langzeit-archiviert (in Frankreich nun sogar über die Bibliothèque nationale, wie M. König in ihrem Beitrag in diesem Band schreibt), geschrieben werden sie zumeist dennoch als Momentaufnahmen.

Als Schlussfolgerung ist diese Eigenart also nicht weiter zu kritisieren, sondern als solche ernst zu nehmen und zu schätzen. Denn im Unterschied zu Print-Publikationen stehen beim Bloggen keine Schranken vor den Toren der Öffentlichkeit, und auch der zeitliche Ablauf vom Gedanken zum veröffentlichten Text ist allein der Arbeitsweise des Autors, der Autorin geschuldet.

Das heißt nicht, dass Blogs nicht auch als fortlaufende, fortgesetzte Texte geschrieben werden können. Gerade die nicht-wissenschaftlichen Weblogs, sehr früh etwa das von Rainald Götz („Abfall für alle", unterdessen nur noch als gedrucktes Buch [sic!] einzusehen), haben diesen Weg beschrieben. Spannend sind hier die vielen derzeit neu gegründeten Blogs zu Dissertations- und Forschungsprojekten, die offen die Fragen der eigenen Forschung zu diskutieren suchen. Noch spannender ist ein Blick hinaus aus der deutschsprachigen Blogosphäre, etwa zur florierenden angelsächsischen. Hier finden sich am ehesten Blogs, die der Idee Mills Kellys folgen oder eher vorgreifen (switzerland2011. thatcampdev.info/session-reports/thatcamp-sessions/hows-changing-the-writing-of-history/), ganze Geschichten fortzuschreiben: Von den ersten Recherchen im Archiv bis zum fertigen – oder verworfenen – eigenen Text. Dies demonstriert im Sinne einer thematischen Engführung mit ausführlicher methodischer Reflexion Newton Key auf: earlymodernengland.blogspot.co.uk/. Keys Blog zeichnet sich aus durch ausgefeilte Beiträge, die Bilder wirklich kommentieren, zur Diskussion stellen – und nicht nur flüchtig aneinander reihen mit dem Hauptziel möglichst viele Blog-Einträge zu kreieren (die Blogosphäre zur spannenden Diskussion um die „Frühe Neuzeit" erklärt uns Newton Key übrigens in seinem Beitrag hier in diesem Band).

Hilfreich beim Auffinden neuer Weblogs ist die Rubrik „Guck mal, wer da bloggt", die regelmäßig die Neuzugänge auf de.hypotheses vorstellt (zuletzt: redaktionsblog.hypotheses.org/622). Besonders gespannt war ich auf die in die Kategorie „eine Dissertation begleitend" einsortierten. Ich hatte mir streng den Forschungs- und Schreibprozess begleitende, reflektierende, ja fortschreibende Weblogs, erhofft. Auf den ersten (sic!) Blick aber finde ich weitgehende Gemischtwarenläden aus Vortragsankündigungen und dergleichen. Das spricht nicht gegen diese Blogs; nur *meine* Erwartung wurde enttäuscht. Und dennoch, wenn ich die Ankündigungseinträge ausblende – oder im Zweifel auch den guten Strukturen/Gliederungen folge –, dann fügt sich bisweilen doch etwas zusammen, was als Weblog einer Dissertation sehr gut funktionieren kann; auch als Aufschreibsystem im Sinne einer freieren Publikationsform, die die eigenen Gedanken zum eigenen Forschungsfeld schon früh in Worte und – vor allem – ganze Sätze fasst. In Sätze, die andere lesen (können) und somit *öffentlich* sind. Zu nennen sind etwa: Mark Mudrak: catholiccultures.hypotheses.org/dissertationsprojekt. Und besonders markant ist Robert Zimmermann im Eintrag über sein Blog: „im Sinne eines ‚Versuchslabors‘ soll dieser Blog Fragestellungen aufgreifen, die mir in meinem Forschungsalltag begegnen. Dabei sollen Thesen vorgestellt, Gedanken zu relevanter Literatur veröffentlicht und Veranstaltungshinweise gegeben werden." (umstrittenesgedaechtnis.hypotheses.org/uber)

Oder auch Andreas Lerch im Eintrag über seinen Blog Astrologie in der Frühen Neuzeit: „Neben der rein historischen Analyse möchte ich meine wissenschaftstheoretischen Gedanken hier notieren und zur Diskussion stellen." (astrologiefnz.hypotheses.org/35)

Es zieht also die Kategorie des Vorläufigen ein ins wissenschaftliche Schreiben – und Publizieren. Es verändert sich die Zeitlichkeit der Texte.

Die Macht der Technik

So wie die derzeit noch ungebrochene Dominanz von Powerpoint Präsentationen vorbestimmt, so werden auch die Strukturen von Blogs und die Systeme der zum Blog zugehörigen Kommunikation durch ihren technischen Rahmen geprägt. Natürlich kann jeder und jede mit dem entsprechenden Aufwand individuelle Konfigurationen bauen. Denn die derzeit dominanten Programme und Plugins, vor allem die zur WordPress-Familie gehörenden, sind allesamt Open-Source-Produkte. Das derzeitige Versprechen tönt jedoch gerade: Jeder und jede kann mit-machen, mit-schreiben – und dies ohne großen Aufwand, und ohne erhebliche Technik-Kenntnisse.

Es geht freilich nicht darum, eine (derzeit) dominante Software zu verteufeln. Vielmehr sind die Auswirkungen der technologischen Rahmensetzungen auf das *Schreiben* von Geschichte zu analysieren. Insofern ist nicht nur eine *Methode*, sondern auch eine *Theorie* der digitalen Geschichtsschreibung gefordert – auch wenn das vielleicht weniger „nett" ist (Cohen). In diesem Schreibprojekt sei an dieser Stelle der Beitrag von Jan Hodel empfohlen; allgemeiner außerdem Tim Hitchock „Academic History Writing and its Disconnects" (journalofdigitalhumanities.org/1-1/academic-history-writing-and-its-disconnects-by-tim-hitchcock/ – besonderes Reflexionen zum Schreibprozess unter verschiedenen Review-Bedingungen, in: „A postendum").

Trefflich ist in diesem Zusammenhang auch der Hinweis von Dan Cohen auf die „The tyranny of the calendar": „There's too much attention to chronology rather than content and the associations between that content." Denn das mag die Kehrseite der zeitlichen Dimension sein, die ins Schreibsystem Weblog Einzug gehalten hat: Rasch schielen wir auf die Quantität der Einträge, anstatt die Qualität von wenigen Publikationen nur alle paar lange Wochen zu würdigen. Aber die Ökonomie der Aufmerksamkeit lässt sich nicht nur lenken von Qualität.

Die Macht der Portale

Bloggen sollte eigentlich sein: freies Publizieren, frei zugänglich, gewichtet durch die veröffentlichten Inhalte und die – nach und nach – generierten Verlinkungen.

Unterstützung anzunehmen und anzufordern im Bemühen, Aufmerksamkeit zu generieren, ist nicht nur legitim, sondern klug. Als institutionelle Distributoren sind vorhandene Online-Plattformen des Fachs ebenso denkbar wie Verknüpfungen mit kommerziellen Angeboten – wie sie etwa Verlage zur Verfügung stellen. Beide Varianten haben Vor- und Nachteile. Beide sind nicht per se „neutral" oder „unabhängig" – letzteres, im Sinne von institutioneller und finanzieller Unabhängigkeit können bedingt digitale Monolithe wie hist.net, historyonics o.ä. für sich proklamieren, ersteres niemand. Wissenschaftliche Verlage haben die Blogosphäre sehr lange ignoriert, sie verlinken nun auf Blogs „ihrer" AutorInnen und entwickeln gemeinsame, thematisch abgegrenzte Projekte. Forschungsinstitute veröffentlichen Gemeinschaftsblogs oder verlinken wiederum.

Einzigartig ist derzeit die Aufmerksamkeitsmaschine, die de.hypotheses.org sehr erfolgreich anwirft (siehe Beitrag von Mareike König). Anknüpfend an das Mutterschiff aus Frankreich und vernetzt mit mehr und mehr europaweiten Beibooten zielt de.hypotheses.org darauf, *die* zentrale Plattform auch für deutschsprachige geschichtswissenschaftliche Blogs zu werden. Hinter dem gesamten hypotheses-Projekt steht eine bemerkenswerte (Man)Power und es ist unbedingt erfreulich, dass die Text-Form *geisteswissenschaftliches Blog* Schwung und Dynamik entwickelt, die vorher lange vermisst wurden. hypotheses.org arbeitet jedoch nicht mit Verlinkungen auf Blogs, die außerhalb von hypotheses angesiedelt sind. Wer mitmachen will, muss auf hypotheses umziehen, und das heißt vor allem auch: eine hypotheses-URL annehmen. Hypotheses bietet neben Serverkapazitäten und geordneter Präsentation auch technischen Support: Wer den eigenen Blog bei hypotheses aufsetzen will, wird dankbar das vorstrukturierte und angepasste WordPress in Anspruch nehmen – muss es aber auch, denn hypotheses arbeitet ausschließlich mit dieser vereinheitlichten und vereinheitlichenden Software (zum für und wider: Beitrag Michael Schmalenstroer).

Das demokratische, kollektive Prinzip des Bloggens wird von de.hypotheses bisher noch weitgehend ausgeklammert. Es werden zwar Veränderungen angekündigt, zum 1. Geburtstag gab es auch eine Möglichkeit die fünf besten Blogs oder Beiträge zu küren. Aber bisher unterliegt nicht nur die Auswahl, wer mitmachen darf, sondern auch welcher Blog auf die Startseite von hypotheses.org gestellt wird, der Redaktion, nicht etwa der Community. Es ist richtig, dass die Auswahl der Aufsätze in geschichtswissenschaftlichen Zeitschriften, beispielweise der „Historischen Zeitschrift", auch von einer Peer Group, ggf. im Peer Review getroffen wird. Die Kommunikationsart „Bloggen" tritt jedoch meist gerade als Gegenmodell zu solchen traditionellen Publikationsweisen an. Doch wie bei Fachzeitschriften wurde auch die Redaktion von hypotheses nicht gewählt und kann auch nicht von der Community nach- oder umbesetzt werden. Bezeichnender Weise ist die Seite von hypotheses selbst, die ja wie eine Blog-Kollektion funktioniert, nicht kommentierbar. Als Kommunikations-Medium gibt es nur die E-Mail in die Black-Box der Redaktion; und den Redaktions-Blog. Dabei sollte auch die Kommunikation zu den einzelnen Blogs zusammengefasst werden, zu einem echten Netzwerk. Das hieße z. B., dass man die Kommentare der annotierten Blogs auf der Startseite mit laufen lässt.

Dass auch andere Wege beschritten werden können, zeigen der Idee nach die ersten Ansätze von Global Perspectives on Digital History. Auch hier ist ein starkes, bestimmendes Redaktions- und Herausgeberteam maßgeblich. Auch die Editoren von GPDH wählen einen „Blogs des Monats" oder Ähnliches aus; parallel soll jedoch die von RSS-Feeds gespeiste Präsentation der historyblogosphere auf gpdh.org/global-perspectives-unfiltered/ laufen – derzeit in reduzierter Form auf gpdh.org/. In der Umsetzung gibt es leider noch viele Lücken und es könnte auch noch weiter gedachtet werden in Richtung Unterstützung der Auswahl durch semantische Algorithmen, wie es schon längere Zeit The Early Modern Commons praktiziert (und dabei sogar ohne WordPress arbeitet): commons.earlymodernweb.org/. Maßgeblicher Unterschied zu hypotheses ist jedoch, dass auf die vernetzten Blogs verlinkt wird, sie müssen nicht ins GPDH-Boot einsteigen, sondern dürfen selbständig weitersegeln – gerne auch unter hypotheses. Dafür ist andererseits aber auch keine dauerhafte Verbindung gegeben. Während die AutorInnen auf hypotheses einen dauerhaften Platz auf der Plattform haben, müssen sie sich diesen bei GPDH mit jedem Blog-Eintrag neu erschreiben.

Interessant ist die Frage, warum es noch keine vollständig von der Netzgemeinde gesteuerte Plattform gibt. Ansätze finden sich zwar beim Journal of Digital Humanities: journalofdigitalhumanities.org/. Eines der Kriterien, nach denen die Beiträge zur Publikation (hier allerdings im Rahmen einer Open Access Zeitschrift) auswählt werden, sind Response und Feedback, die sie von der digitalen Community erhalten, und so ist das Journal mit einem starken Manifest angetreten:

„We wish to underline this notion of community. Indeed, this new journal is predicated on the idea that high-quality, peer-reviewed academic work can be sourced from, and vetted by, a mostly decentralized community of scholars rather than a centralized group of publishers."

Allerdings ist auch bei JDH der Wahl durch die „community" noch ein „editor's choice" vorgeschaltet, die eine Art Best Of im Format *Digital Humanities Now* lanciert.

Die ausschließliche Steuerung durch die Netzgemeinde scheint also noch immer nicht zu funktionieren. Die Sorge vor, oder auch die reale Gefahr von zu viel Spam, zu vielen unsachlichen Beiträgen, zu viel ich-gesteuerter Promotion von eigentlich belanglosen Inhalten, machen die derzeit gängigen Arten von Plattformen attraktiv.

Und schließlich …

Die letzten Überlegungen zielten eher in Richtung Publizieren als Schreiben von Geschichte, denn in einem kollektiven, digitalen Schreibprozess sind beide Ebenen nicht länger voneinander zu trennen, sondern müssen gemeinsam betrachtet werden.

Wenn das *Ich* und das *Wir* im Schreibprozess mehr Gewicht bekommen, so wächst die Hoffnung, dass Ausmaß, aber durchaus auch Muße zur Selbstreflexion des eigenen Schreibens zunehmen. Diese Selbstreflexion muss natürlich die Eigenheiten, auch die Auswahl des Mediums einbeziehen, und darf sich bei aller Euphorie keine Narrenkappe überziehen. Experimentierfreude ist wunderbar und hat dem Feld der (deutschsprachigen) Geschichtsschreibung bisher sicherlich eher gefehlt. Wenn sie als ein weiteres Charakteristikum der Blogosphäre durch diese Tür auch in die Geschichtsschreibung und -wissenschaft ein bisschen einzieht, ist das unbedingt begrüßenswert. Zu aller Freude am Neuen und am Ausprobieren muss sich zugleich die stete Reflexion über das eigene Forschen, Schreiben, Publizieren gesellen.

Die zitierten Blog-Beiträge bzw. Web-Seiten

Dan Cohen, Creating a Blog from Scratch. Part 2: Advantages and Disadvantages of Popular Blog Software, Blogbeitrag, 18.12.2005, in: Blog: Dan Cohens Digital Humanities Blog [www.dancohen.org/2005/12/18/creating-a-blog-from-scratch-part-2-advantages-and-disadvantages-of-popular-blog-software/], eingesehen, 4.9.2012.

Tim Hitchock historyonics, historyonics.blogspot.de/ 27.1.2013.

Newton Key, The Early Modern England, earlymodernengland.blogspot.co.uk/.Lilian Landes, Hierarchie meets Netz meets Wissenschaft, Blogbeitrag, 17.8.2012, in: Blog: Rezensieren, Kommentieren, Bloggen [rkb.hypotheses.org/ 194], eingesehen 4.9.2012.

Andreas Lerch, Wozu ein Blog?, Blogbeitrag, 10.6.2012, in: Blog: Astrologie in der Frühen Neuzeit [astrologiefnz.hypotheses.org/35], eingesehen 2.10.2012.

Marc Mudrak, Dissertationsprojekt, Unterseite, in: Altgläubige in der Reformation [catholiccultures.hypotheses.org/dissertationsprojekt], eingesehen 2.10.2012.

The Early Modern Commons, Blog [commons.earlymodernweb.org/], eingesehen 29.9.2012.

Open Review. A Study of Contexts and Practicis, ed. Kathleen Fitzpatrick u. a. [mediacommons.futureofthebook.org/mcpress/open-review/], eingesehen: 27.1.2013.

Thomas Steinfeld, Why Digital Humanities is "Nice", 25.5.2010, in Blog: Found History [www.foundhistory.org/2010/05/26/why-digital-humanities-is-%E2%80%9Cnice%E2%80%9D/], eingesehen 15.10.2012.

Jan Hecker-Stampehl, Warum dieser Blog, Blogbeitrag 11.2011, in: Blog: Nordic History [nordichistoryblog.hypotheses.org/59], eingesehen 20.9.2012.

Robert Zimmermann, Über das umstrittene Gedächtnis, Unterseite, in: Blog: Das umstrittene Gedächtnis. Erinnerungspraktiken in Skandinavien, [umstrittenesgedaechtnis.hypotheses.org/uber], eingesehen 2.10.2012.

Writing History in the Digital Age, ed. edited by Jack Dougherty and Kristen Nawrotzki [writinghistory.trincoll.edu/], eingesehen: 27.1.2013.

Zeitschriftenartikel

A Community-Sourced Journal (editors), in: Journal of Digital Humanities, Vol. 1 No. 1 Winter 2011 [journalofdigitalhumanities.org/1-1/a-community-sourced-journal/], eingesehen 12.10.2012.

Tim Hitchock „Academic History Writing and its Disconnects", in: Journal of Digital Humanites, Vol. 1 No. 1 Winter 2011 [journalofdigitalhumanities.org/1-1/academic-history-writing-and-its-disconnects-by-tim-hitchcock/], eingesehen 3.3.2013.

Newton Key
Crowdsourcing the Early Modern Blogosphere

The blog Anchora recently posted an image from a 1659 translation of *Orbis* to demonstrate "How to Read like a Renaissance Reader". As blogger Adam Hooks explains, the woodcut from a copy in the Folger Shakespeare Library Collections (previously in Wynken de Worde 10 December 2008) shows that "[i]n the Renaissance, reading always demanded writing." (Hooks 23 August 2012) By adding two observations to Hooks' gloss, the print can also help us conceptualize the early modern, and relate the early modern blogosphere to the term's historiography and the era itself. The woodcut features a male reader/writer bent over an inclined work space set on a simple table, sitting in a room surrounded by books and manuscripts and separated from the world outside the window (evidently ignoring a house burning). This image of solitary endeavor fits our modern image of the learned author (Grafton 2011 uses Durer's woodcut *Melancholia* to show the historian's lonely work). The character writes with scissors close at hand, while he fixes his eye elsewhere on an open book. The early modern production of knowledge, the woodcut implies, involved isolated men, copying and transcribing the work of others. This chapter examines recent Anglophone blogs about the early modern world, in order to challenge the first observation, while corroborating the second. It finds an interconnected world that complicates the stereotype of the historian as a great man secluded in his study. But this blogosphere follows the early modern process – what Dror Wahrman has called Print 2.0 – of men and women repeatedly summarizing, cribbing, even cut-and-pasting from one source and one context into another. (Wahrman 2012)

The early modern blogosphere can be defined historically. Blogging practice has roots which parallel the historical development of "the early modern." Conceptualizing both the internet (the roots of blogging) and the "early modern" exploded during the 1960s. ARPANET, the forerunner of the internet, was a project tasked to the Advance Resarch Project Agency (ARPA), which itself began in 1957 as a U.S. Defense Department response to Soviet Sputnik-era technological development. Several of the future internet's chief theoreticians noted the Cold War implications of decentralized communications centers allowed by packet-switching networks developed in the 1960s. (Rosenzweig 2011) In the same Cold War era economist W.W. Rostow laid out his influential "Non-Communist Manifesto" of historical development in 1956, and published it in 1960. Rostow became the *doyen* of modernization, and he and his followers sought the transition or "take-off" "stage" between traditional and modern national economies. (Rostow 1960) Modernization tackled a slightly different Cold War problem than networked rebuilding after a nuclear conflagration; it asked what routes to development existed for underdeveloped nations which did not necessitate Marxian or Communist stage. And Rostow and others found that the pre-conditions for the "take-off" into self-sustained growth existed earliest in "early modern Europe," beginning with early modern England. While modernization (and its Marxian opponents) was an economic model, in that it centered the take-off itself on massive industrialization in any one country, it focused on the development of scientific thought and political systems as the preconditions.

The term early modern became ensconced in the Anglophone historiographical scene by 1970. Several works in the 1960s applied the term to a broad era after the Middle Ages and it graced numerous collections and texts from 1970. Where before one might name royal houses (the Tudor-Stuart era) or use dates of major wars and treaties (Europe before 1648), from the 1960s British and American texts increasingly turned to "early modern" to signify variously 1300–1700 or 1500–1800. (Starn 2002) Historian Phil Withington finds a road not taken in conceptualizing the 16th century as "early modern Europe" in an 1869 lecture by William Johnson (Cory). (Withington 2010) That the term continued to be otherwise employed sometimes to refer to the first age of humans, more often to refer to a stage in language development (early modern French, or early Modern English after Old English), can be seen in an American university course on "the early modern period," offered the same year as Johnson published his introductory lecture, "the text-book being Gibbon's 'Decline and Fall of the Roman Empire'"! (Cornell University Register 1869, p. 62) After noting the phrase's isolated Victorian antecedents, Withington shows how 20th-century Anglo-American historians drew from German social theory to conceptualize the early modern. He points to repeated uses of the phrase in *Economic History Review*, between those of J.H. Clapham in 1913 and of John U. Nef in 1942. These economic historians focused on changing modes of thought as on statistical evidence, and shared concerns of later social historians. That said, between the mid-1950s and the mid-1970s the phrase increasingly graced textbook, essay collection, and even monograph title pages.

Outside the Anglophone world, the early modern was embraced less eagerly. German-language academics at first resisted adopting *frühe Neuzeit*, while the French- (and Spanish-) language ones remain committed to *histoire moderne* as a broad designation, and the *ancien régime* society of the earlier part of that broad periodization. *Frühe Neuzeit* has been adopted increasingly in the 1990s and 2000s (confusingly, *neuere Geschichte* can also refer to the era from the 16th century onwards), while *début des temps modernes* has seen a steady increase in use since the 1880s (although the latter mainly refers to the end point of the Middle Ages and the beginning of the early modern). (Starn 2002)

But, in the Anglophone world, the early modern signaled the triumph of German social theory – Marxian, Weberian, and especially Tönniesian (Withington 2010 points to the influence of Werner Sombart). Karl Marx's stadial analysis sparked a 1950s debate that was collected and several times reprinted as *The Transition from Feudalism to Capitalism* (Sweezy et al. 1976, etc.). This transition, from the Medieval to the Modern, emphasized the trajectory along what E.P. Thompson labels "the Great Arch": the bourgeois, capitalist, state-society, fully in place by the fourth decade of the 19th century. This narrative focused on material and social changes between the mid-14th and mid-19th centuries. (Rollison 2006; Corrigan and Sayer 1985) In 1974, Perry Anderson even apologized for focusing on the state and ignoring capitalism as *the* story of "the early modern epoch," only to announce that he would, of course, take up capitalism's triumph in another volume. (Anderson 1974, p. 10) Other works of the 1960s and 1970s employing the term include textbooks (Rowen 1960; Rule 1966; etc.) and slightly more theory-laden essay collections (Zemon Davis 1975; Forster and Greene 1970; etc.). The Weberian influence was less overt, but Talcott Parsons' 1930 translation of *The Protestant Ethic and the Spirit of Capitalism* (1904–5, 1920) had an impact beyond the corridors of American sociology departments (especially in its 1958 edition), sparking study of an early modern *Weltanschauung*. (Weber 1958; Tawney 1926; Nelson 1969) By the 1970s, Lawrence Stone and others were heeding the call for tracing the collective mentality of bureaucrats beyond their respective institutions in order to understand "the first modern society." (Stone 1971; Beier Cannadine and Rosenheim 1989) Finally, although Ferdinand Tönnies' first published his distinction between *Gemeinschaft* and *Gesellschaft* in 1887, it was not translated into English until 1940, and only after a new translation and edition was published in 1957 did it become *de rigeur*. (Tönnies 1940, 1957; Nisbet 1966, p. 75; etc.) It influenced historians most dramatically and influentially through Keith Thomas's magisterial *Religion and Decline of Magic* (1971), which sought "knowledge of the mental climate of early modern England," and its relation to "the material environment more generally." (Thomas 1971, p. ix) Thomas's analysis of "decline" shifted from Tönnies' synchronic consideration of "community" and "society" to a diachronic story of *Gesellschaft* succeeding the *Gemeinschaft*. (see Shepard and Withington 2001, pp. 4–5)

How do the Cold War roots of the internet and periodization of stadial theories relate to early modern blogging? First, the internet began as an attempt to navigate and link powerful mainframes more easily. Individual posts are the currency of blogging, but there is a built-in tendency of internet (of search engines, of the hyperlink) to understand them collectively. Second, modernization theorists sought (as did their Marxian counterparts) to show a path from traditional to modern society. Early modernists, particularly historians of early modern England, could trumpet the relevance of their object of study to contemporary passing of traditional society – whether in Turkey, Iran, or Southeast Asia.

Theory, however, quickly evaporated, leaving only the periodization residue. In 1976, Douglass North and Robert Thomas discuss historians' use of "the early modern period," bemoaning the readiness by which historians "widely recognized" 1500 "as the watershed between the medieval world and the modern world," but who blithely also wore "a fashionable tendency to spurn generalizations." (1976, p. 102) A decade later, James Sharpe denies his social history textbook title, *Early Modern England*, signifies anything more than "the decision to write over the period between the mid sixteenth and mid eighteenth centuries," with little overarching theoretical framing. But a breezy initial political narration of the first half of the chosen early modern period ends by proclaiming: "England was changing from a dynamic and unstable situation to an inherently stable one: the days of shaking were at an end." (1987, pp. ix, 31) That is, a revolutionary transition to modernity in the mid-17th century remains a key component of Sharpe's story. By 1999, Euan Cameron is more suspicious of change: "Early modern" is "a quite artificial term," one "born of hindsight." Cameron warns us not to assume "that European culture was travelling towards something called 'modernity.'" Yet, even his framework assumes an arc, a trajectory, during the period: "[a] consumer economy, a free exchange of ideas, toleration, and the rational, unitary state were *beginning* to emerge: it is in this sense that the centuries between 1500 and 1800 formed the 'early modern' period of Europe's history." (Cameron 1999, pp. xvii, xix) If 1500–1800 was *Europe's* early modern, the "early modern" evidently should be dated differently elsewhere; the early modern, then, becomes a stage that all regions go through, not a specific era. As such, this usage is not much different than Rostow's "take-off." Finally, in the 21st century, Merry E. Wiesner-Hanks questions her own title, *Early Modern Europe, 1450–1789*, by noting that historians are simply refining the old Renaissance tripartite schema of antiquity, Middle Ages, and modernity, by splitting the latter in two. Wiesner-Hanks questions modernity itself. She perhaps muddies others' clear trajectory both by adding "peasants workers, women, and various types of minority groups" to the story, as well as expanding the geographic scope to include both a larger Europe (expanding to the East and South) and one "more connected to the rest of the world." Such a move brings into question modernization's "great divergence," supposedly centered on European industry, centralized nation-states, and expansion of rights and toleration. But the term and the period continue to lure. Even while

Wiesner-Hanks ends her study by noting "the centuries covered ... were not *just* a prelude to modernity," her phrasing admits that they were at least that. (2006, pp. 4–5, 477, my emphasis)

The past few decades, which saw the term early modern triumph even as its theoretical meaning withered, are also the pre-history of blogging. For decades after packet-switching allowed the internet to become a reality and after one theoretician hypothesized (and named) the hyperlink in 1965, a decentralized network of mainframe computers – of cloud computing, of blogging – remained a promise only. Instead, historians embraced not the network but the standalone computer. In the 1980s, each historian used his or her Apple, Kaypro, or IBM AT as a tool to write and store/organized large amounts of personal research. Only in the 1990s did historians become networked and linked first to discussion and then to research databases through search engines. By the end of the 1990s, weblogs (a term coined by 1997) or ezines had been created to provide commentary on the expanding world of online communication. In 1999, the commercial software, Blogger, offered the first, quick entrée into blog creation. By 2004, blogging had gone mainstream, and humanities specialists in history, literature, art, and philosophy took up the new form of communication. Just as much of the form and function of early print culture replicated manuscript or scribal culture, so too did blogging take on the form and function early listservs and usenets or those of even earlier print newsletters (CFPs, source comments, library research queries – even time sharing on 1970s mainframes was a form of "ancestral cloud computing"). (Poyntz 2010, p. 37; Kovarik 2011; McPhee 2013, p. 52) If some blogging functions have long existed, some characteristics of the technology are unique. A minimal definition embracing most blogs would include: dated, discrete postings; postings ordered by date with most recent on top (reverse); a way for readers to comment on postings; and, often, allowing both tagging and searching within the blog. Academic bloggers took up the practice, according to Sara Kjellberg's thoughtful study, for a variety of reasons: "disseminating content, expressing opinions, keeping up-to-date and remembering, writing, interacting, and creating relationships." (Kjellberg 2010; Riley 2005) The rest of this chapter plots the metes and bounds of early modern blogs, how they define their subject, and with whom they cross-reference, before returning to the question of how blogging affects our concept of the early modern.

What is an early modern history blog? Sharon Howard's Early Modern Commons, an aggregator for blogs covering 1500–1800, lists some 220 active blogs, of which "early modern" is part of the blog title for over twenty (including my own earlymodernengland). I sampled these blogs first by simply searching for blogs with "early modern" in the title or subtitle, and then adding to the list those that are referenced elsewhere. I separated out (based on links from other blogs and subject) the main blogs, from blogs mainly about the early modern, blogs occasionally about early modern, semi-blogs, and moribund blogs. As I discovered more blogs and noted their respective blogrolls (lists of other blogs regularly consulted), I demoted some blogs and promoted others into the "main" category. Ultimately, I selected over fifty active (having posted in the last six months) early modern blogs (twenty main blogs, and thirty others, only a couple of which were not also listed on Howard's master blogroll). While this selection process is somewhat idiosyncratic (my own interests in English history predominate), it provides a reasonable cross-section of the main trends. Besides Early Modern Commons, there are two other meta-sites for early modern blogging. The Broadside tracks and aggregates the latest blogging and news about history shared by historians using Twitter. And Carnivalesque, began in September 2004 as a carnival of early modernists, and now alternates monthly between ancient/medieval and early modern. (Blog carnivals are posts masquerading as online magazines whereby a blogger in the field is given editorship to select, describe, and link posts from other blogs for that month's "issue.") I examined but did not include blogs only occasionally about early modern subjects, moribund blogs (with no posts for the past year), or semi-blogs – peer-reviewed journals or online newsletters (listing calls for papers, etc., with no commentary) in blog-format, that is to say, reverse chronological posting with some sort of archiving of old posts – in the sample. Excluding blogs which have ceased posting, while an obvious criteria for any cross-section of current early modern blogging, does skew the longitudinal history of the early modern blogosphere. (Blogging the Renaissance, for example, housed lively debates from its inception in 2006, but it has not posted since November 2011.) Yet the many existing blogs allow an outline of the early modern blogging narrative.

So, what is the history of the early modern blog? From a sample of fifty blogs, forty percent (20) were formed and began posting in the last two years, 2011–2012. Eighty percent (40) have been founded since 2007; while only eight percent (4) began 2004 and earlier, although Lara E. Eakins has been blogging at TudorHistory.org or its forerunners since 1997.

year	number of blogs
1997, 2001 & 2004	4
2006	6
2007	6
2008	7
2009	4
2010	3
2011	11
2012	9

Blogging about the early modern world, then, is a very recent phenomenon. We can categorize early modern bloggers by residence, gender, or academic affiliation/employment. United Kingdom bloggers dominate Anglophone blogging. Of those early modern bloggers in my sample whose affiliation or location can be easily identified, roughly two-thirds (20) live in the UK. The rest (11) live in the USA, except for a couple in Australia and one who may reside in Russia. Further research and contact expands this geography of early modern blogging (see below), but the general distribution remains valid. Also, bloggers do not always name themselves. But, blogs which list the creator or maintainer split evenly between male and female. That is, if we assign gender based on the preponderance of men or women listed for those blogs with multiple authors, we find 21 blogs maintained largely by men, and 17 by women. One might speculate as to gendered difference in reasons for blogging and for subjects covered. But certainly the early modern history blogosphere allows us to agree with a recent study of all British bloggers that "women bloggers are alive and well." (Pedersen and Macafee 2007) And most bloggers, perhaps surprisingly, have some sort of academic affiliation. Of the 26 individuals closely associated with the top twenty early modern blogs, eight are English lecturers/professors, seven history readers/professors, four administrators of libraries, laboratories, student development, or digital projects, two independent researchers (and two others just completed history PhDs.), one self-employed writer, one possible undergraduate, and one employed well outside academia. Almost 75 % are employed currently in some way by universities. While this sample probably overstates the proportion of academic early modern bloggers, blogging post-dates post-secondary education expansion in the UK and USA. Thus, the number of bloggers with *no* university experience is probably very low. Current students comprise little of my sample, although many blogs are begun in graduate school. Several bloggers have commented on the uneasy relation between blogging and the demands of paid teaching and research. Relentless time constraints have some bloggers moving towards the Haiku-like compression of Twitter (used, for example, by Early Modern World and Wynken de Worde).

One way to define this early modern blogosphere is to note who follows whom (hyperlinks from one blog to another). If we examine which bloggers are watching which blogs, we see that the early modern blogosphere forms an interlinked group (who, of course, may well never have met each other or even know each other's names). How can we prove this? One might rank blogs based on "hits" or "followers": for example, the military history blog Anno Domini 1672 has 72 followers, the 17th-century historical fiction blog Hoydens & Firebrands has 112. And several blogs offer corresponding Facebook pages with several hundred "likes." But not all blogs allow or share lists of followers. One very imperfect measure is through blogrolls. Using my sample of some 50 blogs and examining their blogrolls or list of blogs followed, I compiled a list for each of active, early modern blogs followed. These blogrolls are only one measure of who follows whom. Some blogrolls are not updated regularly, and one might follow even subscribe to a blog through an RSS feed without putting it on one's blogroll. Moreover, many top bloggers have abandoned blogrolls in favor of following others through Wordpress or Twitter. Still, blogroll linkage is arguably related to hits, and the result does help us understand a loosely bounded network. The following table ranks blogs by the number of times that they appear in the list or blogroll of other early modern blogs. Again, this does not indicate *all* of the blogs followed or occasionally examined, and, as noted, the top blogs tend not link to other blogs. But it suggests that this group is aware of others in the field, and it corroborates somewhat that this is a field although loosely bounded.

1. Mercurius Politicus 16 links back (# of early modern blogrolls noting site)
2. Wynken de Worde 15 links
3. Early Modern Notes 10 links
4. Early Modern Whale 9 links
5. Early Modern Commons 8 links
6. Renaissance Lit 8 links
7. A Cuppe of Newes 7 links
8. Early Modern Intelligencer 7 links
9. Collation 6 links
10. Early Modern Online Bibliography 5 links
11. Early Modern Post 5 links
12. Edward Vallance 5 links
13. Carnivalesque 4 links
14. Early Modern World 4 links
15. Everything Early Modern Women 4 links

16. Gilbert Mabbott 4 links
17. Investigations of a Dog 4 links
18. anchora 3 links
19. earlymodernengland 3 links
20. Early Modern News Networks 3 links
21. Georgian London 3 links
22. LOL Manuscripts! 3 links
23. "A Trumpet of Sedition" 3 links

Another way of thinking about this group as a network would be to present it spatially. But to portray all of the links between the blogs would be a messy image of overlapping connections. In an earlier draft of this chapter, I opted for an image showing which blogs link in their blogrolls *to a few top blogs*. Blogs were portrayed as circles whose size very roughly corresponded to the number of times they are linked back, and whose spacing was roughly related to their centrality to the network and their subject (with those more historically-centered on the lower left, and those more focused on literature to upper the right). I abandoned this image in part because I could not easily show blogs overlapping (Early Modern Notes should overlap Early Modern Commons and Carnivalesque, because Sharon Howard manages all three). But the web of links did reveal that the early modern blogosphere maps a network, and is a product of Web 2.0 social media less a creation of individuals working in isolation.

More recently, I have revised this sample, by searching for backlinks, using the search term link:[blog url or part of url]. Beginning with blogs most mentioned in blogrolls and then searching for backlinks to 35 of my early modern blog sample, I developed the following ranking. Again, some of the top blogs tend not to link back to others (or, rather, Google does not pick up all backlinks easily). And the following is only for blogs that are solely or mainly about the early modern period (a bibliophile blog that occasionally discusses early modern books and, thus, occasionally refers to one of the blogs below would not be mentioned nor count as a backlink). Some 63 partial or wholly early modern blogs active as of late 2012 are counted.

Ranking based on backlinks using link: (followed by ranking based on blogrolls)	Blog Name	total # links (followed by # links from blogroll top 23)
1. (5)	Early Modern Commons	12 (5)
2. (1)	Mercurius Politicus	10 (6)
3. (2)	Wynken de Worde	10 (5)
4. (6)	Renaissance Lit	9 (6)
5. (10)	Early Modern Online Biblio.	9 (5)
6. (11)	Early Modern Post	8 (6)
7. (3)	Early Modern Notes	8 (5)
8. (7)	A Cuppe of Newes	8 (5)
9. (n.a.)	Enfiliade	8 (2)
10. (4)	Early Modern Whale	7 (6)
11. (18)	Anchora	7 (4)
12. (9)	Collation	7 (3)
13. (n.a.)	Long Eighteenth	7 (2)
14. (12)	Edward Vallance	6 (4)
15. (8)	Early Modern Intelligencer	6 (3)
16. (14)	Early Modern World	6 (3)
17. (13)	Carnivalesque	5 (3)
18. (16)	Gilbert Mabbott	4 (3)
19. (17)	Investigations of a Dog	4 (3)
20. (n.a.)	European Conversion Narratives	4 (3)

This is not a measure of "hits"; it does not count multiple links from the same site; and it does not count the blog linking to itself. Even though this measure is incomplete, however, it corroborates our findings based on blogrolls. And again, this might be represented spatially, as, for example, a circle with 63 nodes along the circumference for the 63 blogs and lines between the linkers and linkees. Only three of the top linked blogs were not also on the top 20 based on blogrolls. That and the number of links to these top blogs from the previously identified top blogs (in brackets) suggests that this is a tightly integrated, if unbounded network. Judging from comments on sites from one blog to another, it is also a relatively virtual one, with little face-to-face contact implied.

Such social interactivity suggested by mapping the early modern blogs is al-so noted by Christopher Flynn, the creator of a blog edition of Daniel Defoe's *Review* (1704–1713) entry-by-entry. Flynn notes the similarities between the modern blogosphere and the "early bourgeois public sphere, as laid out by [Jürgen] Habermas." Of course, "social" media, and the blogosphere, is not the same as "live people meeting in public places." Even so, Flynn concludes "if anything resembling the kind of public sphere that existed in London's coffee houses in the seventeenth and eighteenth centuries is possible today, new media is the vehicle that makes it so." (Flynn 2009, pp. 18–19) Of course, both the early modern coffeehouse and newspaper were money-seeking ventures. Habermas is well-attuned to the cash-nexus associated with the public sphere both then and now. Publishers (and grant-funding bodies) now urge authors (and project managers) to engage in blogging as self-promotion, and the occasional early-modern site is unabashedly so. My own blog, earlymodernengland, might appear to have its origins in publisher's dictates, although I began it as a private blog to communicate images and text to my co-author for revisions of our text and sourcebook, and only later made it public, continuing it as a way of promoting use of the book both within my classes and beyond. Now it appears to have a life of its own, fed by my desire to stay current in a field broader than that defined solely by my published research. Few early modern blogs appear to be formed primarily to raise advertising revenue. A similarly named and otherwise useful website, Early Modern England, scours the web for freely available full-text articles to post as links. But it has closed comments, makes little attempt to add its own voice (and, thus, is not included in the blog sample), and seems to exist at least in part for traffic-generated advertising revenue.

Both early modern historians and literary critics blog in roughly equal numbers. And their interests overlap. The top-linked bloggers often discuss the history of the book. Thus, Sarah Werner, who is also associate editor of *Shakespeare Quarterly*, notes that a main focus of her Wynken de Worde blog is "early modern books and culture." Her recent post, "my syllabus is a quarto," which includes a template for turning a word document into a foldable quarto sheet, has been well-referenced and commented upon by both history and English professors. (Werner 10 August 2012) And independent researcher and now civil servant Nick Poyntz, who began Mercurius Politicus while pursuing an MA in early modern history, often posts on London pamphleteers and recently posted on Grub Street newsmen just before the Civil Wars. (Poyntz 28 August 2012) Likewise Early Modern Post blogger, Elizabeth Williamson, began her blog as an outgrowth of PhD research on "the gathering, transmission and preservation of political information, news and intelligence."

Within the network of early modern blogs are several which focus on … networks. Early Modern News Networks, a grant-funded blog, combines interests in both early modern print culture and the emergent public sphere formed by news and correspondence. For example, Early Modern News Network project director Joad Raymond posts on various visualization tools at the Mapping the Republic of Letters website, which defines itself at the center of a network of early modern intellectuals that was "simultaneously an imagined community …, an information network, and a dynamic platform" – a description which may serve as a model of the post-modern early modern blogosphere. (Raymond 20 June 2012) Well-conceived, but currently less linked is Cultures of Knowledge: An Intellectual Geography of the Seventeenth-Century Republic of Letters, established in 2009 as another grant-funded blog and project seeking "to reconstruct the correspondence networks central to the revolutionary intellectual developments of the early modern period." (see Feola 2012) Likewise, Birkbeck College English instructor Adam Smyth, might be reflecting on his own experience of blogging under the title Renaissance Lit, in his review of a book on the *Stammbuch* or album amicorum of 16th and 17th-century Europe. His "Social networking, early modern style" notes that these friendship albums collected "likes," copied images, and encouraging comments which both inscribed a transnational social network and created textual space, "wherein [the album originator] will see himself as in the Socratic mirror." (Smyth 2012) The parallels of this early modern creation to the modern blogosphere should be obvious. Poyntz, for example, deliberately re-purposed the newsbook title *Mercurius Politicus* as his blog masthead to highlight how cheap and popular mid-17th century newsbooks and pamphlets paralleled current social media. (Poyntz 19 November 2012)

Early modern blogs actively share and discuss research tools and databases. Let me provide four examples. Two English literature professors created Early Modern Online Bibliography blog specifically to promote such discussion with regards to Early English Books Online (EEBO), Eighteenth Century Collections Online (ECCO), and other online databases. A recent posting about the British Newspaper Archive online, not only test-drove the problems and possibilities of this subscription database, the ensuing discussion pointed to other issues, workarounds, and offered a citation or two. (Shevlin 6 July 2012) The bloggers at the many-headed monster note alternative uses which might be made of the huge Records of Early English Drama series (REED), and provide links where they can be downloaded legally. (Willis 14 August 2012). Jan Smith at Mistris Parliament has posted several descriptions and tests of various digital tools useful for early modern historians (mainly with regards to online catalogs and databases of early modern printed works). And Smyth at Renaissance Lit posted a call for papers, which seeks "contributions that go beyond describing the advantages and shortcomings of … EEBO, ECCO, and the ESTC [English Short Title Catalog] to contemplate how new forms of information produce new ways of thinking." (Smyth 16 August 2012) Of course, these exciting new tools can require enough study that they become the goal instead of the means. Some early modern blogs have veered off into digital humanities and their posts strictly on the historical period have declined. (The Long Eighteenth; etc.)

How does the early modern blogosphere interpret the concept of early modern and the issue of broad periodization? Mainly in the breach. Certainly the definition of "early modernity" varies from 1450–1700 (Making Publics), to "From The Tudors To Victoria" or 1485–1837 (Early Modern England). While they are quite willing to use the terms early modern, Renaissance, or long 18th century in their blog titles, few posts consider broad periodization. Only a blogger like Keith Livesey, whose blog repeatedly returns to Marxist historians, often overtly considers century long changes. (Livesey 17 July 2011). Jonathan Dresner's excellent and long-running blog on Japanese, Chinese, and Korean history is one of the few to consider "epochal analogies" and the need for "a shorthand to talk about processes," in a post on Renaissance Japan. (Dresner 21 March 2005) One might consider that the pointillist tendency of blog post format works best when discussing the materiality of the past. For example, a post at Earlymodernjohn discusses a trilingual Irish Primer present to Elizabeth I. The image from the c. 1560s primer – with Iryshe on the left, Latten in the middle, and Englishe on the right – makes the use and understanding of this document much more immediate. Yet Michael Witmore's blog Wine Dark Sea, which tends to focus on "the statistical analysis of linguistic features in early modern literary texts," and "the value of counting things," brings us back to the sweeping consideration of epochal shifts in a recent post on a meeting in 2010, when vizualizations based on "categorizing all books from 1600 to 2010 according to Library of Congress subject headings," was shown to "humanities scholars and advocates." The answer to the question "What do people read during a revolution?," based on the years before 1642, 1776, and 1789, appears to be "Old World History." (Witmore and Valenza 11 July 2012) Tim Hitchcock takes on the "headache of big data" which has come to the early modern historian, in part by the millions of words and images now available to the research and blogger. Hitchcock himself has helped bring to our desk and laptops the trial accounts of Old Bailey Proceedings, the prosopographical microhistory possible with London Lives, and the minute geo-referenced comparisons possible with Locating London's Past. But, as he notes, mastering this material can overwhelm; and positivist impetus can lay competing theories a bit shopworn. (Hitchcock 30 January 2012) Moreover, unlike the academy's careful delineation between undergraduate apprentices, graduate journeymen, and the masters of the professoriate, the blogosphere is a meritocracy based on specialist interests ("16th century guide to gossip, fashion, and scandal"; "Costume & Stuff from the English Civil War"), which is apt to find an image more arresting than big data or epochal analysis. In any case, while blog posts might seem to favor the worm's eye rather than the bird's eye, the format – which encourages the hyperlinking/comparison of text and context, with images and even video – remains open to both.

Let's return to the initial image of the early modern writer or copyist. We might begin by noting that the contrast between the community of early modern blogging and more isolated forms of literary production is to some degree a

trope, a modern construction, and should not be overstated. Early modern authors – John Aubrey or even Anthony a Wood, for example – were at the center of
their own network of borrowers, copyists, and correspondence. Still, this brief
examination of early modern bloggers suggests that this collaborative Web 2.0
arena has been especially successful in contributing to the analysis of what Dror
Wahrman has labeled Print 2.0, the era of the late 17th and early 18th centuries
in which cheap pamphlets and newspapers made publishing current (especially
between the first corantos of the 1620s and the first daily newspaper, *The Daily
Courant*, from 1702) and disposable. Bloggers quickly copy ideas and images.
But, perhaps the process of copying, adding to, and networking with or following others in the early modern blogosphere is shifting. Noting, following, and
even commenting on others, is increasingly finding its way onto Twitter. Still,
blogs continue to import ideas from one context to another. Therein lies the
potential of blogging as craft. Perhaps an earlier historical culture which high-
lighted the lone researcher could best focus on the canon of a limited set of works
by a limited number of authors or on the set number of national archives (Ran-
kean focus on limited diplomatic exchanges). The emergent historical culture
has turned to a vast network of online archives. And, perhaps, the challenges of
"the headache of big data" have spawned individual experiments at crowdsourcing the answers. But it will be useful to continue to meditate on the theoretical
(and stadial) origins of the early modern as well as the tension between networked community and individual production inherent in the blogging itself.

The author would like to thank Karen Batts, Sace Elder, and David Smith
for their assistance, and Charles Foy, Tim Hitchcock, Keith Livesey, editor Eva
Pfanzelter, Nick Poyntz, and Brodie Woddell for comments on an earlier version
of this paper.

Bibliography

The full, hyperlinked list of blogs sampled is available online; this bibliography
includes only those blogs referred to directly in the body of the chapter.

Perry Anderson: Lineages of the Absolutist State. London 1974.

A.L. Beier, David Cannadine, and James M. Rosenheim, eds.: The First Modern
Society: Essays in English History in Honour of Lawrence Stone. Cambridge
1989.

Blogging the Renaissance blog [bloggingtherenaissance.blogspot.com/].

The Broadside aggregator [thebroadside.org/].

Euan Cameron: Editor's Introduction, in: Early Modern Europe: An Oxford History. Oxford 1999.

Carnivalesque blog [carnivalesque.org/].

The Cornell University Register: Ithaca, NY 1869.

Philip Corrigan and Derek Sayer: The Great Arch: English State Formation as Cultural Revolution. Oxford 1985.

Jonathan Dresner: Renaissance Japan blog post 21.3.2005, in: 井の中の蛙 [www.froginawell.net/japan/2005/03/renaissance%20japan/], accessed 14/10/2012.

Lara E. Eakins, Tudor History.org blog [tudorhistory.org/blog/].

Earlymodernengland [earlymodernengland.blogspot.com/].

Early Modern England [earlymodernengland.com/].

Early Modern Post: [earlymodernpost.wordpress.com/].

The Early Modern World blog [www.earlymodernwomen.blogspot.com/].

Vittoria Feola, review of Cultures of Knowledge: An Intellectual Geography of the Seventeenth-Century Republic of Letters, in: Reviews in History [www.history.ac.uk/reviews/review/1316], accessed 11/10/2012.

Christopher Flynn: Defoe's Review: Textual Editing and New Media, in: Digital Defoe 1 (2009), pp. 17–24.

Robert Forster and Jack P. Greene: Preconditions of Revolution in Early Modern Europe. Baltimore 1970.

Anthony Grafton: Loneliness and Freedom, in: Perspectives on History (March 2011), pp. 5–6.

Tim Hitchcock, Academic History Writing and the Headache of Big Data blog post 30.1.2012, in: Historyonics [historyonics.blogspot.com/2012/01/academic-history-writing-and-headache.html], accessed 14/10/2012.

Sharon Howard, Early Modern Commons Update blog post 25.8.2012, in: Early Modern Notes [earlymodernnotes.wordpress.com/2012/08/25/early-modern-commons-update/], accessed 10/10/2012.

Adam Hooks, How to Read like a Renaissance Reader blog post 23.11.2012, in: anchora [www.adamghooks.net/2012/08/how-to-read-like-renaissance-reader.html], accessed 10/10/2012.

Sara Kjellberg, I Am a Blogging Researcher: Motivations for Blogging in a Scholarly Context, in: First Monday 15, 8 (2 Aug. 2010) [firstmonday.org/htbin/cgiwrap/bin/ojs/index.php/fm/article/view/2962/2580], accessed 15/2/2013.

Bill Kovarik: Revolutions in Communication: Media History from Gutenberg to the Digital Age. New York 2011.

Keith Livesey: The English Bourgeois Revolution and Some Marxist Historians blog post 17.7.2011, in: A Trumpet of Sedition [keith-perspective.blogspot. com/2011/07/english-bourgeois-revolution-and.html], accessed 14/10/2012.

John McPhee: Structure, in: New Yorker (14 Jan. 2013), pp. 52 ("ancestral cloud computing").

Meeting the Queen blog post 28.6.201, in: Earlymodernjohn [earlymodernjohn. wordpress.com/2012/06/28/meeting-the-queen/], accessed in 14/10/2012.

Benjamin Nelson: Conscience and the Making of Early Modern Cultures: "The Protestant Ethic" Beyond Max Weber, in: Social Research 36, 1 (1969), pp. 4–21.

Robert A. Nisbet: The Sociological Tradition. Boston 1966.

Douglass C. North and Robert Paul Thomas: The Rise of the Western World: A New Economic History. Cambridge 1976.

Sara Pedersen and Caroline Macafee: Gender differences in British blogging, in: Journal of Computer-Mediated Communication 12, 4 (2007), article 16 [jcmc. indiana.edu/vol12/issue4/pedersen.html].

Nick Poyntz, Crowdsourcing the Early Modern Blogosphere blog post 19.11.2012, in Mercurius Politicus [mercuriuspoliticus.wordpress.com/2012/ 11/19/crowdsourcing-the-early-modern-blogosphere/], accessed 24/2/2013.

Nick Poyntz, Grub Street in 1641 blog post 28.8.2012, in: Mercurius Politicus [mercuriuspoliticus.wordpress.com/2012/08/28/grub-street-in-1641/], accessed 14/10/2012.

Joad Raymond, Mapping Communication blog post 20.6.2012, in: Early Modern News Networks [earlymodernnewsnetworks.wordpress.com/2012/06/20/ mapping%20communication], accessed 10/10/2012.

Duncan Riley, A Short History of Blogging blog post 6.4.2005, in: The Blog Herald [www.blogherald.com/2005/03/06/a-short-history-of-blogging/], accessed February 4, 2013.

David Rollison: Marxism, in: Writing Early Modern History, ed. Garthine Walker. London 2005, pp. 2–24.

W.W. Rostow: The Stages of Economic Growth: A Non Communist Manifesto. Cambridge 1960.

Herbert Harvey Rowen: A History of Early Modern Europe, 1500–1815. New York 1960.

Roy Rosenzweig: Wizards, Bureaucrats, Warriors, and Hackers: Writing the History of the Internet (1998), in: Clio Wired: the Future of the Past in the Digital Age. New York 2011, pp. 179–202.

John C. Rule: The Early Modern Era, 1648–1770. Boston 1966.

J.A. Sharpe: Early Modern England: A Social History 1550–1760. London 1987.

Eleanor Shevlin: British Newspaper Archive: Not Burney (yet), But Still Useful blog post 6.7.2012, in: Early Modern Online Bibliography [earlymodernonlinebib.wordpress.com/2012/07/06/british-newspaper-archives-not-burney-yet-but-still-useful/], accessed 11/10/2012.

Alexandra Shepard and Phil Withington (eds.): Communities in Early Modern England: Networks, Place, Rhetoric. Manchester 2001.

Adam Smyth: The Early Modern Digital blog post 16.08.2012, in: Renaissance Lit [earlymodern-lit.blogspot.com/2012/08/the-early-modern-digital.html], accessed 11/10/2012.

Adam Smyth: Social networking, early modern style (review), in: Times Literary Supplement, 13 June 2012 [www.the-tls.co.uk/tls/public/article1059759.ece].

Randolph Starn: The Early Modern Muddle, in: Journal of Early Modern History 6, 3 (2002), pp. 296–307.

Lawrence Stone: Prosopography, in: Daedalus 100 (1971), pp. 46–79; reprinted in: The Past and the Present Revisited. London 1981, 1987.

Paul Sweezy, et. al.: The Transition from Feudalism to Capitalism. London 1976, 1978.

R.H. Tawney: Religion and the Rise of Capitalism. New York 1926.

Keith Thomas: Religion and the Decline of Magic. New York 1971.

Ferdinand Tönnies: Fundamental Concepts of Sociology. New York 1940; Gemeinschaft Und Gesellschaft. New Brunswick, NJ 1957.

Dror Wahrman: Mr. Collier's Letter Racks: A Tale of Art and Illusion at the Threshold of the Modern Information Age. Oxford 2012.

Max Weber: The Protestant Ethic and the Spirit of Capitalism, trans. Talcott Parsons, foreword by R. H. Tawney. New York 1958.

Sarah Werner, Folger digital image collections, part 1 blog post 10.12.2008, in: Wynken de Worde, [sarahwerner.net/blog/index.php/2008/12/folger-digital-image-collections-part-1], accessed 9/10/2012.

Sarah Werner, my syllabus is a quarto blog post 10.8.2012, in: Wynken de Worde [sarahwerner.net/blog/index.php/2012/08/my-syllabus-is-a-quarto/], accessed 11/10/2012.

118   Newton Key

Merry E. Wiesner Hanks: Early Modern Europe, 1450–1789. Cambridge 2006.
Jonathan Willis: REED all about it – Part I: Fiddling at the Church Ale...
blog post 14.09.2012, in: the many-headed monster [manyheadedmonster.
wordpress.com/category/theory-and-methods/], accessed 11/10/2012.
Philip Withington: Society in Early Modern England. Cambridge 2010, part I.
Michael Witmore and Robin Valenza: What Do People Read During a Revolution? blog post 11.7.2012, in: Wine Dark Sea [winedarksea.org/], access 14/10/2012.
Natalie Zemon Davis: Society and Culture in Early Modern France. Stanford 1975.

Abstract

Was verbindet die Blogosphäre mit der Frühen Neuzeit? Sind beide Zeiten/Räume des „Cut and Paste", des Kopierens, des (Wieder)Lesens und (Wieder)Schreibens?

Mit diesen unorthodoxen Fragen beginnt Newton Key seine Analyse jener *historyblogosphere*, die sich mit der Epoche auseinandersetzt, die wir heute „Frühe Neuzeit" nennen. Er zeigt zunächst die mittlerweile schon wieder historisch gewordene Entstehungszeit frühneuzeitlichen Blogosphäre auf und macht erstaunliche Parallelen zwischen der Entwicklung der Blogosphäre und der Konzeptionalisierung des Begriffes „Frühen Neuzeit" sichtbar. Key differenziert außerdem die verschiedenen Formate und Ziele der von ihm untersuchten Blogs, die sich mit frühneuzeitlichen Themen beschäftigen, und entwirft eine umfassende Szenerie: Welche Blogs gibt es, wie definieren sie ihre Inhalte, wer sind ihre Autor/innen, welchen (akademischen) Hintergrund haben sie, auf wen nehmen sie Bezug, wer verlinkt auf wen? Schließlich kehrt der Autor zu der Frage zurück, wie diese Blogosphäre und das Bloggen überhaupt unser Konzept einer „Frühen Neuzeit" beeinflusst.

Keys Betrachtung von frühneuzeitlichen Blogger/innen suggeriert, dass die gemeinschaftliche Web-2.0-Arena besonders erfolgreich in der Analyse dessen war, was Dror Wahrman mit dem Begriff „Print 2.0" betitelt hat: der Ära des späten 17. und frühen 18. Jahrhunderts, in der billige Flugblätter und Zeitungen Veröffentlichungen breitenwirksam und frei verfügbar machten.

Alexander König und Christoph Pallaske
Blogs als virtueller Schreib- und Kommunikationsraum historischen Lernens

> We being pummeled by a deluge of data and unless we
> create time and spaces in which to reflect, we will be left
> with only our reactions.
> I strongly believe in the power of weblogs to
> transform both writers and readers from
> "audience" to "public" and from "consumer" to "creator".
> *(Rebecca Blood, 2000)*

Einleitung

Weblogs gehören zu den digitalen Werkzeugen, die fast prototypisch mit dem Mitmachnetz „Web 2.0" und den sog. „Digital Natives", also der Generation der nach 1980 Geborenen, in Verbindung gebracht werden (Grosch 2012). Noch vor wenigen Jahren als die „Klowände des Internet" (Zitat von Jean-Remy von Matt, 2006) bezeichnet, haben Blogs diesen schlechten Ruf längst abgelegt. Heute gehören sie zur digitalen Alltagskultur, die von den etablierten und traditionellen Medien – wie z. B. Zeitungen – adaptiert und imitiert wird. Allein der Blick in die *Blogosphere* im Bereich der historisch-politischen Bildung zeigt: Nicht nur der gemeine Mann oder die gemeine Frau bloggt, sondern ebenso Journalist/innen, Wissenschaftler/innen und Lehrer/innen. Auch manche Studierende und Schüler/innen greifen zur Tastatur. Blogs werden also immer stärker – informell und (trotzdem) intentional – zum Schreiben von und über Geschichte genutzt.

Dabei sind die Schreibanlässe und -praxen vielfältig. Die Einsatzbereiche von Blogs variieren und sind je nach Autor/innen individuell durchaus verschieden. Manchen Bloggenden geht es einfach darum, vor der Netzöffentlichkeit eine subjektive Meinung zu einem historisch-politischen Sujet zu artikulieren, andere bemühen sich in Abwägung verschiedener Argumente um eine (möglichst) differenzierte Darstellung. Einigen geht es um die Darlegung eigener Erfahrung oder das Berichten über Entwicklungen, über Netzfunde und Entdeckungen; wieder andere verwenden Blogs im Sinne eines interaktiven Schreiblabors, das zur Testung und Erprobung von Gedanken, Ideen oder

Hypothesen dient, oder als Werkzeuge eines digital stimulierten Schreibdenkens (Reinmann/Eppler 2008; Scheuermann 2012). Letztlich ist *das* Bloggen als Netztätigkeit facettenreich, das Genre Blog schillernd. Elaborierte Traktate stehen neben miszellenartigen Kurzbeiträgen. Pointiert vorgetragene Thesen und Prüfung einfordernde Hypothesen folgen auf spekulative Provokationen. Bloggen ist so verstanden ein Geschichtsschreiben und -lernen im öffentlichen Raum.

Diese erste Annäherung an verschiedene Praxen des Bloggens beruht auch auf der Beobachtung, dass in den vergangenen Jahren die Zahl von Blogs in toto ansteigt. Beispielhaft lässt sich dies an der *Blogosphere* zu historischen und geschichtswissenschaftlichen Themen ausmachen. Als Beleg für diesen Trend kann im Bereich der Geschichtswissenschaft die seit 2011 bestehende „Blogfarm" von de.hypotheses.org herangezogen werden. Sie versteht sich als akademisch ausgerichtete Publikationsplattform und möchte die Möglichkeit zur Veröffentlichung historischer Forschung „on-the-fly", also als dynamischer Prozess, eröffnen. Die Blogregistrierungen auf hypotheses.org zeigen, dass Blogs auch im universitären Betrieb zunehmend salonfähig werden (siehe dazu auch den Beitrag von Mareike König in diesem Band). Einzelne Wissenschaftler/innen sind bereit, Forschungen, Erkenntnisse, Lehrveranstaltungen, Tagungen oder wissenschaftliche Projekte in Blogs zu dokumentieren, über dieses Werkzeug zu kooperieren und Geschichte als Aushandlungsgeschäft einer breiten, diskursiv angelegten Netzöffentlichkeit zugänglich zu machen.

Neben diesen eher institutionell verankerten und sich „professionell" verstehenden Angeboten machen gegenwärtig zahlreiche Dienste im Netz, genannt seien Wordpress.com oder Blogger.com, den Einstieg in das Bloggen einfach. Es benötigt bei Weitem keinen eigenen Webspace oder eigene Serverkapazitäten mehr, um ein Weblog aufzusetzen. Komfortable Einrichtungsroutinen und wenige Klicks führen in der Regel zum Ziel. An konventionellen Textverarbeitungsprogrammen orientierte Benutzeroberflächen erleichtern die Eingabe von Inhalten, die ebenso intuitiv verwaltet werden können.

Dementgegen zeigen jüngste Studien zur Mediennutzung von Jugendlichen zwischen zwölf und 19 Jahren, dass die wenigsten Schülerinnen und Schüler jemals gebloggt haben bzw. aktive Blogger/innen sind. Lediglich vier Prozent von 1.205 befragten Jugendlichen zwischen zwölf und 19 Jahren gaben 2011 an, regelmäßig Einträge in Weblogs zu verfassen. Das Netz ist für sie insbesondere Recherche-, Informations-, Kommunikations- und Unterhaltungsmedium. Der Schwerpunkt liegt mehr auf der informellen, privaten und freizeitlichen Nutzung und weniger auf formellen, also schulisches bzw. unterrichtliches Lernen betreffenden Anwendungen (JIM 2011).

Gleichwohl sind die didaktischen und methodischen Potenziale für einen kompetenzorientierten (also nicht nur auf Wissenserwerb, sondern beispielsweise auch auf Fähigkeiten, Fertigkeiten, Dispositionen und Motivationen zielenden) und webgestützten Geschichtsunterricht groß. An Blogs und ihren Inhalten kann historisch gelernt werden; sie können als Schreibwerkzeuge bzw. Instrumente der Wissensaneignung und des Erwerbs von Fähigkeiten und Fertigkeiten fungieren; sie können als unterrichtstechnologischer Raum verstanden werden, in dem – z. B. im Klassenverband – kooperativ und dialogisch historisch gelernt wird. Schlussendlich sind Blogs in ihrer Gattungsspezifik und die Praxis des Bloggens als Lern- und Arbeitstechnik selbst der (Meta-)Reflexion zugänglich und zuträglich. Blogbeiträge werden individuell und/oder kooperativ erstellt, sind chronologisch vom jüngsten, also aktuellsten, zum ältesten Eintrag geordnet. Sie bilden auf diese Weise den Lernprozess in Schriftform ab und machen ihn der Kommunikation zugänglich.

Der nachfolgende Beitrag geht deshalb – sicher aufrissartig und fragmentarisch – der Frage nach, wie Weblogs als Unterrichtstechnologie aus Sicht der Geschichtsdidaktik einzuschätzen sind. Es geht darum, im Horizont eines digitalen Geschichtslernens den didaktisch-methodischen Möglichkeiten von Blogs nachzugehen und ihre Eignung als Lernwerkzeug zu diskutieren. Der Artikel folgt damit einer dreifachen Gliederung: In einem ersten Abschnitt wird auf intentionale Spielarten geschichtswissenschaftlich und -didaktisch begründeten Bloggens eingegangen. Darauf aufbauend beschäftigt sich ein zweiter Teil mit didaktisch-methodischen Potenzialen. Abschließend werden die Ergebnisse reflektiert und zusammengefasst.

1. Blogs: Funktionen – Typen – Beispiele

Formal betrachtet sind Blogs über das Netz zugängliche Internetseiten mit eigener Internetadresse, die regelmäßig aktualisiert werden können. Der/die Blogger/in stellt seine/ihre Blogposts in seinen Blog ein. Blogposts geben die Möglichkeit, verschiedene online verfügbare Medien wie Audios und Podcasts, Bilder oder Videos entweder zu verlinken oder (wenn urheberrechtlich unbedenklich) direkt in den Post einzubinden. Typisch ist das umgekehrt chronologische Darstellungsmuster der Blogposts. Blogsoftware hält verschiedene Zugriffsmöglichkeiten auf ältere Blogposts bereit. Während das Archiv die monatlichen Neuzugänge auflistet, können einzelne Posts ebenso über die vom Verfasser/von der Verfasserin vergebenen Kategorien oder Schlagworte angesteuert werden. Schlagworte sind in einer Tag-Cloud als zusätzliche Navigationshilfe angezeigt. Blogposts lassen sich zudem auf thematischen Unterseiten nicht nur chronologisch anordnen, sondern bestimmten Threads (Schlagworten) und Themengruppen zuweisen. Neue Einträge kann man sich in einem RSS-Feed und per Email anzeigen lassen (Moser 2011, 128–133; Richardson 2011, 35–94). Die einfache Handhabung der Blogs und deren schnelle Aktualisierbarkeit machen sie für die schulische und universitäre Praxis interessant. Blogs bieten erstens die Möglichkeit zur Kommunikation, denn Posts können und sollen kommentiert werden. Die Kommentare können wiederum kommentiert werden, so dass einzelne Blogposts gelegentlich eine breit geführte Diskussion auslösen. Zweitens lassen sich Blogs zu ähnlichen Inhalten über die Blogroll, eine Linkliste anderer Blogs, vernetzen. Dazu dient auch das Verfahren des Trackback oder Pingback, d. h.: Verlinkt ein Blogger/eine Bloggerin den Blogpost eines anderen Blogs, wird dies dort als kurzer Kommentar angezeigt.

Vor dem Einsatz von Blogs für Seminare oder den Schulunterricht sollten sich Dozierende und Lehrende immer über Aspekte des Urheberrechts informieren. Die Einbindung von Texten und Medien ist dann möglich, wenn sie entweder unter Public Domain oder Creative Commons lizensiert sind. Die Wikimedia hält beispielsweise immer umfangreicheres Bildmaterial bereit, das (bei Lizenz- und Namensnennung) auch in einen Blog eingefügt werden kann. Problematisch ist es hingegen, wenn Studierende oder Schüler/innen unreflektiert Materialien einbinden. Um etwaigen Klagen zu entgehen, empfiehlt es sich bei der Verwendung von Blogs in Schule und Unterricht, die Herkunft eingebundener Texte und Medien jeweils zu überprüfen. Die Öffentlichkeit des Blogs stellt zweitens ein Problem bezogen auf Daten- und Persönlichkeitsschutz der Schüler/innen oder Studierenden dar. Die Verwendung von Echtnamen muss jeweils vorab geklärt werden. Hinweise zu Aspekten des Urheberrechts finden sich auf der Seite des von der EU getragenen Projekts „klicksafe" (Klicksafe 2012).

1.1 Blogs in Geschichtswissenschaft und Geschichtsdidaktik

Die deutschsprachige *Blogosphere* im Bereich sowohl der Geschichtswissenschaft als auch der Geschichtsdidaktik ist bis heute noch überschaubar. Allgemein weisen die meisten Wissenschaftsdisziplinen Qualifikationen und wissenschaftliche Reputation hauptsächlich an der Zahl von Peer Review-Beiträgen in Fachzeitschriften und anderen Publikationen aus. Demgegenüber sind Blogs leicht zugänglich und auffindbar. Sie ermöglichen Kommunikation in einer sich öffnenden Wissenschaftskultur. Adressaten sind nicht mehr nur andere Wissenschaftler/innen. Bezüglich der Fachdidaktiken im Allgemeinen und der Geschichtsdidaktik im Speziellen bieten Blogs eine Möglichkeit, stärker mit den „Praktikern" in Kommunikation zu treten: zu Lehrer/innen, Studienreferendar/innen, Lehramtsstudierenden oder anderen Bildungs-Akteuren. Das stellt Blogger/innen vor die Herausforderung, nicht mehr nur das fachspezifische wissenschaftliche Genre der Fachpublikation zu bedienen, sondern Sprache und Abstraktionsgrade auf ein öffentliches Publikum hin anzupassen. In Frankreich wird in den Wissenschaften bereits seit Jahren wesentlich mehr gebloggt. Neben Blogs einzelner Wissenschaftler/innen, die meist über thematisch eher breit gestreute neue Entwicklungen aus ihrem Forschungsgebiet berichten, haben sich dort Projektblogs (z. B. Ausgrabungsblogs von Archäologen oder Dokumentationen über die Entwicklung von Forschungsprojekten), Publikations-, Tagungs- oder Seminarblogs etabliert, zu denen jeweils eine Gruppe von Autor/innen beitragt (zahlreiche französischsprachige Blogs finden sich beispielsweise unter fr.hypotheses.org).

Klaus Graf und Mareike König haben im Dezember 2011 einen Überblick über die deutschsprachige „entwicklungsfähige Blogosphere" zusammengestellt und dabei neun häufig rezipierte und 24 weitere Blogs im Bereich der Geschichtswissenschaft ausgemacht (Graf/König 2011 sowie den Beitrag von Mareike König in diesem Band). In den vergangenen Monaten sind noch einige Blogs hinzugekommen. Blogs, die sich mit Aspekten sowohl der Geschichtsdidaktik als auch der Praxis des Geschichtsunterrichts befassen, stellen in der „entwicklungsfähigen Blogospehre" einen vergleichsweise hohen Anteil. Der 2009 von Daniel Bernsen (Koblenz) gestartete Blog *Medien im Geschichtsunterricht* ist heute einer der lebendigsten Blogs mit zahlreichen Blogposts und Kommentaren zu verschiedensten Fragen der Planung, Durchführung, Reflexion und Evaluation von Geschichtsunterricht mit digitalen Medien. Zu den frühen Blogs mit (u. a.) geschichtsdidaktischen Inhalten zählen außerdem *HistNet* von Jan Hodel und Peter Haber, *Historisch Denken Lernen* von Andreas Körber sowie *Geschichte und neue Medien* von Alexander König (inzwischen abgelöst durch: *Brennpunkt Geschichte*); daneben existieren einige weitere (s. hierzu: 4. Liste | Blogs zu Geschichtsdidaktik und digitalem Geschichtslernen). Einige der bloggenden Geschichtsdidaktiker/innen sind untereinander vernetzt. Dabei hat neben den Blogs Twitter eine wichtige Funktion zum Austausch nicht nur von Aktivitäten in den Blogs, sondern auch über kurze Ankündigungen von Links zu Netzressourcen, Publikationen, Veranstaltungen und zum gelegentlichen Meinungsaustausch. Hier funktioniert die Vernetzung nicht nur über Follower-Kontakte, sondern auch über einschlägige Hashtags wie #Geschichte, #Geschichtsdidaktik oder seit einigen Monaten #gd_dig (Geschichtsdidaktik digital). Viele Blogs benutzen eine Twitter-Timeline und sind so direkt mit der *twittersphere* vernetzt.

Trotz der in letzter Zeit gestiegenen Anzahl an geschichtsdidaktisch orientierten Blogs, handelt es sich insgesamt um eine personell relativ begrenzte Community. Unter diesen Blogger/innen finden sich relativ viele Praktiker/innen, also Lehrer/innen, Fachberater/innen und Lehrerfortbildner und nur wenige universitär verankerte Wissenschaftler/innen. Ab und an wurden die

„Geschichtsblogger/innen" als „Netzgemeinde" bezeichnet, um ihre mediale Vernetzung und ihre Verbundenheit untereinander zu markieren. Tatsächlich besteht bei der Gruppenbildung im Netz insofern die Gefahr, dass mit dem Aufbau einer Gruppenidentität zugleich Abschottungstendenzen einhergehen können, da Gemeinschaften als soziale Systeme oft selbstreferentiell agieren.

1.2 Blogs im Geschichtsunterricht und in der historisch-politischen Bildung

Blogs als multimediales und hypertextbasiertes Schreibwerkzeug bieten Potenziale für das Lernen im digitalen Medium, die in der Schulpraxis bislang allerdings nur wenig genutzt werden. Einen Überblick über Blogs, die im Rahmen von Schule und Unterricht entstanden sind, gibt die Seite „Blogwerkstatt" (Rosa 2010). Die Profilierung eines technologiegestützten Geschichtsunterrichts steht weitestgehend noch aus – nicht nur bezogen auf Blogs, sondern auch auf andere Webtools wie die Erstellung von Wikis im Unterricht oder Twitter-Projekte. Erste Annäherungen aus der Fachliteratur, sowie Beispiele eigenständiger Blogs für und aus dem Geschichtsunterricht zeigen, wie das Webtool Blog historisches Lernen unterstützen kann (Farwell/Krüger- Roos 2012).

Will Richardson und Heinz Moser haben in ihren Büchern zur Webdidaktik (Moser 2008, 159; Richardson 2011, 41–50) verschiedene Typen von „Weblogs in der Schule" klassifiziert. Blogs können zum Beispiel als Klassenportal, als Online-Archiv, als E-Portfolio bzw. „Blogfolio" oder digitaler Lernraum zum kooperativen oder kollaborativen Lernen genutzt werden. Als Kriterium zur Systematisierung eignet sich der Grad an Interaktivität, Reflexivität und Konstruktivität. Klassenportale und Online-Archive sind dadurch zu charakterisieren, dass sie das Unterrichtsgeschehen eher dokumentarisch erfassen. Blogs dienen in diesen eher instruktiven Formen mehr zur Distribution von Materialien und Aufgaben, z. B. in sogenannten BlogQuests. Historisches Lernen wird hier eher als Geschichtsvermittlung verstanden. Die Lehrkraft macht wesentliche Vorgaben z. B. in der Materialauswahl und Aufgabenstellung. Blogs treten in dieser Form als Ersatz für Content Management oder Learning Management Systeme in Erscheinung (König 2011).

Demgegenüber stellt die Nutzung von Blogs als E-Portfolio oder kollaborativ-kooperativer Lernraum die kommunikativen Möglichkeiten in den Vordergrund. Geschichte wird hier als Aushandlungsgeschäft verstanden. Blogbeiträge sind Artefakte von Lernenden, die vernetzt und der schriftlichen Kommentierung zugänglich gemacht werden. Historisches Lernen ist in diesen Ansätzen wesentlich diskursives und strukturiertes Geschichtslernen. Die Nutzung von

Blogs ermöglicht auch Kooperationen an verschiedenen, geographisch getrennten Standorten – beispielsweise auch in der universitären Lehrerausbildung. So unterstützen die Autoren dieses Beitrags an der Universität zu Köln und der Universität des Saarlandes im bei Abfassung dieses Beitrags laufenden WS 2012/13 ihre Lehrveranstaltungen mit dem Blog „Digitales Geschichtslernen" (s. hierzu: 4. Liste | Blogs zu Geschichtsdidaktik und digitalem Geschichtslernen), der als Kommunikations-, Lern- und Denkwerkzeug eingesetzt wird. Die Studierenden beider Standorte sollen jeweils Blogposts zu verschiedenen Themen einstellen und anschließend die Posts der Studierenden der jeweils anderen Universität kommentieren.

2. Didaktisches Potenzial von Blogs

In der Allgemeindidaktik und Medienpädagogik werden didaktische Potenziale von Weblogs bereits seit längerem diskutiert, insbesondere unter dem Fokus kooperativer und kollaborativer Arbeitsformate. In der Praxis des Geschichtsunterrichts aber werden, wie schon in Abschnitt 1.2 angedeutet, digitale Medien nur selten eingesetzt. Es fehlt – wie Waldmar Grosch betont – „immer noch ein tragfähiges Gesamtkonzept für die Nutzung des PCs" (Grosch 2012, 126) für das Geschichtslernen; auch in der geschichtsdidaktischen Diskussion steht die Beantwortung der Frage, wie Lernen mit, an, in oder über digitale Medien das historische Lernen verändert und weiter verändern könnte, eher noch am Anfang (Bernsen/König/Spahn 2012). Relevanz für das historische Lernen gewinnen Blogs im Spannungsfeld von Geschichtsvermittlung und Geschichtslernen insbesondere als Schreib- und Kommunikationswerkzeuge.

2.1 Mediendidaktik: Wie verändern Blogs die Schreib- und Kommunikationspraxis?

Aus Sicht der Mediendidaktik unterscheiden sich Bloggen und konventionelles Schreiben wesentlich. „Analoges" Schreiben ist als Arbeitstechnik stark auf ein fertiges und fixes Endprodukt hin angelegt. Bloggen hingegen wird prozesshaft vorgestellt. William Richardson schreibt: „Der Unterschied zwischen herkömmlichem Schreiben und Bloggen lässt sich einfach ausdrücken: Schreiben ist ein endlicher und in sich geschlossener, Bloggen ein fortlaufender und offener Prozess" (Richardson 2011, 56). Weblogs weisen zwar eine schriftliche Form auf, sind aber sprachwissenschaftlich betrachtet eher einer konzeptionellen Mündlichkeit verpflichtet. Sie haben dialogischen Charakter. Deshalb ist nicht nur das Beitragen, sondern auch das Kommentieren gleichermaßen von Bedeutung. Kommentare müssen aufgrund der technologischen Voraussetzungen der Software als Rückkopplungen in den Raum der *Blogosphere* verstanden werden. Sie dokumentieren einerseits die kognitiven oder affektiven Auseinandersetzungen mit einem Beitrag, können andererseits als Erkenntnisfortschritt in und durch Interaktion und – sobald entsprechende Querverweise gesetzt wurden – Vernetzung gelten (Hodel 2008, 193f.). Dabei weisen sowohl die Mediendidaktik als auch die Forschung zur computervermittelten Kommunikation darauf hin, dass der Grad der Öffentlichkeit derartiger bloggestützter Lernszenarien, welche nicht nur das Beitragen sondern auch das Kommentieren einfordern, eigens zu reflektieren ist. Sobald in einem Blog vollkommen offen publiziert wird, ist das Web als ein Resonanzraum vorzustellen, in dem Echo, Hall, Reichweite und Dauerhaftigkeit von Beiträgen und Kommentierungen nicht einzugrenzen sind (hinsichtlich der informationsethischen Implikationen vgl. den Beitrag von Bruns/Burgess in diesem Band).

Vor diesem Hintergrund hat Richardson ein mehrstufiges Modell als Anleitung zur Einführung des schrittweisen Kompetenzaufbaus bloggender Schreibpraxis im Unterricht entwickelt, (Richardson 2011, 57f.) um Fähigkeiten und Fertigkeiten beim Lesen und Schreiben in virtuellen Umgebungen zu entwickeln. Auf der ersten Stufe sollen Schüler/innen in Blogs zunächst von der Lehrkraft vorgegebene Arbeitsaufträge erledigen oder einfache und deskriptive „Tagebucheinträge" vornehmen. Das Internet hält eine große Anzahl an Sachinformationen, Darstellungen und digitalisierten Quellen bereit. Lernende, die verschiedene Online-Ressourcen nicht nur nutzen, sondern auch verlinken, müssen stärker als bei einer weniger produktorientierten Recherche die Qualität der angebotenen Links überprüfen und die Angebote kritisch abwägen. Die nächste Stufe zur Ausbildung einer reflektierten Blogpraxis beschreibt daher das Posten von Links, oder als erste Vorform echten Bloggens das Verfassen einer Beschreibung oder Beurteilung des Links als annotierter Verweis.

Die folgende Stufe macht schließlich als überlegtes und metakognitives Schreiben das eigene (historische) Lernen zum Gegenstand – zunächst allerdings ohne Verlinkung. Richardson betont nämlich, dass die bedachte Einbeziehung von Links Analyse und Synthese gleichermaßen voraussetzt. Durch das bedeutsame und reflektierte Verlinken in Blogbeiträgen artikuliert sich „ein tieferes Verständnis oder eine enge Beziehung zum verlinkten Inhalt". Derartig verfasste Einträge sollen in ihrer Performanz zeigen, dass die Eintragungen „unter Berücksichtigung möglicher Leserantworten verfasst wurden" (Richardson 2011, 57).

Die letzte Stufe ist nach Richardson erreicht, wenn Schüler/innen in der Lage sind, im Modus „komplexen Bloggens" zurückliegende Beiträge, Links und Kommentierung zu analysieren, zu synthetisieren und zu vernetzen (Richardson 2011, 58). Einträge sind dann derart gestaltet, dass sie über eine bestimmte Zeitdauer hinweg retrospektiv, interpretativ und selbstreflexiv in hypertextuell und/oder multimedial angereicherter Gestalt eine eigenständige Sachanalyse vorlegen und einen argumentativ vorgebrachten Standpunkt in Form eines überlegten Wert- und Sachurteils vorbringen.

Die Arbeit mit Blogs in Schule und Universität ist bislang nur wenig empirisch erforscht worden (Farwell/Krüger-Ross 2013, 208–210). Bisherige Studien stellen bei der Nutzung von Blogs erstens „effektive elaborative und selbstreflexive Lernstrategien" fest, zweitens eine höheren Motivation der Nutzung von Blogs im Kontext von Lernarrangements gegenüber anderen Social Media-Tools (Zumbach 2010, 203 f.).

2.2 Geschichtsdidaktik: Potenziale von Blogs für das historische Lernen

Schreiben bzw. die blogspezifischen Schreibpraxen sind besonders affin zu geschichtsdidaktischen Prinzipien und Methoden historischen Lernens und Denkens. Geschichte ist eine in der jeweiligen Gegenwart entstandene Vorstellung über die Vergangenheit, die zwischen verschiedenen Positionen und Meinungen immer wieder neu ausgehandelt wird. Der Konstrukt-Charakter der Geschichte schlägt sich in verschiedenen Typen historischer Narrationen und Darstellungen nieder, die – bezogen auf die Unterrichtspraxis – mittels Aufgaben und durch vorgegebene Schreibanlässe angeleitet werden. Im Kontext historischen Lernens können solche Aufgaben z. B. die Narrativierung von Geschichte in Form einer eigenen Rekonstruktion aus Quellen oder die Dekonstruktion bereits fertiger Geschichtsinterpretationen anleiten. Je nach Aufgabentyp entstehen dabei verschiedene Textgenres, zum Beispiel die beschreibende Darstellung zu einem historischen Thema, eine Erörterung mit begründeter Stellungnahme oder auch historische Narrationen, die auf simulative Aufgabentypen zurückgehen.

Das Modell der historischen Online-Kompetenz, das Jan Hodel 2007 bezüglich der Anforderungen an digitales Geschichtslernen entwickelt hat, wendet historische Kompetenzkonzepte konkret auf Aspekte des historischen Lesens, Schreibens und Redens im virtuellen Raum an. Bezüglich der Kategorien Lesen und Schreiben zeigen sich beim digitalen Geschichtslernen wesentliche qualitative Veränderungen; durch Verlinkungen und Hypertextstrukturen entstehen wandelnde Narrative. In der Kategorie Reden erweitern sich die Möglichkeiten zur direkten Bezugnahme und Kommentierung im Web 2.0. Die Diskursivität von Blogs und ihre konzeptionelle Mündigkeit lässt sich in solchen Aufgabenformaten dazu nutzen, fachspezifische Lernziele, beispielsweise Multiperspektivität oder Kontroversität, zu unterstützen und zu verstärken. Durch entsprechende historische Blog- und Netzaufgaben kann das Lernsetting entsprechend gültiger Gestaltungsprinzipien von Geschichtsunterricht, wie z. B. Multiperspektivität oder Problemorientierung, angelegt werden. So schlägt Bettina Alavi vor, verschiedene Blogs von Schüler/innen aus unterschiedlichen Perspektiven schreiben zu lassen (Beispiele hierzu: s. 5. Liste | Schüler/innen-Blogs). Verlinkungen können durch die Schüler/innen entlang bestimmter historischer Kategorien (Herrschaft, Macht, Wirtschaft etc.) vorgenommen werden (Alavi/Schäfer 2008). Blogposts und Kommentare können dabei – zwar nicht so ausgeprägt wie Wikis – eine Hypertextstruktur generieren. Querverweise zu anderen Blogbeiträgen, Kommentierungen oder Netzressourcen als Bedeutungsträger in nicht mehr nur linearen Textstrukturen eröffnen neue Handlungsspielräume historischen Erzählens (Krameritsch 2008, 172 f.). Die Einbeziehung des Internets als virtueller Lernraum bedeutet auch eine Entgrenzung der verfügbar gehaltenen Informationen und Online-Ressourcen und damit eine stärkere Hinwendung zu geschichtskulturellen Aspekten.

Als besondere Herausforderung tritt beim Arbeiten in digitalen Lernumgebungen das lange als Problem wahrgenommene „Copy&Paste" hinzu. Schüler/innen sind gelegentlich unsensibel bezüglich der Aneignung fremder Texte, die sie aus anderen Internetressourcen herauskopieren. Hier ist es zunächst wichtig, beispielsweise durch Einüben von Zitierregeln, die Sensibilität von Schüler/innen zu schärfen. Jan Hodel hat darauf hingewiesen, dass die Texterstellung mittels „Copy&Paste" – vorausgesetzt, die Schüler/innen haben den Text verstanden – durchaus auch neue, produktive Formen historischen Erzählens generieren kann (Hodel 2008).

Das didaktische Potenzial von Blogs liegt also vor allem in den Möglichkeiten kooperativen und kollaborativen Lernens. Nicht einzelne Blogposts, sondern das Tableau verschiedener Beiträge, die in einen thematischen Zusammenhang gestellt werden, beschreiben und dokumentieren einen dynamischen Lernprozess. Blogs können insbesondere auch zur Dokumentation von Projektlernen eingesetzt werden.

3. Zusammenfassung und Ausblick

Blogs haben sich im deutschsprachigen Raum im vergangenen Jahrzehnt und besonders in den vergangenen ein bis zwei Jahren zunehmend als digitales Schreib- und Kommunikationstool etabliert. Wissenschaftliche und fachdidaktische Blogs erfüllen inzwischen eine wichtige Funktion zur Verbreitung wissenschaftlicher Themen und Diskussionen und bewirken einen gegenseitigen Nutzen – sowohl für die Rezipienten, die in einer sich öffnenden Wissenschaftskultur stärker und durch Kommentare auch aktiv am aktuellen Forschungsgeschehen teilhaben können, als auch für bloggende Wissenschaftler/innen, die Texte in Blogs erstens für die Öffentlichkeit meist verständlicher schreiben und zweitens Blogs auch als Möglichkeit zur Diskussion noch unfertiger Ideen oder Projektskizzen nutzen können.

Als Tool für digitales Geschichtslernen bieten Blogs ein großes didaktisches Potenzial – gerade wenn es darum geht, im Modus verschriftlichter Sprache, Schülerinnen und Schüler zu befähigen, historische Analysen sowie in sich schlüssige historische Sach- und Werturteile anzufertigen. Dabei können die spezifischen Funktionen von Weblogs helfen, entsprechende Lernarrangements zum Erwerb bzw. zur Ausbildung von Frage-, Sach- und Methodenkompetenz zu gestalten. Auch wenn es bislang noch eher wenige Best-Practice-Beispiele aus dem Bereich der historisch-politischen Bildung oder dem Geschichtsunterricht gibt, ist aufgrund der inzwischen leicht und kostenlos verfügbaren Online-Tools zur Erstellung von Weblogs zu erwarten, dass immer mehr Lehrer/innen und Akteure in der historisch-politischen Bildung Blogs aufsetzen, um in verschiedenen Lernsettings die unterschiedlichen Möglichkeiten von Blogs als kreative Schreib- und Kommunikationsräume zu nutzen. Wie bei wissenschaftlichen Blogs kann auch Schüler/innen als Produzenten von Blogposts, Kommentaren und Vernetzungen die Diskursivität von Geschichte als Aushandlungsgeschäft ins Bewusstsein gehoben werden. Wenn dies gelingt, kann beim historischen Lernen der Schritt vom reinen Geschichtskonsumenten hin zum selbstreflexiven Geschichtslerner vollzogen werden, oder – wie Rebecca Blood bereits 2000 beschrieb – „to transform both writers and readers from ‚audience' to ‚public' and from ‚consumer' to ‚creator'." (Blood 2000)

4. Liste: Blogs zu Geschichtsdidaktik und digitalem Geschichtslernen (Auswahl)

Brennpunkt Geschichte. Blog von Alexander König, Saarbrücken: [www.brennpunkt-geschichte.de/]

de.hypotheses.org. Blogportal für die deutschsprachigen Geistes- und Sozialwissenschaften: [de.hypothesis.org/]

Digitales Geschichtslernen. SeminarBlog von Alexander König, Saarbrücken, und Christoph Pallaske, Köln: [dgl.hypotheses.org]

Geo & Ges. Blog von Sabine Liebig und Ulf Kerber, Karlsruhe: geoges.ph-karlsruhe.de/wordpress/

HistNet. Blog von Peter Haber und Jan Hodel, Basel: [weblog.histnet.ch/]

Historisch denken | Geschichte machen. Blog von Christoph Pallaske, Köln: [historischdenken.hypotheses.org]

Historisch Denken Lernen. Blog von Andreas Körber, Hamburg: [koerber2005. erzwiss.uni-hamburg.de/wordpress-mu/historischdenkenlernen/]

Lehrerfreund. Blog von Berthold Metz, Freiburg i. Br. (u. a. zum Geschichtsunterricht): [www.lehrerfreund.de/schule/kat/Geschichtsunterricht]

Medien im Geschichtsunterricht. Blog von Daniel Bernsen, Koblenz: [geschichtsunterricht.wordpress.com/]

Skriptum. Studentische Onlinezeitschrift für Geschichte und Geschichtsdidaktik. Blog von Max Grüntgens und Dominik Kasper, Mainz: [www.skriptumgeschichte.de/]

Studentenfutter Blog von Manuel Altenkirch, Heidelberg: [altenkirch. wordpress.com/]

5. Liste: Schüler/innen- und Schul-Blogs zum historischen Lernen (Auswahl)

Mein Geschichtsheft: geschichte-andrea.over-blog.de/

Besuch in der KZ-Gedenkstätte Neuengamme: ewgprojektblog.wordpress. com/eine-seite/

Blog über den Ersten Weltkrieg: doro-doro.over-blog.de/

Geschichtsblog von Verena Schöck: verenageschichte.over-blog.de/

Geschichtsheft-SMZ: geschichtsheftsmz.wordpress.com/about/ (Projekt von Johannes Gienger)

Histoblog – Geschichte macht Schule: histopro.wordpress.com/

Paulskirchen-Projekt: paulskirchenprojekt.wordpress.com/

Übersicht Geschichtsunterricht 9a – Blog von Laura Fischer: laf.geschichte.9a. over-blog.de/

6. Literatur

Bettina Alavi/Marcel Schäfer: Elemente sinnvoller netzbasierter historischer Lernaufgaben – aufgezeigt an einem Beispiel, in: Bettina Alavi (Hrsg.): Historisches Lernen im virtuellen Medium. Heidelberg 2010, S. 239–252.

Daniel Bernsen/Alexaner König/Thomas Spahn: Medien und historisches Lernen: Eine Verhältnisbestimmung und ein Plädoyer für eine digitale Geschichtsdidaktik Online unter: Zeitschrift für digitale Geschichtswissenschaften, 2012 [universaar.uni-saarland.de/journals/index.php/zdg/article/view/294], eingesehen 12.10.2012.

Blogs in Schule und Unterricht nutzen, in: Medienkindheit 2.0. Lernen und Unterrichten im Web 2.0, vom 2.7.2011 [www.medienkindheit.de/elearning-und-edutainment/einfuhrungsartikel-blogs-in-schule-und-unterricht-nutzen/], eingesehen 11.10.2012.

Rebecca Blood: Weblogs: a history and perspective, in: rebecca's pocket, vom 7.9.2000 [www.rebeccablood.net/essays/weblog_history.html], eingesehen 10.10.2012.

Rebecca Blood: Weblogs: A history and perspective, in: John Rodzvilla (Hrsg.): We've got blog. How weblogs are changing our culture. Cambridge, MA 2000, S. 7–16.

Tricia M. Farwell/Matthew Krüger-Ross: Is there still a place for blogging in the Classroom? Using blogging to assess writing, facilitate engagement, an evaluate student attitude, in: Kay Kyeong-Ju Seo (Hrsg.): Using social media effectively in the classroom. Blogs, Wikis, Twitter and more. New York 2012, S. 207–221

João Gomes Gomes: Blogs: A Teaching Resource and a Pedagogival Strategy, in: Computers and Education. Towards Educational Change and Innovation. London 2008, S. 219–228.

Klaus Graf/Mareike König: Entwicklungsfähige Blogosphäre – ein Blick auf deutschsprachige Geschichtsblogs, in: Redaktionsblog de.hypotheses.org. Das Blogportal für die deutschsprachigen Geisteswissenschaften, vom 9.12.2011 [redaktionsblog.hypotheses.org/40], eingesehen 10.10.2011.

Waldemar Grosch: Das Internet als Raum historischen Lernens – eine Bestandsaufnahme, in: Uwe Danker/Astrid Schwabe (Hrsg.): Historisches Lernen im Internet. Geschichtsdidaktik und neue Medien. Schwalbach/Ts. 2008, S. 13–35.

Waldemar Grosch: Der Einsatz digitaler Medien in historischen Lernprozessen, in: Michele Barricelli/Martin Lücke (Hrsg.): Handbuch Praxis des Geschichtsunterrichts, Bd. 2. Schwalbach/Ts. 2012, S. 125–145.

Peter Haber: Anmerkungen zur Narrativität und zur Medialität von Geschichte im digitalen Zeitalter, in: Uwe Danker/Astrid Schwabe (Hrsg.), Historisches Lernen im Internet. Geschichtsdidaktik und neue Medien. Schwalbach/Ts. 2008, S. 196–204.

Peter Haber: Digital Past. Geschichtswissenschaft im digitalen Zeitalter. München 2011.

Hadija Haruna: Wenn Lehrer bloggen, in: Zeit-Online, vom 20.8.2012. Abrufbar unter: [http://www.zeit.de/2012/33/C-Bloggende-Lehrer], eingesehen 10.10.2012.

Jan Hodel: Historische Online-Kompetenz. Informations- und Kommunikationstechnologie in den Geschichtswissenschaften, in: Rainer Pöppinghege (Hrsg.): Geschichte lehren an der Hochschule. Bestandsaufnahme, methodische Ansätze, Perspektiven. Schwalbach 2007, S. 194–210.

Jan Hodel: Historische Narrationen im digitalen Zeitalter, in: Uwe Danker/ Astrid Schwabe (Hrsg.): Historisches Lernen im Internet, Schwalbach 2008, S. 182–195.

Jan Hodel: Geschichtslernen mit Copy and Share, in: Bettina Alavi (Hrsg.): Historisches Lernen im virtuellen Medium. Heidelberg 2010, S. 111–129.

Klicksafe (2012): Urheberrecht, 2012 [http://www.klicksafe.de/themen/ downloaden/urheberrecht], eingesehen 11.01.2013.

Alexander König: Digital Storytelling im Geschichtsunterricht. Aktive Medienarbeit mit Windows Movie Maker, in: Computer + Unterricht 79 (2010), S. 33–35.

Alexander König: Historisches Lernen mit Lernmanagementsystemen – MOODLE im Geschichtsunterricht, in: Bettina Alavi (Hrsg.): Historisches Lernen im virtuellen Medium. Heidelberg 2010, S. 131–150.

Jakob Krameritsch: Schreiben für das WWW: Bloggen und Hypertexten, in: Wolfgang Schmale (Hrsg.): Schreib-Guide Geschichte. Schritt für Schritt wissenschaftliches Schreiben lernen. Wien u. a. 2006, S. 231–271.

Heinz Moser: Einführung in die Netzdidaktik. Lehren und Lernen in der Wissensgesellschaft. Zürich 2008.

Heinz Moser/Peter Holzwarth: Mit Medien arbeiten. Lernen. Präsentieren. Kommunizieren. Wien u. a. 2011.

Medienpädagogischer Forschungsverbund Südwest (Hrsg.): JIM 2011. Jugend, Information, (Multi-)Media. Basisstudie zum Medienumgang 12- bis 19-Jähriger in Deutschland. Abrufbar unter: [http://www.mpfs.de/fileadmin/JIM-pdf11/JIM2011.pdf], eingesehen 10.10.2012.

Gabi Reinmann/Martin Eppler: Wissenswege. Methoden für das persönliche Wissensmanagement. Bern 2008.

Will Richardson: Wikis, Blogs und Podcasts. Neue und nützliche Werkzeuge für den Unterricht. Überlingen 2011.

Duncan Riley: A short history of blogging, in: The Blog Herald, vom 6.3.2005. Abrufbar unter: [http://www.blogherald.com/2005/03/06/a-short-history-of-blogging/], eingesehen 10.10.2012.

Lisa Rosa: Unterrichts- und Schulblogs, in: Blogwerkstatt, vom 29.10.2010. Abrufbar unter: [http://lisarosa.wordpress.com/praxisbeispiele/unterrichts-und-schulblogs/] eingesehen 12.10.2012.

Ulrike Scheuermann: Schreibdenken: Schreiben als Denk- und Lernwerkzeug nutzen und vermitteln. Opladen u. a. 2012.

Webblogs, in: ZUM (Zentrale für Unterrichtsmedien)-Wiki, vom 10.8.2012. Abrufbar unter: [http://wiki.zum.de/Weblogs], eingesehen 10.10.2012.

Jörg Zumbach: Lernen mit neuen Medien. Instruktionspsychologische Grundlagen. Stuttgart 2010.

Axel Bruns und Jean Burgess
Blogforschung: Der ‚Computational Turn'

ForscherInnen aus Sozial- und Geisteswissenschaften interessieren sich seit nunmehr einem Jahrzehnt für Blogs, Online-Tagebücher und Online-Journale. Auch wenn die Zuwachsrate der Blogosphäre seit der Blütezeit des Bloggens in den 2000ern stagniert, bleiben Blogs doch eines der bedeutendsten Genres der internetgestützten Kommunikation. Tatsächlich ist nach der Massenabwanderung zu Facebook, Twitter und anderen erst in jüngerer Zeit entstandenen Kommunikationsmitteln eine etwas kleinere, aber umso stärker etablierte Blogosphäre von engagierten und eingeschworenen Teilnehmenden übriggeblieben. Blogs werden mittlerweile als Teil einer institutionellen, persönlichen und Gruppen-Kommunikationsstrategie akzeptiert. In Stil und Inhalt liegen sie zwischen den statischeren Informationen auf konventionellen Websites und den ständig aktualisierten Facebook- und Twitter-Newsfeeds. Blogs ermöglichen es ihren AutorInnen (und deren KommentatorInnen), bestimmte Themen im Umfang von einigen hundert bis zu einigen tausend Wörtern zu durchdenken, in kürzeren Posts ins Detail zu gehen und ggf. intensiver durchdachte Texte anderswo zu publizieren. Zudem sind sie auch ein sehr flexibles Medium: Bilder, Audio-, Video- sowie andere Materialien können mühelos eingefügt werden – und natürlich auch *das* grundlegende Instrument des Bloggens: Hyperlinks.

Tatsächlich darf die Rolle des Links in Blogs und Blogposts nicht unterschätzt werden. Mit welchem Genre oder Thema auch immer sich individuelle Bloggende beschäftigen, meistens wird das eigene Blog dazu genutzt, zeitnahe Aktualisierungen und Kommentare zur Verfügung zu stellen, die dann typischerweise zu relevanten Einträgen anderer Bloggenden und ebenso zu früheren eigenen Posts verlinken. Beide Spielarten verlinken also zu weiteren Informationen über die aktuellen Themen der Bloggenden, sowie zu von ihnen als interessant oder kritikwürdig empfundenen Nachrichten und Artikeln.

Speziell dort, wo Bloggende Teil einer größeren AutorInnen-Gemeinschaft sind, die ähnliche Interessen oder Ansichten teilt, stellt das wechselseitige Schreiben und Verlinken von Posts eine asynchrone, dezentralisierte Konversation dar, die sich über Tage, Wochen und Monate entfaltet. Solche Gemeinschaften erkennt man oft an den Blogrolls, die sich meist in einer Seitenleiste auf der Blogsite befinden und die Freunde oder Favoriten der BloggerIn auflisten. Links in Blogs verhalten sich dabei durchaus anders als etwa Links in Facebook-Posts oder Tweets: während das schnelle Weiterleiten von meist nur kurz kommentierten Links auf Facebook oder Twitter eine weitverbreitete Aktivität darstellt, die auch von den von diesen Sozialen Netzwerken bereitgestellten Posting-Funktionen ausgiebig unterstützt wird, so sind Bloggende aus technischen wie auch aus inhaltlichen Gründen meist deutlich zurückhaltender in ihrer Nutzung von Links. Die Präsenz eines Hyperlinks in einem Blogpost, oder auch die Verlinkung zu einem anderen Blog in der Blogroll, stellt daher eine bedeutendere Herausstellung des Linkrezipienten dar, als dies in anderen sozialen Medien der Fall ist. In der Blogosphäre ist der Hyperlink somit eine wichtige Währung (Farrell & Drezner, 2008).

Blogforschung ist daher aus zahlreichen Gründen interessant: Einmal kann eine qualitative Analyse eines oder mehrerer Blogs die kognitiven und kommunikativen Prozesse aufzeigen, durch die einzelne Bloggende ihre Online-Identität definieren, sich zu Blogger-KollegInnen positionieren, bestimmte Sachgebiete, Themen und Geschichten formulieren und sich auf unterschiedliche Gesichtspunkte einlassen. Blogforschung gibt auch Aufschluss darüber, wie sich solche Prozesse in verschiedenen Interessensgemeinschaften unterscheiden. Geprägt werden diese Standpunkte vielleicht durch unterschiedliche gesellschaftliche Stellungen, bestimmte Interessensschwerpunkte, den sozioökonomischen Hintergrund individueller BloggerInnen, oder durch andere externe bzw. interne Faktoren.

Eine solche qualitative Forschung blickt bereits auf eine jahrzehntelange Geschichte zurück (für die wichtigsten Sammlungen, s. Gurak, et al., 2004; Bruns und Jacobs, 2006; s. auch Walker Rettberg, 2008) und ist vor kurzem auch dazu übergegangen, Blog-Praktiken in verschiedenen Kulturen zu vergleichen (Russell und Echchaibi, 2009). In anderen Studien wurden in großangelegten Umfragen die Gepflogenheiten und Motivationen von Bloggeden in bestimmten Ländern aus einer soziologischen Perspektive untersucht (e.g. Schmidt, 2009). In wiederum anderen Szenarien wurden Blogs fächerübergreifend als Werkzeuge für reflexives Lernen und Diskutieren sowohl in Pflichtschulen als auch in Hochschulen eingesetzt (Burgess, 2006).

Der „Computational Turn"

Während der letzten Jahre ist ein anderer, bedeutender Zugang zur Blogforschung entstanden – und zwar als Teil dessen, was David Berry (2010) als den „Computational Turn" bezeichnete: die zunehmende Verfügbarkeit von Werkzeugen für die halbautomatische Erfassung und Analyse von großen Korpora von (u. a.) Web-Inhalten, und die Entwicklung von Forschungsmethoden sowohl in den Geistes- als auch in den Sozialwissenschaften, die diese neuen Möglichkeiten oft in interdisziplinären Forschungsteams nutzen. In der Blogforschung ist die Etablierung solcher Praktiken zweischneidig: Die frühesten dieser Forschungsprojekte (s. z. B. Adamic und Glance, 2005) sind hauptsächlich auf die in Blogseiten eingebundenen Links fokussiert. Sie nutzen diese, um Netzwerkstrukturen und die dadurch offenbarten Verkettungen darzustellen. Das geschieht mittels Web-Crawler-Software – wie dem frei verfügbaren Issue-Crawler (www.issuecrawler.net) –, die vorhandene Links aus einer Sammelliste von Webseiten identifiziert und ihnen folgt, um das Netzwerk der in der Liste angegebenen Websites zu ermitteln. Durch die Analyse der Verkettungsmuster ist es z. B. möglich, die Sites mit den meisten eingehenden Links zu identifizieren (diese sind daher als zentrale Informations- und Meinungsträger zu erkennen), jene mit den meisten ausgehenden, aber relativ wenigen eingehenden Links (also am Rande stehende Sites, die „zuschauen"), und solche, die viele Links erhalten *und* häufig zu anderen verlinken (also Sites, die in der Terminologie der Netzwerkanalyse die größte Zentralität im Netzwerk haben, und als dessen wichtigste Knotenpunkte agieren). Zudem können Netzwerke auch eine mehr oder wenige ausgeprägte Clusterbildung aufweisen, d. h. Sites in bestimmten Gruppen sind untereinander stark verlinkt, aber nicht mit Sites rivalisierender Gruppen. In ihrer Untersuchung von politischen Blogs während des US-Wahlkampfs 2004 haben z. B. Adamic und Glance (2005) herausgefunden, dass sich Bloggende der zwei politischen Lager stark mit Gleichgesinnten vernetzten, aber bedeutend seltener mit ihren politischen Gegnern.

Eine solche Analyse ist weit über das relativ enge Feld des expliziten politischen Bloggens hinaus interessant, weil sie sowohl über die Strukturierung der Blogosphäre hinausgehende Informationen liefert, als auch Auskunft über interne Strukturen kleinerer Interessensgruppen oder Identitäten gibt. In diesem Zusammenhang ist es jedoch wichtig zu betonen, dass konventionelle Web-Crawler in mehreren entscheidenden Punkten in ihren Möglichkeiten begrenzt sind: Erstens neigen sie dazu, nicht zwischen Blogs und anderen Arten von Websites zu unterscheiden, und müssen darauf trainiert werden, Links, die häufig in den analysierten Sites vorhanden, aber für die Studie selbst irrelevant sind, zu ignorieren (z. B. zu Google-Suchfunktionen oder zu Blog-Plattform-Providern wie Wordpress und Blogger). Ein unbearbeiteter, von einem Crawler generierter Link-Bestand kann deshalb eine ganze Reihe von Links enthalten, die abhängig vom Fokus der Netzwerkanalyse manuell entfernt werden müssen.

Zweitens können Crawler üblicherweise nicht zwischen verschiedenen Link-Typen innerhalb eines Blogs unterscheiden. Eine typische Blogseite enthält neben dem Blogeintrag Kopfzeilen (Headers), Fußzeilen (Footers) und Seitenleisten (Sidebars) sowie alle möglichen Kommentare der Leserschaft. Hyperlinks erfüllen in jeder dieser Sektionen sehr verschiedene diskursive Rollen. Links in Seitenleisten, Kopf-, und Fußzeilen können beispielsweise lediglich der Navigation dienen, die der Leserschaft einen einfachen Zugang zu verschiedene Sektionen der Blogsite ermöglichen. Sie sollten normalerweise gänzlich aus einer Analyse ausgeschlossen werden. Einige Links in den Seitenleisten (z. B. in Blogrolls) wiederum können relevant sein, aber eine gänzlich andere Rolle als Links im Blogeinträgen spielen: Während Links in Blogrolls nur die Zugehörigkeit anzeigen (indem sie über die langfristigen Interessen von Bloggenden an anderen Sites informieren), sind Links in Blog*einträgen* viel unmittelbarer diskursiv (sie beziehen sich direkt und eindeutig auf das Thema des Blogeintrags selbst und sind möglicherweise nur für diesen relevant). Tatsächlich ist es z. B. möglich, dass Bloggende ihre Verbindung mit anderen Blogs durch die Blogrolls anzeigen, aber nur selten zu aktuellen Einträgen dieser Blogs verlinken. Jede Analyse, die die Links der Blogrolls und diskursive Links gleichwertig behandelt, riskiert eine Reihe falsch positiver Resultate: Sie zeigt eine enge Zusammenhörigkeit zwischen Sites, die jeweils auf den Blogrolls der anderen auftauchen, die aber in ihren Blogeinträgen fast gar nicht miteinander „sprechen". (Schließlich gehören natürlich alle Links in den Kommentaren eines Blogeintrags noch zu einer weiteren Kategorie – hier sind die Bloggenden selbst nicht einmal die AutorInnen dieser Links, sodass die Links weder die Zugehörigkeit der Bloggenden noch ihr diskursives Interesse an der verlinkten Site zeigen.) Eine fortschrittlichere Crawling- und Datenerfassungs-Technologie, die verlässlich zwischen diesen verschiedenen Linktypen unterscheidet, wäre daher wünschenswert. Sie wird derzeit auch von verschiedenen Projekten entwickelt, ist aber leider nicht generell verfügbar.

Drittens bieten Crawling-Prozesse der Forschung keine Möglichkeit, zeitliche Limits für die Auswahl an Blogeinträgen aus einem Korpus zu setzen, auch wenn dies für zahlreiche Zusammenhänge von entscheidender Bedeutung ist. Wie bereits beschrieben, nehmen Crawler die URL einer bestimmten Webseite, identifizieren die Links auf dieser Webseite, und wiederholen dann den Crawling-Prozess (in mehreren Durchläufen) mit jeder der neuen Seiten, die von diesen Links identifiziert wurden. Auch wenn in einer Liste von URLs Blogeinträge eines bestimmten Zeitabschnitts gesammelt werden (sagen wir, aus der letzten Woche), bedeutet dies nicht, dass in der Folge nur die Verlinkungen in den Blogs des genannten Zeitabschnitts analysiert werden. Denn wenn einer oder mehrere der Einträge auf ältere Posts verlinken, kann der vom Crawler untersuchte Link-Korpus auf ein Netzwerk von Blogeinträgen verweisen, das sich über einen Zeitraum von einigen Monaten oder sogar Jahren erstreckt. Jedoch interessiert sich das Forschungsprojekt selbst vielleicht nur für die Verkettungen zwischen den Blogs während eines laufenden Monats oder einer Woche, um herauszufinden, welche Blogs die wichtigsten Meinungsbildner in jenen Themenbereichen sind, die die Community aktuell bewegen, und wie diese Meinungsführerschaft sich über die Zeit verändert. Künftige Forschungswerkzeuge und Methodologien werden sich mit solchen Einschränkungen beschäftigen müssen. Sie können auch zu einer Abkehr von crawling-basierten Methoden hin zu Ansätzen führen, die neue, *gerade erstellte* Blogeinträge aus einer langen Liste von bekannten Blogs inklusive ihrer Zeitstempel erfassen. Dies ermöglicht dann die Analyse einer Auswahl jener Einträge aus der großen Datensammlung, die innerhalb einer bestimmten Zeitspanne gemacht wurden (wir beschreiben ein solches System in Kirchhoff et al., 2009, und Bruns et al., 2008b).

Indem andere Mittel als (oder zusätzlich zu) Web-Crawler(n) benutzt werden, kann nicht nur das Muster der Verkettungen zwischen den Blogs untersucht, sondern es können die Bloginhalte selbst, und dies in größerem Umfang, analysiert werden. Wenn Blogeinträge erschlossen und in einer lokalen Datenbank gespeichert werden, ist die Verwendung von Werkzeugen möglich, die automatische Textanalyse anbieten. Solche Werkzeuge sind üblicherweise eine Art von Web-Content-Scraper – eine Software, die den Inhalt aus einer Liste von URLs erfasst und auswertet (normalerweise als reinen Text oder HTML). Auch hier ist es notwendig, sicherzustellen, dass der Scraper zwischen dem diskursiven Textinhalt der Blogeinträge selbst und dem zweckmäßigen oder floskelhaften Text aus Seitenleisten, Kopf- und Fußzeilen sowie den Kommentaren der Leserschaft unterscheidet – denn in fast allen Forschungsszenarios ist nur der Text der Blogeinträge selbst relevant für die Analyse. Außerdem müssen Forschende bei der Nutzung von Scrapern natürlich die rechtlichen und ethischen Implikationen abschätzen (womit wir uns weiter unten im Detail befassen werden): Beispielsweise ist zu überlegen, ob die Erfassung solcher Inhalte aufgrund der einschlägigen „fair use"- oder „fair dealing"-Vorschriften im gültigen Urheberrecht zulässig ist und ob (auch wenn das erfasste Material online öffentlich zugänglich ist) Blogposts anonymisiert oder die Identitäten der AutorInnen verschleiert werden sollten.

Wenn für diese Fragen Lösungen gefunden werden können, kann die Erzeugung eines solchen Textbestandes – zusätzlich zu den Informationen über Verkettungsmuster, die von Scrapern oder ähnlichen Werkzeugen erzeugt werden können – weitere Forschungsmöglichkeiten eröffnen. Halbautomatisierte Textanalyse-Werkzeuge können Ranglisten der am meisten benutzten Schlüsselwörter innerhalb eines bestimmten Blogs, aus einer Gruppe von Blogs, oder während eines bestimmten Zeitraumes erstellen. Diese liefern Informationen über Kernthemen der Bloggenden (haben z. B. Bloggende, die zu verschiedenen Gruppen in einem Link-Netzwerk gehören, verschiedene Themenvorlieben?) sowie über einen Wechsel der allgemeinen Interessen im Laufe der Zeit (z. B. als Antwort auf externe Stimuli wie Nachrichten oder aktuelle Ereignisse). Textanalyse-Software wie Leximancer bietet auch die Möglichkeit, Muster wie Kookkurrenz zwischen individuellen Schlüsselwörtern festzustellen: Auf diese Weise lassen sich Gruppen von Schlüsselbegriffen identifizieren, die gemeinhin nebeneinander verwendet werden. Diese Begriffsgruppen zeichnen somit ein besseres Bild von Themenbesetzungen innerhalb eines einzelnen Blogs (oder einer Gruppe von Blogs, oder während einer bestimmten Zeitperiode), als es eine bloße Rangliste der am häufigsten verwendeten Schlüsselwörter tun kann (cf. Bruns, et al., 2008a). Sie vermitteln sogar einen ersten Einblick davon, wie spezielle Themen eingebettet sind: Kookkurrenz von Namen bestimmter Personen oder Organisationen mit emotional besetzten Themen („schlau", „unehrlich", „sexy", „stark", …) können auf die generelle Wahrnehmung der untersuchten Bloggenden hinweisen.

Kombination von quantitativen und qualitativen Ansätzen

Solche Beispiele erklären auch, warum ein rein rechnerischer, quantitativer Ansatz bei der Blogforschung selten ausreichend ist. Netzwerkvisualisierungen von Links und inhaltliche Analyse der Schlüsselwörter können auch dort, wo hochentwickelte Werkzeuge für die Erfassung großer Datenmengen benutzt werden, im Großen und Ganzen nur Annäherungswerte an die Aktivitäten der Bloggenden und Blog-UserInnen liefern und sollten nie als gänzlich schlüssige Analysen betrachtet werden. Obwohl Clustering-Tendenzen bei Link-Netzwerken und Schlüsselbegriffen ein scheinbar überzeugendes Bild von Beziehungen und Verbindungen zeichnen können, ist es, erstens, doch notwendig, mindestens durch stichprobenartige qualitative Analyse die engeren Zusammenhänge zwischen Knoten im Netzwerk zu überprüfen und diese zu interpretieren. In Link-Netzwerken kann beispielsweise häufiges und wechselseitiges Verlinken zwischen zwei Blogs das Zeichen einer engen Beziehung sein – zwischen zwei Bloggenden, die eine herzliche und inhaltsreiche Konversation pflegen –, aber es könnte auch auf ein erbittertes, langgezogenes Wortgefecht hindeuten. In ähnlicher Weise können das gleichzeitige Aufscheinen des Namens eines Politikers und von Schlüsselwörtern wie z. B. „schlau" und „klug" im Textmaterial ein Zeichen für einen hohen Zustimmungsgrad sein – aber andererseits könnten solche Ausdrücke auch ironisch benutzt worden sein und so genau das Gegenteil bedeuten. Ein genaues Bild wird man nur erhalten, wenn Forschende wenigstens einen Teil des erfassten Materials zur Verifikation ihrer Interpretationen *in situ* untersuchen.

Zweitens, und das ist von größerer Bedeutung, birgt die Benutzung von automatisierten Werkzeugen wenigstens für einen Teil der Analyse – auch wenn es grundsätzlich notwendig ist, die potentiell sehr großen Datensätze, die der computerunterstützte Ansatz erzeugen kann, automatisch zu verarbeiten – die Gefahr, dass Forschende diese Werkzeuge wie eine Black Box behandeln, deren innere Funktionalität nicht verstanden werden muss, solange sie „richtig aussehende" Resultate produziert. Tatsächlich könnte der „Computational Turn" in einem erheblichen Ausmaß auch als Entwicklung hin zu mehr Daten-Visualisierung beschrieben werden – aber jeder auch nur beiläufige Blick auf die Visualisierungsforschung zeigt eine Vielzahl von Ansätzen, die Rohdaten in Graphen verwandeln können. Entscheidungen, die während der Datenvisualisierung getroffen wurden, sind weit davon entfernt, nur ein neutraler Schritt im Analyseprozess zu sein, und können stattdessen einen entscheidenden Einfluss auf die Interpretation der Forschungsergebnisse haben. Sie können Forschende möglicherweise dazu verführen, Schlüsse aus ihren Studienobjekten zu ziehen, die einem genaueren Blick auf die Ursprungsdaten nicht standhalten. Wenn beispielsweise graphische Abbildungen von Link-Netzwerken oder der Kookkurrenz von Schlüsselwörtern erzeugt werden, müssen WissenschaftlerInnen fragen, aufgrund welcher mathematischer oder netzwerktheoretischer Basis einzelne Knoten im Netzwerk in bestimmten Abständen voneinander oder in speziellen Gruppierungen zueinander gesetzt werden. Dies ist insbesondere auch ein Aufruf, interdisziplinäre Forschungsteams zu bilden, in denen Fertigkeiten in Kultur- und Kommunikationswissenschaften, Soziologie und Netzwerk-Mapping vereint werden.

Schließlich muss betont werden, dass die über die beschriebenen Methoden gewonnenen Daten – unabhängig davon, wie ausgeklügelt die Forschungswerkzeuge sind – immer nur annäherungsweise die tatsächlichen Aktivitäten von Bloggenden bzw. deren Leserschaft abbilden. Während Blogposts eindeutig als mehr oder weniger öffentliche Meinungsäußerungen der Bloggenden beabsichtigt sind, können die dahinter stehenden Individuen nicht nur als durch die jeweils verkündeten Meinungen konstituiert angesehen werden. Ihre Blog-Inhalte repräsentieren nur die – oder, genauer, *eine* – öffentliche Facette der AutorIn, die privat oder in einem anderen Kontext ganz anders auftritt. In ähnlicher Weise sind wir beim Analysieren eines Link-Netzwerks zwischen Blogs daran interessiert, ein Gespür für den ungefähren Verkehr an Lesern zu bekommen, der uns im Gegenzug eine Vorstellung über den Einfluss von bestimmten Bloggenden und deren Ansichten auf die weitere Community (von LeserInnen und AutorInnen) in der Blogosphäre gibt. In Ermangelung eines Zugangs zu den oft hochbegehrten (und sehr teuren) Netzverkehrsdaten, die über Online-Marktanalyse-Firmen wie Alexa (alexa.com/) oder Hitwise (hitwise.com/) beschafft werden, können ForscherInnen Verlinkungsmuster als einen vernünftigen und einigermaßen genauen Indikator für den wahrscheinlichen Netzverkehr nutzen: Die Annahme einer Korrelation zwischen eingehenden Links und eingehendem Netzverkehr ist zulässig, weil einerseits viele eingehende Links von anderen Blogs zu einer Site es wahrscheinlicher machen, dass Blog-LeserInnen die Site finden, und weil andererseits mehr eingehende Links auch die Gesamtwertung der Site in Suchmaschinen wie Google erhöhen. Davon unabhängig können wir weiter erwarten, dass die höhere Sichtbarkeit, die aus einer größeren Besucherzahl resultiert, diesen Sites auch mehr Dominanz über und Einfluss auf die Meinungsbildung der Leserschaft gibt. Das ist natürlich wiederum eine Annahme, die erst dann genauer überprüft werden kann, wenn Forschende dazu bereit sind, einen Exkurs in das Feld der Kognitionswissenschaften zu unternehmen, wo die Frage der Auswirkungen der Medien auf die Leserschaft weiterhin heiß umstritten bleibt.

Auswirkungen des „Computational Turn"

Unter dem Einfluss unterschiedlicher fachlicher Schwerpunkte und Forschungsagenden ist das neu entstehende Feld in der Online-Forschung, welches auf diese computergestützte Ergänzung (oder für manche Beobachter, Ersetzung) konventionellerer sozialwissenschaftlicher Forschungsmethoden fußt, als „Web Science" beschrieben worden (Hendler et al., 2008). Dieser Paradigmenwechsel geht mit ähnlichen Bewegungen in den „Digital Humanities" einher, wo die Verfügbarkeit von unüberschaubaren digitalen Datenmengen nicht nur die spezifischen Methoden verändert, sondern auch die Methodologie von bestimmten Unterdisziplinen als Ganzes (Manovich, 2007; Moretti, 2005) neu ausrichtet. Manovich (2005) prägt den Ausdruck „Cultural Analytics", um die Art und Weise zu beschreiben, in der computerunterstützte Ansätze nicht nur die Methoden, sondern in gewisser Weise auch das Studienobjekt der geisteswissenschaftlichen Forschung selbst verwandeln. Während wir in diesem Aufsatz nicht den Platz haben, die ganze Bandbreite von erkenntnistheoretischen und methodologischen Ansätzen aufzuzeigen, die mit dem „Computational Turn" assoziiert werden, sind WissenschaftlerInnen, die ein Interesse an den hier verfügbaren Möglichkeiten haben, angehalten, die in verschiedenen Disziplinen vorhandenen Aspekte und Zugänge kennen zu lernen und zu verstehen, wie sie sie auf ihre eigene Arbeit anwenden können. Dies muss auch in dem Wissen geschehen, dass sowohl Methoden und Methodologien als auch disziplinäre Rahmenbedingungen in diesem neuen Forschungsbereich immer noch höchst wandlungsfähig sind und bleiben.

Sichtbar wird jedenfalls, dass unabhängig von der künftigen Benennung des Forschungsfeldes der Bereich der Forschungsethik mit einiger Dringlichkeit in Angriff genommen werden muss. Die hier verwendeten computerunterstützen Forschungswerkzeuge sind leistungsfähig, und sollten nicht gedankenlos genutzt werden. Immerhin haben wir in den letzten Jahren schon umfangreiche Debatten über die öffentliche Freigabe von großen Datenmengen

und/oder über die breit angelegte Erfassung von persönlichen Daten – von
Suchmaschinen-Anfragen (van Wel und Royakker, 2004), Facebook-Daten
(Zimmer, 2010, But the data) und Twitter-Updates (Zimmer, 2010, Is it Ethical)
– gesehen, die mit computergestützten Analysewerkzeugen, ähnlich den hier
beschriebenen, erstellt wurden.

Die Macht dieser neuen Werkzeuge verschärft dramatisch die bestehenden
Schwierigkeiten, etablierte forschungsethische Abläufe auf Online-Forschung,
bei der es um Menschen geht, zu übertragen. Ethische Fragen entstehen in jedem Abschnitt der Online-Forschung, der sich mit von Usern geschaffenen Inhalten und Kommunikationsbeiträgen beschäftigt. Bei computerunterstützten
Ansätzen zur Blogforschung betreffen sie zwei große, miteinander verbundene
Problemfelder, von denen jedes Auswirkungen darauf hat, wie wir verschiedene
im Forschungsprozess getroffene Entscheidungen als ethisch begreifen können.
Erstens, sind Blogs „Publikationen", oder eher mit persönlicher Kommunikation verwandt? Zweitens, sollten individuelle Bloggende deshalb als AutorInnen
betrachtet oder als Forschungs-„Subjekte" behandelt werden?

Um dieses Dilemma zu illustrieren: Computerunterstützte Blog-Forschung
kann das Erfassen, Sammeln und Analysieren der tatsächlichen Inhalte einer
großen Anzahl (hunderter, oder sogar tausender) Blogs mit einbeziehen. Abhängig von der schlussendlichen Form der wissenschaftlichen Analyse wird
eine Entscheidung getroffen werden müssen, ob diese Inhalte wörtlich zitiert
werden können (etwa um Befunde zu veranschaulichen), und wenn ja, ob sie
ihren AutorInnen zugeschrieben oder die Zuschreibung anonymisiert werden
soll. Um das zu beantworten, müssen Forschende im Hinblick auf die Sammlung und spätere öffentliche Zurverfügungstellung der Daten auf Fragen über
Privatsphäre sowie schriftstellerische Selbstbestimmung (z. B. in Hinsicht auf
Fragen des Urheberrechts) eingehen. Dazu gibt es allerdings keine einfachen
und direkten Antworten, und sogar in Kleinprojekten hat sich dies bisher als
kontrovers erwiesen (siehe eine ausführliche Diskussion in Bruckman, 2002).
Eine Möglichkeit wäre, dass Blogs ganz einfach Publikationen sind, und deshalb
ihr Inhalt zitiert und im Rahmen des Urheberrechts wiederverwendet werden
kann; tatsächlich kann eine solche Wiederverwendung von Blog-Material dem
kreativen Werk der Blog-AutorInnen zusätzliche Beachtung verschaffen. Aus
einer Perspektive aber, die die Vielfalt der eigentlichen Praktiken und Diskussionen der Bloggenden selbst berücksichtigt, könnte man zu dem Schluss
kommen, dass zwar einige Blogs, speziell aus dem Bereich der Politik und
des Journalismus, eindeutig „öffentlicher" Natur sind, andere aber als private
Medien für ein begrenztes gedachtes Publikum funktionieren – eine persönliche, personenbezogene Öffentlichkeit, wie Schmidt (2011) sie beschreibt –,
so dass eine von der ursprünglichen Intention abweichende Verbreitung dieser
Bloginhalte die Privatsphäre oder Handlungsfreiheit der AutorInnen verletzte.

Es ist unmöglich, die Antworten auf diese Fragen im Voraus zu finden, weil Bloggen kulturell komplex und vielfältig ist und sich die Antworten selbst im Fall von einzelnen Blogs im Laufe der Zeit oder aus vielfältigen anderen Umständen ändern können. Im Zusammenhang mit Großprojekten, die auf automatisierter Datenerfassung und -analyse beruhen, ist zudem die sonst gängige Praxis des Einholens einer Nutzungs- und Analyseerlaubnis von allen Untersuchungsteilnehmenden zur Umgehung der ethischen Problematik in der Regel impraktikabel. Aufgrund dieser Komplexität sind die etablierten sozialwissenschaftlichen Forschungsabläufe selten geeignet, solchen Themen adäquat zu begegnen, weshalb es wichtig ist, dass angehende BlogforscherInnen sich gründlich mit den einschlägigen Diskussionen und den aktuellen Meinungen zur bestehenden Best Practice im Bereich der Internet-Forschungsethik auseinandersetzen. Nur das kann einen gut begründeten Standpunkt garantieren, wenn Fälle vor einen ethischen Untersuchungsausschuss oder eine Ethikkommission gebracht werden. Es gibt einige maßgebliche Online-Forschungs-Handbücher, die diese sich entfaltenden Debatten zusammenfassen (s. z. B. Buchanan, 2004; Burnett et al., 2010). Zusätzlich bietet die Association of Internet Researchers (aoir.org/), die sich auch mit dem Thema Ethik in der Internetforschung beschäftigt, ein nützliches Handbuch über derzeit generell einvernehmlich gesehene Bereiche und über fortlaufende Debatten in der Internet-Forschungsgemeinschaft (Ess et al., 2002).

Eine andere Herausforderung für die an den meisten Universitäten üblichen ethischen Prüfvorgänge ist, dass es speziell für großangelegte Forschungsprojekte in einem neu entstehenden Forschungsfeld nicht immer möglich ist, im Planungsstadium alle ethischen Fragen vorauszusehen und anzusprechen – geschweige denn, Lösungen für Fragen zu finden, die im Laufe des Projektes entstehen werden –, da das Forschungsobjekt selbst ständig im Wandel begriffen ist. Forschung, die die hier beschriebenen großangelegten computerunterstützten Methoden nutzt, wird nicht nur unmittelbar zwischen den komplexen ethischen Wägbarkeiten navigieren müssen, sondern trägt auch mit jeder methodologischen und daraus folgenden technologischen Entscheidung dazu bei, diese ethischen Problemkomplexe weiter auszuformen. Deshalb ist es wichtig, dass ein reflexiver und offener Ansatz, der von den Debatten rund um die Internetforschungsethik geprägt ist und auf sie eingeht, Eingang in die während des Forschungsprozesses erwachsende Methodologie findet.

Eine englischsprachige Version dieses Artikels erschien zuerst unter dem Titel „Doing Blog Research" in: Research Methods & Methodologies in Education (Thousand Oaks, Calif.: Sage, 2012), herausgegeben von James Arthur et al.

Weitere empfohlene Lektüre

Jill Walker Rettberg: Blogging. Cambridge 2008.
Als eine der ersten Akademikerinnen, die Blogs und Blogging untersuchte, bietet Walker eine grundlegende Einführung zur Geschichte der Form, und erläutert aktuelle Themen, Fragen und Forschungsmöglichkeiten.

Richard Rogers: The End of the Virtual: Digital Methods. Antrittsvorlesung, University of Amsterdam, 08.05.2009 [www.govcom.org/publications/full_list/oratie_Rogers_2009_preprint.pdf], eingesehen 15.12.2010.
Rogers, der Gründer von Govcom.org, einer unabhängigen Organisation, die das Forschungswerkzeug IssueCrawler zur Verfügung stellt, beschreibt den ‚Computational Turn' in den Internetforschungsmethoden und erläutert die sich daraus ergebenden Herausforderungen.

Nancy K. Baym: Personal Connections in the Digital Age. Cambridge 2010.
Indem sie soziale und mobile Medien in der weiteren Medienumwelt ansiedelt, deren Teil sie sind, demonstriert Baym die wachsende Wichtigkeit von nichtmassenmedialen Formen für das tägliche Leben, Beziehungen und Kommunikation. Sie zeigt deutlich auf, warum weitere Forschung in diesem Feld notwendig und wichtig ist.

Nigel Shadbolt/Tim Berners-Lee: Web science emerges, in: Scientific American, Oct. 2008, S. 32–37.
Mitverfasst von Tim Berners-Lee, dem Erfinder des World Wide Web, erklärt dieser kurze Artikel die Ideen hinter der „Web Science"-Initiative für eine quantitative, daten-getriebene Erforschung der Nutzung des Webs. Er enthält auch nützliche weitere Referenzen.

Fragen zur weiteren Ermittlung

– Welches analytische Rahmenwerk existiert, um die Daten, die jetzt von Blogs und anderen Social-Media-Plattformen in großem Ausmaß erfasst werden können, zu hinterfragen und auszuwerten?
– Welche Unterschiede oder Ähnlichkeiten existieren zwischen bestimmten (thematisch, demographisch oder anders definierten) Abschnitten innerhalb der gesamten Blogosphäre, und/oder zwischen verschiedenen Blogosphären, die sich etwa durch ethnische Zugehörigkeit, Sprache, Geographie oder Nationalität differenzieren?

- Was ist die Dynamik der Blogaktivitäten: welche jahreszeitlichen Muster weist Blogging-Aktivität auf, und wie funktioniert das Kommen und Gehen von Popularität in der Blogosphäre?
- Wie verhalten sich Blogs zu anderen massenmedialen oder Social-Media-Öffentlichkeiten: wie bewegen sich Informationen durch die weitere Medienumwelt, und wie wird Bloggen von Entwicklungen in jüngeren Social-Media-Platt-formen beeinflusst?
- Welche forschungsethischen Grundregeln bestimmen das wissenschaftliche Erfassen, Analysieren und anderweitige Befassen mit Inhalten, die, obschon öffentlich erhältlich, vielleicht nur für eine kleine persönliche Audienz bestimmt waren?

Referenzen

L. Adamic/N. Glance: The political blogosphere and the 2004 U.S. election: Divided they blog. Proceedings of the 3rd International Workshop on Link Discovery 2005 [www.blogpulse.com/papers/2005/AdamicGlanceBlogWWW. pdf], eingesehen 19.01.2009.

D. M. Berry (Hrsg.): The Computational Turn: The Digital Humanities and New Technology. London 2010.

A. Bruckman: Studying the amateur artist. A perspective on disguising data collected in human subjects research on the Internet, in: Ethics and Information Technology, 4, (3), 2002, S. 217–231.

A. Bruns/J. Jacobs (Hrsg.): Uses of Blogs. New York 2006.

A. Bruns/J. Wilson/B. Saunders u. a.: Australia's Political Blogosphere in the Aftermath of 2007 Federal Election. Paper presented at the AoIR 2008 conference. Copenhagen, 18 Oct. 2008 [snurb.info/files/aoir2008/Australia %27%20Political%20Blogosphere%20in%20the%20Aftermath%20of%20the %202007%20Federal%20Election%20(AoIR%202008).pdf], eingesehen 07.04. 2010.

A. Bruns/J. Wilson/B. Saunders u. a.: Locating the Australian Blogosphere: Towards a New Research Methodology. Paper presented at the ISEA 2008 conference, Singapore, 25 July – 3 August 2008 [snurb.info/files/Locating%20the %20Australian%20Blogosphere%20(final%20%20long).pdf], eingesehen 07. 04. 2010.

E. Buchanan (Hrsg.): Readings in virtual research ethics: issues and controversies. London 2004.

R. Burnett/M. Consalvo/C. Ess: The Handbook of Internet Studies. London 2010.

J. Burgess: Blogging to learn, learning to blog, in A. Bruns und J. Jacobs (Hrsg.): Uses of Blogs. New York, S. 105–114.

C. Ess und AoIR ethics working group: Ethics Guide [aoir.org/documents/ethics-guide/], eingesehen 27.05.2010.

H. Farrell/D.W.Drezner: The Power and Politics of Blogs, in: Public Choice, 134, 2008, S. 15–30.

L.J. Gurak u. a. (Hrsg.): Into the Blogosphere: Rhetoric, Community, and Culture of Weblogs, 2004 [blog.lib.umn.edu/blogosphere/], eingesehen 27.05.2010.

J. Hendler u. a.: Web Science: An Interdisciplinary Approach to Understanding the Web, in: Communications of the ACM, 51/7, 2008, S. 60–69.

L. Kirchhoff u. a.: Monitoring the Australian Blogosphere through the 2007 Australian Federal Election. Paper presented at ANZCA 2009, Brisbane, 8 July 2009 [snurb.info/files/talks2009/Monitoring%20the%20Australian %20Blogosphere%20through%20the%202007%20Australian%20Federal %20Election.pdf], eingesehen 07.04.2010.

L. Manovich: Cultural analytics, 2007 [www.manovich.net/cultural_analytics. pdf], eingesehen 24.04.2010.

F. Moretti: Graphs, Maps, Trees: Abstract Models for a Literary History. London 2005.

A. Russell/N. Echchaibi: International Blogging: Identity, Politics, and Networked Publics. New York 2009..

J. Schmidt: Weblogs: *Eine* kommunikationssoziologische Studie. Konstanz 2009.

J.-H. Schmidt: Das neue Netz: Merkmale, Praktiken und Folgen des Web 2.0. 2nd ed. Konstanz: 2011.

J. van Dijck: Composing the Self: Of Diaries and Lifelogs, in: Fibreculture Journal, 3, 2004. [www.journal.fibreculture.org/issue3/issue3_vandijck.html].

L. van Wel/L. Royakker: Ethical Issues in Web Data Mining, in: Ethics and Information Technology, 6, 2004, S. 129–140.

J. Walker Rettberg: Blogging. Malden, MA 2008.

M. Zimmer, M.: „But the data is already public": on the ethics of research in Facebook, in: Ethics and Information Technology, 4, (3), 2010, S. 205–216.

M. Zimmer: Is it Ethical to Harvest Public Twitter Accounts Without Consent?, 2010 [michaelzimmer.org/2010/02/12/is-it-ethical-to-harvest-public-twitter-accounts-without-consent/].

Stefan Heßbrüggen-Walter
Tatsachen im semantischen Web: Nanopublikationen in den digitalen Geisteswissenschaften?

Am 18. Januar 1871 wurde im Spiegelsaal von Versailles Wilhelm I. zum deutschen Kaiser ausgerufen. Hamlet ist Prinz von Dänemark. Descartes ist der Verfasser der „Meditationen".

Keine dieser Einsichten ist sonderlich bemerkenswert. Und doch verdeutlichen sie uns, auf welchen Fundus unbestrittener und wohl auch unbestreitbarer Tatsachen sich geisteswissenschaftliche Forschung verlässt, um die Zusammenhänge, die zwischen solchen Tatsachen bestehen mögen, genauer aufzuklären. Gelegentlich dient diese Forschung zwar auch der Aufdeckung neuer Tatsachen, etwa in der Erforschung von Biographien, der Datierung von Quellen oder der Feststellung einer gültigen Textgestalt in Editionen. Aus der Sicht derjenigen, die die Ergebnisse solcher Arbeit nutzen, hat eine solche wissenschaftliche Tätigkeit dennoch eine eher dienende Funktion, die es erlauben soll, Einsichten in neue Zusammenhänge zu gewinnen, bereits als bestehend erkannte Zusammenhänge neu zu interpretieren oder existierende Deutungen dieser Zusammenhänge in Frage zu stellen.

Die Entwicklung der „digitalen Geisteswissenschaft" nötigt uns dazu, das Verhältnis geisteswissenschaftlicher Forschung zu Tatsachen, ihrer methodischen Funktion und den aus ihnen zu gewinnenden Daten zu überdenken. Denn neue technische Entwicklungen erlauben es, Tatsachen innerhalb einer Domäne zu vernetzen und ihren Zusammenhang maschinengestützt zu erforschen. Um diese Möglichkeiten zu nutzen, müssen aber aus Tatsachen Daten abgeleitet werden, die maschinenlesbar sind.

Hierfür kann das ursprünglich in den Naturwissenschaften entwickelten Konzept der „Nanopublikation" mit Gewinn adaptiert werden: Nanopublikationen sind die „kleinste Einheit publizierbarer Information". Sie enthalten die Behauptung genau einer Tatsache (englisch: „assertion") sowie Metadaten zur Urheberin oder zum Urheber und zur Herkunft der Information (englisch: „provenance"), beides in maschinenlesbarer Form (Beispiele aus dem Bereich der Naturwissenschaften bietet Concept Web Alliance s. a.).

Mons/Velterop 2009 konstatieren zu recht, dass der wissenschaftliche Aufsatz als „detaillierter Bericht" („detailed record") wissenschaftlicher Forschung an Relevanz bislang nicht eingebüßt hat. Aber ihnen ist sicherlich auch darin zuzustimmen, dass bisherige Paradigmen des elektronischen Publizierens wie das Festhalten an PDF-Dateien sich noch viel zu eng an inzwischen unzeitgemäßen Vorgaben des Buchdrucks orientieren. Das Potential informationsverarbeitender Systeme wird im elektronischen Publizieren so lange nur unzureichend ausgenutzt, wie einzig menschliche Leser oder Leserinnen Berücksichtigung finden. Es gilt, auch darüber nachzudenken, wie Computer zu besseren Lesern werden können und wie für Computer zu „schreiben" wäre.

Um dies näher zu begründen, soll zunächst geklärt werden, welchen technischen Anforderungen die Formulierung einer Tatsache zu genügen hat, um als „maschinenlesbar" in Frage zu kommen. Weiter ist zu klären, wie diese technischen Anforderungen so umzusetzen sind, dass Nanopublikationen auch für weniger technikaffine Nutzerinnen und Nutzer als sinnvolle Ergänzung herkömmlicher Verbreitungswege geisteswissenschaftlicher Forschungsergebnisse wahrgenommen werden.

Maschinenlesbarkeit, Semantik, Ontologie

Um zu erklären, wie Tatsachen für Maschinen zugänglich gemacht werden können, kann die Behauptung, Descartes sei Autor der „Meditationen" als Beispiel dienen. In maschinenlesbarer Form würde sie als sogenanntes „Triple" notiert:

S:Descartes R:ist-Autor-von O:Meditationen

Dieses „Triple" behauptet das Bestehen der Relation „ist-Autor-von" zwischen dem Subjektbegriff „Descartes" und dem Objektbegriff „Meditationen". Diesem Schema müssen Tatsachen genügen, um als „nanopublizierbar" in Frage zu kommen.

Dies ist aber nur eine notwendige, aber noch keine hinreichende Bedingung. Denn das Triple „S:Descartes R:ist-Autor-von O: ‚Meditationen'" enthält in jedem seiner drei Elemente als zweites Glied bloß eine Zeichenkette, einen „string". Die Semantik dieses Triples, also die Bedeutung seiner einzelnen Glieder, ist so nur für einen menschlichen Leser, nicht jedoch für eine Maschine feststellbar.

Die Gründungsidee des „semantischen Web" ist es aber, auch diese Bedeutungsdimension von Zeichenketten so zu modellieren, dass sie für informationsverarbeitende Systeme zugänglich wird. Die wesentliche Brücke zwischen Zeichenkette und Bedeutung ist eine sogenannte „Ontologie". Ontologien in diesem Sinne können in erster Annäherung als „kontrollierte Vokabulare" aufgefasst werden, die Begriffe für eine bestimmte Domäne enthalten. Vollständige Ontologien geben außerdem Auskunft darüber, welche inferentiellen Beziehungen zwischen den in ihnen enthaltenen Begriffen bestehen. Sie beruhen also auf der Grundannahme, dass wesentliche Aspekte sprachlicher Bedeutung dadurch anzugeben sind, dass die Folgebeziehungen angegeben werden, die zwischen Begriffen bestehen.

Um geisteswissenschaftliche Tatsachen so zu publizieren, dass ihr Gehalt maschinenlesbar wird, sind also grundsätzlich Ontologien geisteswissenschaftlicher Forschung erforderlich. Solche Ontologien haben jedoch nicht nur eine deskriptive Komponente: Sie beschreiben nicht bloß den Begriffsgebrauch innerhalb einer bestimmten Domäne, sondern schreiben für ihre Nutzerinnen und Nutzer auch vor, wie diese Begriffe für die Formulierung maschinenlesbarer Aussagen zu benutzen sind. Sie sind also auch normativ (skeptisch hierzu Dudek 2012, Preprint S. 13, die solche Ansätze für „verkürzt und problematisch" hält, da sie „von Nietzsches Sprachkritik über die Frankfurter Schule bis zum Poststrukturalismus" die „Kontextabhängigkeit von Sprache [...]" und die wohl daraus resultierende „Problematik abgeschlossener Semantiken, fester Klassifikationen, statischer ‚Ontologien'" verkennen würden). Würde man beispielsweise das Triple „S:Descartes R:ist-Autor-von O: ‚Meditationen'" mit Hilfe der Dublin Core Ontologie (DC) zur Beschreibung von Dokumenten abbilden wollen, so wäre die Reihenfolge umzukehren: „S: ‚Meditationen' R:haben-als-Urheber O:Descartes" (näheres zur Dublin Core Ontologie unter Dublin Core Metadata Initiative 2012).

An der Subjektstelle eines den Regeln von DC folgenden Triples darf nämlich nur das Dokument stehen, das durch Metadaten näher charakterisiert werden soll. Relationen müssen dem durch DC normierten Vokabular entnommen werden. Der Objektbegriff enthält dann den Wert, der durch das jeweilige Triple dem Subjektbegriff (dem Dokument) bezogen auf die jeweilige Relation (hier: hat-Urheber) zugewiesen werden soll, in diesem Fall der Name „Descartes" (Dublin Core Metadata Intiative 2012a).

Während jedoch menschliche Leser aufgrund ihres Hintergrundwissens Behauptungen wie „Descartes ist der Autor der ‚Meditationen'" desambiguieren können, ist dies Maschinen nicht ohne weiteres möglich. Deswegen sollen Zeichenketten in maschinenlesbaren Triples, so weit möglich, durch URIs (Uniform Resource Identifier) ersetzt werden. Ein Beispiel für URIs sind jene Zeichenfolgen, die wir in der Adressleiste eines Browsers eingeben, um eine Internetseite aufzurufen (z. B. „example.org"), Zeichenfolgen, die man als URLs (Uniform Resource Locator) bezeichnet. Aber auch URNs (Uniform Resource Names) sind hier erlaubt, die einen dauerhaften Nachweis elektronischer Dokumente und Ressourcen ermöglichen sollen:

S:<urn:nbn:de:gbv:3:3-29638> R:<purl.org/dc/terms/creator>
O:<d-nb.info/gnd/118524844>

Diese drei URIs drücken nicht mehr die Tatsache aus, dass Descartes Urheber der „Meditationen" ist. Sie bezeichnen vielmehr die Tatsache, dass das durch die am Anfang stehende URN nachgewiesene Digitalisat des in der ULB Halle unter der Signatur Fa 2548 ba (2) vorgehaltenen Bandes die Eigenschaft aufweist, dass der 1596 in Haye geborene und 1650 in Stockholm verstorbene Philosoph, Mathematiker, Naturwissenschaftler und Physiker René Descartes diejenige Entität ist, die in herausgehobener Weise für seine Herstellung verantwortlich gewesen ist.

Die an der Subjektstelle stehende URN muss sich nämlich auf eine konkrete im Netz verfügbare Ressource beziehen. Die durch die Relationsstelle des Triples bezeichnete Eigenschaft dieser Ressource muss mit den Vorgaben der Dublin Core Ontologie übereinstimmen (die Formulierung zur Beschreibung der Eigenschaft „creator" lautet dort: „An entity primarily responsible for making the resource.", Dublin Core Metadata Initiative 2012b). Und der dieser Eigenschaft zuzuordnende Wert wird durch eine URI angegeben, die sich auf die zu Descartes gehörende „Personennormdatei" der Deutschen Nationalbibliothek bezieht, die Descartes u. a. die erwähnten vier Berufe zuschreibt.

Die Behauptung, dass Descartes Urheber der „Meditationen" ist, ist aber nicht gleichbedeutend mit der Behauptung, dass er Urheber des Bandes FA 2548 ba (2) der ULB Halle und damit mittelbar auch Urheber des entsprechenden Digitalisats ist. Einen Ausweg bietet hier eine alternative Ontologie namens CIDOC CRM. Sie stellt den Begriff des von seiner Realisierung in einem Dokument unabhängigen „Sprachobjekts" zur Verfügung. Damit wird allerdings die einfache Tatsachenbehauptung, dass Descartes Urheber der „Meditationen" ist, in mehrere Tatsachenbehauptungen aufgespalten (ich vereinfache unter Verwendung von Kakali et al. 2007):

S:Abfassung der „Meditationen" (ein „Schöpfungsereignis", CIDOC CRM E 65) R:bringt hervor (CIDOC CRM P 94) O: „Meditationen" als Sprachobjekt (CIDOC CRM E 33)
S:Abfassung der „Meditationen" (ein „Schöpfungsereignis", CIDOC CRM E 65) R:wird ausgeführt (CIDOC CRM P 14) O:durch Descartes als Handelnden (CIDOC CRM E 39)
S:Descartes als Handelnder (CIDOC CRM E 39) R:wird identifiziert durch (CIDOC CRM P 131) O:Bezeichnung des Handelnden „René Descartes" (CIDOC CRM E 82)

Wiederum stellt sich jedoch die Frage, ob genau das mit der Aussage „Descartes ist Autor der ‚Meditationen'" gemeint gewesen ist. Sofern zum Beispiel ein Sprecher, der dies behauptet, eigentlich ausdrücken will, dass Descartes Urheber der in den „Meditationen" entwickelten Gedankengänge ist, wäre in den obigen Tripeln die Klasse „Sprachobjekt" durch die Klasse „Aussagenobjekt" (CIDOC CRM E 89) auszutauschen.

Ontologien nötigen uns also dazu, sehr genau darüber nachzudenken, was wir eigentlich mit dem, was wir sagen, ausdrücken wollen. Das muss für sich genommen kein Nachteil sein: Computer bleiben Maschinen, die darauf angewiesen sind, dass Menschen für maschinenlesbare Kodierung entsprechenden Aufwand treiben. Wichtiger jedoch ist die Einsicht, dass Ontologien auch die Reichweite dessen, was wir innerhalb einer Ontologie ausdrücken können, einschränken. So ist, wie ich hier nicht im einzelnen nachweisen kann, der Gedanke, dass Descartes die in den „Meditationen" vorgetragenen Argumente entdeckt hat, diese aber unabhängig von dieser Entdeckung zuvor schon existiert haben, innerhalb von CIDOC CRM nicht ausdrückbar. Für philosophische Theorien mag dies eine verschmerzbare Einschränkung sein. Ob auf diesem Wege Grundlagendiskurse der Mathematik abbildbar werden, kann hingegen wohl eher bezweifelt werden.

Insgesamt sollte aber deutlich geworden sein, dass die technische Anforderung der Maschinenlesbarkeit digitale Geisteswissenschaftler und -wissenschaftlerinnen dazu nötigt, sich genauer mit der Frage zu beschäftigen, ob und wie die „Ordnung der Begriffe", mit Hilfe derer innerhalb einer Disziplin Tatsachen berichtet werden, innerhalb einer Ontologie abgebildet werden kann (Zöllner-Weber 2009 reflektiert dies bspw. in Bezug auf die Ontologie literarischer Charaktere). Daneben stellt sich die Frage, wie Forschende jenseits der digitalen Geisteswissenschaften davon zu überzeugen wären, dass es sinnvoll sein kann, die Formulierung von Tatsachen an den Anforderungen einer Ontologie auszurichten. Denn nur wenn dies gelingt, ist es möglich, Nanopublikationen insgesamt als Medium zur Verbreitung geisteswissenschaftlicher Forschungsergebnisse zu etablieren (nicht umsonst verweisen Groth et al. 2010 darauf, dass die Festlegung eines gemeinsamen Vokabulars von größerer Wichtigkeit ist als die Einigung auf ein konkretes Format für Nanopublikationen).

Fachkulturen und das semantische Web: EMTO Nanopub

Einer breiten Einführung von Nanopublikationen als einem Medium zur Publikation von Tatsachen innerhalb der Geisteswissenschaften stehen indes zwei Hindernisse entgegen:

1. Es ist zum derzeitigen Standpunkt nicht absehbar, in welchem Umfang geisteswissenschaftliche Diskurse durch existierende Ontologien abgebildet werden können und in welchen Hinsichten Neu- und Weiterentwicklungen bestehender Ontologien notwendig sein könnten.

2. Es existieren keine für Endnutzer geeigneten Anwendungen zur Erstellung und Verbreitung von Nanopublikationen.

Um für Nanopublikationen taugliche Ontologien der Geisteswissenschaften zu entwickeln, sind grundsätzlich zwei Strategien denkbar: Man kann entweder von einem bestimmten Vorverständnis der jeweiligen Disziplin ausgehen und versuchen, dieses Vorverständnis sozusagen „deduktiv" in ein vollständiges begriffliches Modell zu übersetzen (dies scheint bislang die vorherrschende Methodik für die Erstellung historischer Ontologien gewesen zu sein: Kiyavitskaya 2010, Vicodi Consortium 2004. Buckner et al. 2010 plädieren für eine Veränderungen ermöglichende, „dynamische" Strategie, legen ihre basalen Kategorien aber dennoch unabhängig von dynamischen Überlegungen fest). Oder man geht von tatsächlich existierenden Diskursen bzw. deren Manifestationen aus und versucht, „induktiv" zu Verallgemeinerungen zu gelangen, die sich im Laufe der Zeit zu einem vollständigen begrifflichen Modell der jeweiligen Disziplin entwickeln mögen.

Eine solche „induktive" Vorgehensweise hat den Vorzug, dass, wann immer sich die Gelegenheit bietet, bereits existierende Ontologien in die sich entwickelnden disziplinspezifischen Ontologien integriert werden können. Besondere Relevanz kommt hierbei jenen Ontologien zu, die bereits für die Verwendung innerhalb der „Linked Open Data"-Cloud vorgesehen sind (Open Knowledge Foundation s. a.). Einen ersten Schritt böten hier Schlagwortnormdateien wie bspw. die Library of Congress Subject Headings (Library of Congress s. a., siehe auch Chambers 2011). Auch informationswissenschaftliche Modelle naturwissenschaftlicher Diskurse, wie sie in Groza et al. 2009 erörtert werden, mögen hier Anknüpfungspunkte bieten.

Anders als in den Naturwissenschaften fehlen für Geisteswissenschaftler und -wissenschaftlerinnen bislang öffentlich zugängliche Infrastrukturen für die Erzeugung und Verbreitung von Nanopublikationen. Auch für Endnutzer nutzbare Webanwendungen sind bislang nicht in Sicht. Dennoch ist es nicht erforderlich, erst die Entwicklung entsprechender Angebote abzuwarten: „Semantic Mediawiki" erweitert die bekannte Wikisoftware „Mediawiki", die unter anderem im Wikipedia-Projekt genutzt wird, um zahlreiche Funktionen des semantischen Web. Auf diesem Wege ist es möglich, Endnutzern die Bereitstellung von Tatsachen bzw. deren Beschreibungen in Triplen zu erleichtern, indem sie eine Wikiseite – unter Umständen unter Nutzung eines Eingabeformulars – erstellen (Clare et al. 2011 diskutieren ein entsprechendes Modell, allerdings ohne Referenzimplementierung).

Unter emto-nanopub.referata.com ist vom Verfasser eine experimentelle alpha-Version eines Webangebots für die Sammlung und Erfassung spezifisch philosophiehistorischer, insbesondere sogenanter „doxographischer" Tatsachen eingerichtet worden. Ziel ist es dabei, informelle Arbeitsergebnisse philosophiehistorischer Forschung im Bereich der frühen Neuzeit hinsichtlich der in ihnen festgestellten doxographischen Fakten auszuwerten.

Das dabei zugrundegelegte Modell nimmt Rücksichten auf disziplinäre Besonderheiten der Philosophiegeschichte: so werden „philosophische Fakten" und „historische Fakten" voneinander unterschieden. Als „historisches" Faktum zählen alle in Raum und Zeit zu verortenden Personen, Dokumente oder Ereignisse. Als „philosophisches" Faktum kann jeder Behauptungsinhalt gelten, sofern er einmal in einem philosophischen Text artikuliert worden ist. „Verbindende Fakten" dienen dazu, beide Sphären zueinander in Beziehung zu setzen und dokumentieren die Tatsache, dass der Inhalt eines philosophischen Faktums zu einer bestimmten Zeit Gegenstand der Reflexion innerhalb einer philosophiehistorischen Quelle geworden ist.

Mit Hilfe dieses Modells ist es möglich, diejenigen Bestandteile eines wissenschaftlichen Textes, die doxographischen Charakter haben – und deswegen als unkontrovers und mithin als Tatsache zu qualifizieren sind – zu erfassen und der Vernetzung mit anderen doxographischen Fakten zugänglich zu machen. Als Beispiel kann hier ein im Jahr 2009 von Paul Richard Blum veröffentlichter Blogpost zu „Epistemologie und Kosmologie im Neuplatonismus" dienen (Blum 2009). Blum zitiert Ficino, der folgendes behauptet: „formulas idearum inesse mentibus nostris" (Ficino 1576, Bd. 2, S. 1393). Der Inhalt dieser Behauptung kann als Triple abgebildet werden:

S:Aus Idee abgeleitete Regel R:existiert in O:Geist.

Das in SMW vorausgesetzte Modell ist etwas komplizierter, dies kann im vorliegenden Rahmen jedoch vernachlässigt werden. Dieses Tripel zählt innerhalb von EMTO Nanopub als „philosophische Tatsache", die unter einer entsprechenden URI abgerufen werden kann (hier emto-nanopub.referata.com/wiki/PaulRichardBlum_RuleFromIdea_ExistsIn_Mind). Damit ist wohlgemerkt nicht vorausgesetzt, dass diese Behauptung selbst wahr ist. Vielmehr wird nur impliziert, dass diese Behauptung so von mindestens einem Denker einmal vertreten worden ist. Weiterreichende Annahmen über die Existenzweise solcher propositionaler Gehalte werden nicht benötigt (im Unterschied zu CIDOC CRM, wo auch Informations- oder linguistische Objekte als „erschaffen" angesehen werden).

Neben „philosophischen Tatsachen" verzeichnet EMTO Nanopub auch „verbindende Tatsachen", in denen behauptet wird, dass eine historisch greifbare Persönlichkeit einen in einer „philosophischen Tatsache" artikulierten propositionalen Gehalt tatsächlich vertreten hat (emto-nanopub.referata.com/wiki/PaulRichardBlum_MarsilioFicino_RuleFromIdea_ExistsIn_Mind). Diese Tatsachen artikulieren, dass ein Träger eines propositionalen Gehalts (hier Marsilio Ficino, der über seinen VIAF-Record identifiziert wird) gegenüber dem bereits erwähnten propositionalen Gehalt eine bestimmte propositionale Einstellung eingenommen hat (hier die Einstellung der Bejahung).

Würde nun in einer Arbeit auf Positionen anderer Renaissanceplatonisten zur Existenzweise von Ideen und ihren Regeln im Geiste Bezug genommen, könnten die jeweiligen doxographischen Fakten in das Modell integriert werden: Wir erführen also, welche Renaissanceplatoniker sich ebenfalls zum propositionalen Gehalt „Aus Ideen abgeleitete Regeln existieren im Geist" verhalten haben.

Eine solche Infrastruktur erlaubt es, Forschungsergebnisse, auch wenn sie noch nicht in eine herkömmliche wissenschaftliche Publikation einfließen, zu archivieren und mit weiteren Ergebnissen zu vernetzen und solche Vernetzungen in Visualisierungen abzubilden (ein Beispiel anhand von DBpedia bietet Raper 2012). Entscheidend ist hierbei im Gegensatz zu anderen Crowdsourcing-Ansätzen wie bspw. Wikipedia die verpflichtende Zuschreibung zu einem Autor oder einer Autorin, der/die für die entsprechende Publikation verantwortlich zeichnet. Auf diesem Wege wäre es etwa denkbar, Studierende schon in einem frühen Stadium ihrer Ausbildung praxisnah an Prinzipien wissenschaftlichen Arbeitens heranzuführen. Ergebnisse dieser Arbeit können innerhalb der „Linked Open Data"-Wolke mit anderen Daten, z. B. Bibliothekskatalogen, verknüpft werden: Nanopublikationen, die sich auf ein bestimmtes Dokument beziehen, könnten bereits im Bibliothekskatalog mitverzeichnet werden. Und schließlich eröffnen Nanopublikationen langfristig die Möglichkeit, das „enzyklopädische Paradigma" weiterzudenken. Warum sollte nicht ein Wikipedia-Artikel in Gänze aus Nanopublikationen zusammengesetzt werden können? Umgekehrt mögen Techniken der Verarbeitung natürlicher Sprachen (text mining) es in Zukunft erlauben, solche Fakten aus existierenden Veröffentlichungen automatisiert abzuleiten.

Ausblick

Das hier vorgetragene Plädoyer für eine „Rückkehr zur Tatsache" sollte nicht im Sinne eines positivistisch verkürzten Verständnisses geisteswissenschaftlicher Forschung missverstanden werden. Auch wenn die digitalen Geisteswissenschaften neue Technologien für die Verknüpfung und Interpretation von Tatsachen zur Verfügung stellen, handelt es sich lediglich um Werkzeuge, die geisteswissenschaftliche Forschung unterstützen und erweitern.

Dies ist schon daran ablesbar, dass die Formulierung einer maschinenlesbaren Beschreibung einer Tatsache zum Nachdenken über das nötigt, was in dieser Beschreibung ausgesagt werden soll. Die praktische Aufgabe der Herstellung einer Ontologie für geisteswissenschaftliche Diskurse setzt also die methodische Reflexion auf das, was in solchen Diskursen vor sich geht, voraus. Zugleich beinhalten Ontologien immer eine Beschränkung dessen, was in dem von ihnen vorgegebenen Rahmen ausgedrückt werden kann. Dies ist sicherlich eine nicht zu unterschätzende Hürde, wenn Nanopublikationen innerhalb der Geisteswissenschaften als akzeptiertes Medium zur Verbreitung von Forschungsergebnissen sollen akzeptiert werden können. Aber dem kann vielleicht in bestimmten Grenzen durch die hier vorgeschlagene „induktive" Erstellung von Ontologien vorgebeugt werden.

Ein weiterer zentraler Aspekt in der Etablierung dieses neuen Mediums ist sicherlich der Aufbau einer interessierten „Forschergemeinschaft". Derzeit kann eine Website zur Erstellung und Verbreitung von Nanopublikationen sich anders als etablierte Medien nicht allein auf Einreichungen stützen. Vermutlich empfiehlt sich eine zweigleisige Vorgehensweise: erstens die Recherche von einschlägigen „informellen Veröffentlichungen" im Netz und deren Umwandlung in Nanopublikationen, zweitens die Einbettung von Nanopublikationen in Angebote des „social web", um den dort stattfindenden fachlichen Austausch dauerhaft zu archivieren und in Veröffentlichungen abzubilden.

Eine Verlagerung wissenschaftlicher Tätigkeit in Webmedien stellt die geisteswissenschaftliche Forschung vor erhebliche Herausforderungen. Gerade historisch arbeitende Disziplinen sollten sich dabei ihrer Verantwortung vor nachfolgenden Generationen bewusst bleiben: Die Archivierung auch informeller geisteswissenschaftlicher Diskurse, die durch Nanopublikationen möglich wird, kann einen Beitrag dazu leisten, dass der gelehrte Austausch unserer Zeit auch für kommende Generationen lesbar bleiben wird.

Literatur

Paul Richard Blum: Epistemologie und Kosmologie im Neuplatonismus, Blogbeitrag 11.8.2009, in: Renaissance Philosophy [renaissancephilosophy.blogspot.de/2009/08/epistemology-and-cosmology-in.html], eingesehen: 29.8.2012.

Cameron Buckner/Mathias Niepert/Colin Allen: From encyclopedia to ontology: toward dynamic representation of the discipline of philosophy, in: Synthese 182 (2010), S. 205–233.

Sally Chambers, Nanopublications in the Arts and Humanities, [www.slideshare.net/schambers3/nanopublications-in-the-arts-and-humanities], eingesehen: 29.8.2012.

Amanda Clare/Samuel Croset/Christoph Grabmueller/Senay Kafkas/Maria Liakata/Anika Oellrich/Dietrich Rebholz-Schuhmann: Exploring the Generation and Integration of Publishable Scientific Facts Using the Concept of

Nano-publications, in: Alexander García Castro/Christoph Lange/ Evan Sandhaus/ Anita de Waard (Hrsg.): SePublica-2011 Semantic Publishing 2011, Proceedings of the 1st Workshop on Semantic Publishing, [ceur-ws.org/Vol-721/], eingesehen: 29.8.2012.

Concept Web Alliance, Examples, [nanopub.org/wordpress/?page_id=8], eingesehen: 29.1.2013.

Dublin Core Metadata Initiative, Metadata Basics, [dublincore.org/metadata-basics/], eingesehen: 29.8.2012.

Dublin Core Metadata Initiative 2012a, DC RDF, [dublincore.org/documents/dc-rdf/], eingesehen: 29.8.2012.

Dublin Core Metadata Initiative 2012b, DC Elements: creator, dublincore.org/documents/dcmi-terms/#elements-creator, eingesehen: 29.8.2012.

Sarah Dudek, Die Zukunft der Buchstaben in der alphanumerischen Gesellschaft. Text und Dokument unter digitalen Bedingungen . In: Bibliothek: Forschung und Praxis. 36(2) 2012. 189–199. Preprint: www.vfi-online.org/Dudek-Preprint.pdf, eingesehen: 29.1.2013.

Marsilio Ficino, Opera, Basel 1576, Bd. 2, [dx.doi.org/10.3931/e-rara-3135], eingesehen: 29.8.2012.

P. Groth/A. Gibson/J. Velterop: The anatomy of a nanopublication. In: Information Services and Use 30 (2010), S. 51–56.

T. Groza/S. Handschuh/T. Clark/S. Buckingham Shum/A. Waard: A short survey of discourse representation models. In: Proceedings 8th International Semantic Web Conference, Workshop on Semantic Web Applications in Scientific Discourse. Berlin 2009.

Stefan Heßbrüggen-Walter, EMTO Nanopub, [emto-nanopub.referata.com], eingesehen: 29.8.2012.

Konstantia Kakali/Martin Doerr/Christos Papatheodorou/Thomais Stasinopoulou: DC.type mapping to CIDOC/CRM, Delos Network of Excellence on Digital Libraries Report, 2007, [www.cidoc-crm.org/docs/WP5-T5_5-DC2CRMmapping-060728v0_2-final.doc], eingesehen: 29.8.2012.

Library of Congress s. a., Library of Congress Subject Headings, [id.loc.gov/authorities/subjects.html], eingesehen: 29.8.2012.

Nadzeya Kiyavitskaya: Documentation on Papyrus Ontologies, [www.ict-papyrus.eu/files/Documentation%20on%20Papyrus%20Ontologies.pdf], eingesehen: 29.8.2012.

B. Mons/J. Velterop: Nano-Publication in the e-science era. In: Workshop on Semantic Web Applications in Scientific Discourse (SWASD 2009), [www.

w3.org/wiki/images/4/4a/HCLS$$ISWC2009$$Workshop$Mons.pdf], eingesehen: 29.8.2012.

Open Knowledge Foundation, Linked Open Vocabularies, [lov.okfn.org/ dataset/lov/index.html], eingesehen: 29.8.2012.

Simon Raper, Graphing the history of philosophy, Blogbeitrag 13.6.2012, in: [drunks-and-lampposts.com/2012/06/13/graphing-the-history-of-philosophy/], eingesehen: 29.8.2012.

Vicodi Consortium, Vicodi Ontology 2004 [www.vicodi.org/ontology/vicodi_ protege.zip], eingesehen: 29.8.2012.

Amelie Zöllner-Weber, Ontologies and Logic Reasoning as Tools in Humanities? In: Digital Humanities Quarterly (3) 2009, [www.digitalhumanities.org/ dhq/vol/3/4/index.html], eingesehen: 29.1.2013.

Thomas Wolf
siwiarchiv.de – erster Versuch eines regionalen Archiv-Weblogs in Deutschland

Vorbemerkung

Das regionalarchivische Weblog siwiarchiv.de speist sich vor allem aus vier Quellen. Zuerst muss meine, 2007 beginnende Mitarbeit am ersten archivischen Gemeinschaftsweblog in Deutschland, Archivalia archiv.twoday.net, genannt werden. Archivalia zeigt, dass archivische und historische Themen wissenschaftlichen Ansprüchen genügend, kommentierend oder sogar unterhaltend präsentiert werden können. Der unmittelbar nach der Arbeitsaufnahme des Kreisarchivs Siegen-Wittgenstein (16. Januar 2002) gegründete Arbeitskreis der Archive im Kreis Siegen-Wittgenstein bildet die zweite wesentliche Voraussetzung für das Blog. Die Kolleginnen und Kollegen fungieren als Mitautorinnen und -autoren. Als technische Grundlage schließlich profitierte das Blog von den guten Erfahrungen, die das Kulturreferat des Kreises Siegen-Wittgenstein als dem Kreisarchiv vorgesetzte Behörde mit dem eigenen Weblog siwikultur.de, www.siwikultur.de, gemacht hatte. Die praktische Umsetzung von siwiarchiv.de erfolgte durch den blogbetreuenden Referatsmitarbeiter. Letztlich ist das Blog die Publikationsplattform des Kreisarchivs, weil es im Gebiet des Kreises Siegen-Wittgenstein bereits drei regionalhistorischen Zeitschriften gibt (Siegerland, www.siegerlaenderheimatverein.de/zeitschrift-siegerland. html, Wittgenstein, wittgensteiner-heimatverein.de/zeitschriftwittgenstein. html, und Siegener Beiträge, geschichtswerkstatt-siegen.de/Publikationen. htm). Ein weiteres konkurrierendes Print-Organ erschien kontraproduktiv.

Allgemeines

Am 16. Januar 2012 ist www.siwiarchiv.de als ein Weblog gestartet, das Einträge rund um das regionale Archivwesen und die regionale bzw. lokale Geschichte im Kreisgebiet Siegen-Wittgenstein aufnehmen soll. Bei großzügiger Auslegung werden Beiträge aufgenommen, die sich mit der Berufspraxis von Archivarinnen und Archivaren in der Region oder den Informationswünschen von Archivnutzenden und an Fachfragen des Archivwesens und der regionalen Geschichte Interessierten beschäftigen. Das Weblog dokumentiert somit sowohl eine historische Region als auch die archivischen und die im weitesten Sinne geschichtswissenschaftlichen Bemühungen innerhalb dieses Gebietes. Alle Archive im Kreisgebiet sind berechtigt zu archivischen und regionalgeschichtlichen Themen mitzuschreiben. Grundsätzlich erstellen die Schreibenden die Text eigenverantwortlich, der medienrechtlich Verantwortliche steht im Impressum. Offenkundig Missglücktes darf von den Autor/innen gelöscht werden. Andere Löschungen (z. B. durch die beiden Administrator/innen [Kreisarchivar, Techniker des Kulturreferates]) können zwar technisch nicht verhindert werden, sie sind aber unerwünscht.

Aufbau des Blogs

Bisher verfügt das Blog über folgende „Kategorien": Allgemeines, Archive, Archivgut, Archivpädagogik/Bildungsarbeit, Bestandserhaltung, Denkmalpflege, Genealogie, Oral History/Zeitzeugenbericht, Persönlichkeiten, Publikationen, Regionalgeschichte, Sonstiges, Veranstaltungen und Wirtschaftsgeschichte. Diese Liste ist nicht abschließend; so kam es im halbjährigen Bestehen des Weblogs bereits zu einigen Ergänzungen .

Kommentare sind die zweite Säule des Weblogs. Sie sind ausdrücklich erwünscht und werden allenfalls bei offensichtlicher Spam oder rechtswidrigem Inhalt gelöscht.

Technische Entwicklung des Blogs

Am 1. Mai erfolgte die Erweiterung des Weblogs in Richtung der Media-Sharing-Portale YouTube und slideshare, um Videos und Präsentationen bzw. PDF-Dateien einzubinden.

Mit dem Einbinden anderer Medien in das Blog und dem gleichzeitigen Nutzen der sharing-Portale ist eine Attraktivitätssteigerung des Blogs sowie eine Erhöhung der Bekanntheit des Blogs beabsichtigt. Die Präsentation der vielfältigen Medien kann und soll dazu genutzt werden, die archivischen und historiographischen Probleme der neuen Medien darzustellen (Stichworte: Quellenkunde, Quellenkritik). Die Portale ersetzen dabei nicht die Verpflichtung der Archive zur Langzeitarchivierung des digitalisierten und digitalen Archivgutes. Dies bleibt Aufgabe der Archive selbst und dazu müssen Lösungen gefunden werden, die die Archive als Herr ihrer Daten sicherstellen. In

Nordrhein-Westfalen entsteht zurzeit das digitale Archiv NRW, das für alle Archive des Landes ein Instrument zur digitalen Langzeitarchivierung zu werden verspricht – s. www.danrw.de/.

Ob und welche sozialen Netze (z. B. Facebook, Twitter, etc.) zukünftig genutzt werden, ist noch nicht entschieden. Zurzeit ist eine Weiterleitung in die sozialen Netze Facebook, Twitter und Google+ jedem Lesenden möglich. Die Nutzung eines Blogs durch mobile Endgeräte ist eine zentrale Frage für dessen "Reichweite", so dass eine mobile Version von siwiarchiv standardmäßig generiert wird.

Seit Mitte April 2012 werden auf der Startseite Veranstaltungstipps angezeigt, die aus einem Google-Kalender generiert werden. Dieses zusätzliche Angebot war aufgrund der unerwartet vielen, im weitesten Sinne historischen Veranstaltungen notwendig geworden.

Ressourcen

Zum Zeitpunkt des Redaktionsschlusses Ende April 2013 beteiligen sich elf Archive an dem Gemeinschaftsweblog siwiarchiv. Die Mehrzahl der Artikel auf siwiarchiv stellt eine für den Blog redaktionierte Adaption von Pressemitteilungen der Häuser dar, so dass von einer durchschnittlichen Arbeitszeit von fünfzehn Minuten pro Eintrag ausgegangen werden kann. Aufwändiger sind lediglich Videoeinbettungen, wobei hier jedoch die lange Landezeit in das ausgewählte Portal anderwärtig genutzt werden kann.

Auftakt

Am 12. März 2012 wurde das Weblog nach einer zweimonatigen Testphase in einer Sitzung des Kulturausschusses des Kreises Siegen-Wittgenstein unter dem Tagesordnungspunkt „Bericht der Verwaltung" den Kulturpolitikerinnen und -politikern des Kreises Siegen-Wittgenstein vorgestellt. Zuvor war das Blog zum Tag der Archive am 3./4. März 2012 den Medien vorgestellt worden

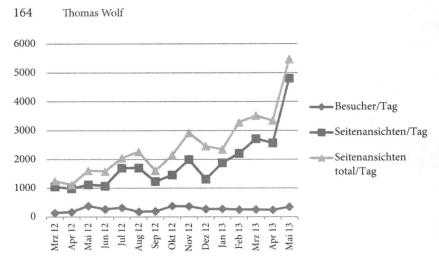

Abbildung 1: Besucher und Seitenansichten pro Tag.

Rezeption

Ab dem 28. Februar 2012 konnte mit Hilfe eines Wordpress-Statistik-Plugins die Benutzung des Blogs verfolgt werden. Alle drei Diagramme zeigen ein noch uneinheitliches Bild. Aussagekräftigere Daten können wohl erst nach dem einjährigen Bestehen des Weblogs vorgelegt werden.

Zumindest sind die Zahlen bis jetzt zufriedenstellend.

Die monatlichen Werte der Seitenzugriffe haben sich von 1053 im März 2012 auf 2721 im März 2013 mehr als verdoppelt; gleiches gilt für die monatlichen Besucherzahlen, die von 137 im März 2012 auf 254 im März 2013 stiegen. Bemerkenswert ist, dass sich seit Dezember 2012 die Spitzenwerte der täglichen Benutzerzahlen um die 250 bewegen, trotzdem ist für diesen Zeitraum ein Anstieg der Spitzenwerte der täglichen Seitenzugriffe leicht erkennbar. Daraus darf wohl gefolgert werden, dass die „Stammklientel" des Weblogs immer mehr Beiträge im Blog liest

Die Zahl der monatlichen Seitenzugriffe hat sich ebenfalls mehr als verdoppelt. Konnten im März 2012 11.680 Zugriffe gezählt werden, so waren es im März 2013 bereits 24.570. Die monatliche Zahl der Besucher wuchs von 1239 im ersten Monat des Blogbestehens auf 2913 im März 2013 an.

In der Sphäre der Weblogs wurde siwiarchiv.de von Archivalia und dessen bibliothekarischem Pendant netbib wohlwollend aufgenommen. Im Blogportal der deutschen Geisteswissenschaften (de.hypotheses.org) wird siwiarchiv.

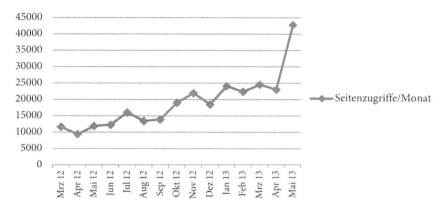

Abbildung 2: Seitenzugriffe pro Monat.

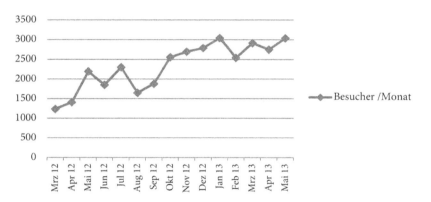

Abbildung 3: Besucher pro Monat.

de zweimal erwähnt (Redaktionsblog: redaktionsblog.hypotheses.org/243, Archive20: archive20.hypotheses.org/149).

Ebenso wichtig, wenn nicht sogar wichtiger bedenkt man die Zurückhaltung der Archivierenden in Deutschland gegenüber dem Einsatz von Web 2.0 Anwendungen, ist die Erwähnung des Weblogs in der „traditionellen" Fachpresse und die Diskussion des Projekts auf fachwissenschaftlichen Tagungen. In der Ausgabe 02/2012 (Mai) des „Archivar", einer deutschen Fachzeitschrift für Archivwesen, findet sich im Artikel „Archivische Spätzünder? Sechs Web 2.0-

Praxisberichte" Joachim Kempers auf Seite 136 eine erste, wenn auch knappe
Erwähnung des Blogs.
    Im November 2012 wurde im Rahmen der ersten, bundesdeutschen, archiv-
fachlichen Tagung „Offene Archive? Archive 2.0 im deutschen Sprachraum
(und im europäischen Kontext)" in Speyer besonders der Modellcharakter
eines regionalen archivischen Gemeinschaftsblogs betont.
    Abschließend lässt sich feststellen, dass das Weblog nach knapp einjähri-
gem Bestehen in der archivischen wie auch in der geschichtswissenschaftlichen
Fachwelt nicht mehr unbekannt sein dürfte.

Geschichts- bzw. archivwissenschaftliche Möglichkeiten des Weblogs

Die eingangs vorgestellte Gliederung erlaubt vor allem die Rubriken „Archive"
und „Archivgut" Archivalien und Hilfsmittel für die Recherche in den Archiven
auch im Blog zu präsentieren.
    Gerade die Sammlungsbestände der Archive (Fotos, Karten, Plakate, Werbe-
materiealien) sind so reizvoll, dass sie geradezu prädestiniert für eine Blogveröf-
fentlichung sind. Das Kreisarchiv Siegen-Wittgenstein nutzt daher das Blog zur
Präsentation vor allem der rechtlich unbedenklichen Fotobestände des Kreisarchivs.
    Das bestehende nordrhein-westfälische Archivportal archive.nrw.de ist die
erste Anlaufstelle zur Publikation von Beständeübersichten und Findbüchern,
so dass sich im Blog bis jetzt nur zwei Findmittel finden: das Ortsverzeich-
nis der Standesämter im Kreisgebiet Siegen-Wittgenstein (eingestellt am 7.
März 2012: www.siwiarchiv.de/2012/03/ortsverzeichnis-der-standesamter-
im-kreisgebiet/) und die Findliste der Filmsammlung des Kreisarchivs Siegen-
Wittgenstein (eingestellt am 19. April 2012: www.siwiarchiv.de/2012/04/
filmsammlung-des-kreisarchiv/).
    Ferner sind dort auch kleinere „crowdsourcing"-Projekte möglich, z. B.
die Identifizierung historischer Fotos. So veröffentlichte das Kreisarchiv
Siegen-Wittgenstein am Nachmittag des 10. Aprils 2012 eine Suchanfra-
ge nach einem historischen Bild: www.siwiarchiv.de/2012/04/gebaude-des-
kreisbaudirektors-herbert-kienzler-gesucht/. Dieses Bild stammt aus einem
Nachlass-Splitter des Kreisbaudirektors Herbert Kienzler, der am 31. Dezember 1999 im Alter von 92 Jahren verstorben war. Es war unklar, um welches
Gebäude es sich bei dem gezeigten handelte. Am Morgen des 11. April 2012
beantwortete das Stadtarchiv Freudenberg die Anfrage, da das Bauobjekt sich

in der Stadt Freudenberg befand. Mit der Planung des Gebäudes war Kienzler ausweislich der im Kreisarchiv vorhandenen Personalakte betraut.

Ein Mut machendes Beispiel! Denn vorstellbar sind die Erschließung von ganzer Bildbeständen wie dies das Stadtarchiv Speyer bereits erfolgreich macht (www.flickr.com/photos/stadtarchiv_speyer/sets/72157630432107286/), die Transkription von Archivalien (s. z. B. Stadtarchiv Speyer mit einem Hausbuch aus dem Jahr 1795, speyererhausbuch1795.blogspot.de/) oder gar die Bestandserschließung durch die Nutzenden. So hat das Kreisarchiv Siegen-Wittgenstein in Kooperation mit dem Siegerländer Heimat- und Geschichtsverein den Bestand Siegener Kreisbahn von diesem analog erschließen lassen, da dort mehrere, an der Geschichte der Eisenbahn forschende Mitglieder die notwendige Fachkompetenz mitbrachten. Crowdsourcing bietet nicht nur die Möglichkeit, Arbeit in Zeiten knapper Ressourcen zu bewältigen. Crowdsourcing bedeutet auch die externen Arbeitsergebnisse einer Qualitätskontrolle zu unterziehen und, dies dürfte die größere Arbeit sein, die ehrenamtlichen Kräfte zu gewinnen und langfristig zu betreuen.

Neben archivischem bietet siwiarchiv auch Platz für historiographisches Crowdsourcing. Mit 23 Kommentaren, fast einem Peer Review entsprechend, zu einer biographischen Skizze des ersten und einzigen kommunistischen Landrates des Altkreises Siegen, liegt der Blogeintrag vom 5. Mai 2012 an der Spitze der kommentierten Beiträge (www.siwiarchiv.de/2012/05/landrat-heinrich-otto/). Die Diskussion zog erstmalige Quellenveröffentlichungen in einem Weblog durch das Landesarchivs Nordrhein-Westfalen (www.siwiarchiv.de/2012/06/landrat-heinrich-otto-lav/) und durch das Bundesarchiv (www.siwiarchiv.de/2012/06/heinrich-otto-volksgerichtshof/) nach sich. Zudem stellte das Universitätsarchiv Siegen einen Lebenslauf ein, der sich in den Beständen nach langwieriger Suche gefunden hatte. Solch intensive Diskussionen fördern die regionalhistorische Forschung ungemein. Im Blog ist der zurzeit umfangreichste, recherchierbare Kenntnisstand zu besagtem Landrat greifbar. Für eine Print-Publikation fehlten bis jetzt Zeit und Geld. Mit Hilfe des Blogs wäre sie allerdings jederzeit möglich und wünschenswert.

Dieses Beispiel zeigt, dass die oft genug „auf Halde liegenden" Ausarbeitungen regionaler Historikerinnen und Historiker in einem Weblog sich der fachlichen Kritik vor einer Veröffentlichung in einem wissenschaftlichen Umfeld stellen können. Dies hat in der Regel einen beschleunigten Erkenntnisgewinn zur Folge.

Letztlich bietet siwiarchiv.de auch Platz für ausgereifte Darstellungen zu lokal- und regionalgeschichtlichen Themen – siwiarchiv sieht sich damit als Online-Puiblikationsorgan. Zur dauerhaften Sicherung solcher Publikationen ist die Kooperation mit dem Dokumentenserver der Universität Siegen (dokumentix.ub.uni-siegen.de/opus/) anzustreben.

Ausblick

Ein Ausblick nach so kurzer Zeit ist möglicherweise etwas verfrüht und in Anbetracht der rasanten Entwicklung auf dem Gebiet der sozialen Medien auch problematisch. Ob sich also siwiarchiv.de auch auf Facebook oder Google+ präsentieren wird, hängt vom Erfolg des Weblogs ab. Sobald dieser dauerhaft erkennbar ist, wird man sich dieser Frage stellen müssen. Twitter wird in der Zwischenzeit hauptsächlich als Medium zur Verbreitung der Artikel genutzt. Als weitere Media-Sharing-Plattform kommt ernsthaft noch flickr für den Aufbau interessanter Bildsammlungen in Betracht. Denn dort sind groß angelegte, kooperative Erschließungsprojekte denkbar. Archive aus dem amerikanischen Raum, aber auch z. B. das Stadtarchiv Speyer haben gute Erfahrungen mit entsprechenden Vorhaben gemacht.

Neugierig blicken die Autorinnen und Autoren auf die Nutzung der Kommentarfunktion durch die Leserinnen und Leser des Blogs. Letztlich liegt hier die große Stärke eines Weblogs: der unmittelbare Kontakt zum breitgefächerten Publikum der Archive im Kreis Siegen-Wittgenstein.

Denkbar, und womöglich erforderlich, ist das Aufgreifen tagesaktueller und geschichtspolitischer Themen (z. B. Straßenbenennungen, Sicherung archäologischer Fundplätze, Rettung von Denkmälern). In einem Fall der Sicherung eines archäologischen, keltischen Grabungplatzes fand sich ein Kommentar eines Kreispolitikers zum entsprechenden Eintrag vom 26. August 2012 (www. siwiarchiv.de/2012/08/ausgrabungskampagne-keltische-montanindustrie/# comment-680) – das Blog also nicht nur als Informationsverbreitungs- sondern auch als (politische) Diskussionsplattform? Dies birgt zwar Gefahren für die beteiligten Archive als Vertreter der jeweiligen exekutiven Verwaltung, aber die Anonymität des Internets eröffnet, wenn nötig, hier durchaus gangbare Wege.

Noch nicht angesprochen wurde die Möglichkeit der spielerischen Vermittlung von archivischen und regionalhistorischen Fragestellungen: Auch hier böte das Weblog grundsätzlich eine geeignete Plattform.

Welche Auswirkungen hat siwiarchiv auf die Geschichtsschreibung in der Region Siegen-Wittgenstein? siwiarchiv ist ein zusätzliches Angebot zu allen bestehenden Ausformungen der Geschichtsschreibung im Kreisgebiet. Es versteht sich als Katalysator oder je nach Betrachtung als zusätzliche Werbeplattform für die regionale Geschichtsschreibung. Gleichzeitig besetzt siwiarchiv eigene regionale Themen und verarbeitet diese zuerst nach der Webmethode des „permanenten beta" auf. Geschichtsschreibung auf siwiarchiv, im Web 2.0 generell, muss sich der dauerhaften Fortentwicklung des Themas und der zugleich stattfindenden Kritik stellen. Geschichtsschreibung auf siwiarchiv ist Geschichtsschreibung von Fachleuten und Laien.

Als bisheriges Fazit kann jedenfalls angemerkt werden, dass sich siwiarchiv.de als Modell für den Einstieg in die Welt der sozialen Netzwerke in kommunalarchivisch gut strukturierten Bundesländern (z. B. Baden-Württemberg, Nordrhein-Westfalen) oder Metropolregionen eignet.

Georgios Chatzoudis
L.I.S.A. – kein klassisches Blog, aber voll und ganz digitale Wissenskommunikation

1. Einleitung – Den digitalen Wandel als Herausforderung annehmen

L.I.S.A. – Das Wissenschaftsportal der Gerda Henkel Stiftung ist kein klassisches Blog. Aber: L.I.S.A. integriert mehrere Features eines typischen Blogs – Einträge generieren, Einträge kommentieren, die Echtzeit-Interaktion mit anderen Teilnehmern usw. Außerdem ist jeder Nutzer eingeladen, innerhalb des Portals ein eigenes Blog zu führen. Die L.I.S.A.-Redaktion sieht ihre Aufgabe in der Moderation des Portals, erstellt eigene Beiträge, die in der Regel aus journalistischer Perspektive erfolgen, und probiert neue Wege der Wissenskommunikation aus.

L.I.S.A. ist nun mehr als drei Jahre alt – in digitalen Zeitvorstellungen heißt das: erwachsen. Und dennoch begreift sich L.I.S.A. nach wie vor als Experiment. Ein Experiment, das seit Beginn neue Formen der wissenschaftlichen Kommunikation austestet, in der Überzeugung, dass der digitale Wandel vor der Wissenschaft, insbesondere auch vor den Geisteswissenschaften, nicht Halt machen wird. Im Gegenteil: Die Geisteswissenschaften laufen bei digitaler Abstinenz Gefahr, von der Entwicklung abgehängt zu werden, und verpassen dabei eine große Chance, die Veränderungen prägend und im eigenen Sinne mitzugestalten.

Genau an dieser Stelle setzt L.I.S.A. ein: weltweit in einen offenen Dialog über Themen aus den Historischen Geisteswissenschaften zu treten. Interaktivität und Multimedialität sind dabei die Schlüsselbegriffe, d.h. wissenschaftliche Inhalte und Fragen mit anderen Wissenschaftlern aber auch mit einer interessierten Öffentlichkeit auszutauschen, unter Einsatz der heute gegebenen Vielfalt an medialen Darstellungsformen. Text, Podcast und Videos sowie daraus gebildete hybride Beitragsformen bieten den Geisteswissenschaften völlig neue Möglichkeiten, nicht nur um Themen und Inhalte darzustellen, sondern auch um sie zu teilen.

Es ist an der Zeit, eine erste Bilanz zu ziehen: Wer beteiligt sich an L.I.S.A.? Wie reagieren Wissenschaftler/innen auf L.I.S.A.? Welche medialen Präsentationsformen werden genutzt – was bevorzugen Beitragende, was die Leserschaft? Welche Beiträge finden ein Publikum? Welche Rolle spielt dabei der Einsatz Sozialer Netzwerke? Was lässt sich über den Grad an Interaktion sagen?

Diesen und anderen Fragen soll nun im Folgenden nachgegangen werden.

2. Wer ist L.I.S.A.?

Der Name L.I.S.A. hat zwei Bedeutungen: Zum einen handelt es sich um ein Akronym, das aufgelöst für Lesen, Informieren, Schreiben und Austauschen steht – die Kerneigen- und -botschaften des Portals. Zum anderen erinnert der Name an die Gründerin der Gerda Henkel Stiftung, an Lisa Maskell (1914–1998), die 1976 die Stiftung im Gedenken an ihre Mutter Gerda Henkel in Düsseldorf gegründet hat. Ausschließlicher Stiftungszweck ist die Förderung der Wissenschaft, vor allem der Historischen Geisteswissenschaften. Seit ihrer Gründung hat die Gerda Henkel Stiftung weltweit knapp 6.000 Forschungsvorhaben mit rund 100 Millionen Euro unterstützt. Mit der Einrichtung des Portals L.I.S.A. stellt sich die Gerda Henkel Stiftung bewusst den Herausforderungen der neuen digitalen Realität für die Geisteswissenschaften.

In der ersten Planungsphase stand die Überlegung, den Stipendiaten der Gerda Henkel Stiftung ein Intranet zur Verfügung zu stellen, damit sie sich dort vernetzen und austauschen können. Diese Ausgangsüberlegung ist noch vor dem Start des Portals am 23. Februar 2010 revidiert worden. Die Stipendiaten sollten nicht unter sich bleiben, sondern mit ihren Projekten an die Öffentlichkeit treten. Nach dem Launch des Portals häuften sich auch aufgrund der guten medialen Resonanz Anfragen von Interessierten, die bei L.I.S.A. mitmachen wollten. Inzwischen steht L.I.S.A. allen offen, die sich für Geschichte, Archäologie und andere geisteswissenschaftliche Disziplinen interessieren.

Insofern setzt sich sie Zielgruppe des Portals sehr heterogen zusammen – sie reicht von Stipendiaten über Abiturient/innen, Studierenden, Wissenschaftliche Mitarbeiter/innen, Lehrbeauftragte und Lehrstuhlinhaber/innen bzw. etablierte Hochschullehrende bis zu den Naturwissenschaftler/innen und technischen Ingenieuren, die sich nebenbei für Themen aus den Historischen Geisteswissenschaften, wie beispielsweise Kunst- oder Rechtsgeschichte, interessieren. Ein Blick auf das Autorennetzwerk vermittelt einen Eindruck von der Vielfältigkeit der Mitglieder.

Um L.I.S.A. als Qualitätsinsel im uferlosen Internet zu etablieren, ist dem Mitmachportal eine Zentralredaktion zur Seite gestellt, die auf die Einhaltung von Qualitätskriterien achtet. Ihre Aufgabe besteht unter anderem darin, die Beiträge nach Form und Gehalt zu prüfen. Sie ist es letztlich, die die Beiträge freischaltet. So wird verhindert, dass unsinnige oder unpassende Beiträge bei L.I.S.A. erscheinen. Allerdings stellt die Redaktion keinen wissenschaftlichen Beirat dar, der alle Inhalte auf ihre wissenschaftliche Richtigkeit überprüfen würde. Das soll sie auch nicht, denn L.I.S.A. ist keine wissenschaftliche Fachzeitschrift, die auch online zur Verfügung steht, was wiederum dazu führt, dass im Portal inzwischen täglich neue Beiträge erscheinen. Denn Sinn und Zweck von L.I.S.A. ist es, über Themen aus den Historischen Geisteswissenschaften mit einer interessierten Öffentlichkeit ins Gespräch zu kommen. Bisherige Erfahrungen zeigen überdies, dass seit dem Start kein Beitrag abgelehnt werden musste.

Die digitale Welt wird sowohl die Wissenskommunikation als auch wissenschaftliche Arbeitsweisen verändern – wenn nicht sogar die Wissenschaft an sich. Warum? Digitale Kommunikationsformen haben in unseren Alltag inzwischen einen so wirksamen Einzug gehalten, dass diese Entwicklung an der Wissenschaft nicht spurlos vorbeiziehen kann. Die Frage ist daher nicht, ob der digitale Wandel die Wissenschaft beziehungsweise ihre Arbeitsweisen und Kommunikationsformen verändert wird, sondern vielmehr wie. Das ist aber noch nicht ausgemacht, sondern wird von allen Beteiligten derzeit rege verhandelt. Anders gesagt: Wer jetzt mitmacht, hat die Gelegenheit mitzugestalten. Als wissenschaftsfördernde Institution sieht die Gerda Henkel Stiftung darin eine große Chance, neue Formen der Wissenskommunikation auszuprobieren und weiterzuentwickeln.

Die Entwicklung der Nutzer/innenzahlen und Seitenaufrufe zeigt, dass sich digitale Medien auch bei spezialisierten Themen aus Geschichte, Archäologie, Kunstgeschichte oder Islamwissenschaften sehr gut für die moderne Wissenskommunikation eignen. Innerhalb von drei Jahren haben sich die Besuchszahlen bei L.I.S.A. mehr als verdreifacht. Nach der Zählweise von Google Analytics ist das Portal inzwischen rund 300.000 Mal besucht worden, was bisher zu fast 800.000 Seitenaufrufen geführt hat – Tendenz weiter steigend.

3. Multimedialität – Text, Audio, Bild, Video und hybride Beitragsformen

Das Portal erfüllt die aktuellen multimedialen Standards der digitalen Welt. Das heißt, L.I.S.A. verfügt zunächst über einen Blog, auf dem neue Beiträge aus Geschichte, Archäologie, Kunstgeschichte oder auch den Islamwissenschaften erscheinen. Die Inhalte bestimmen dabei Mitglieder der L.I.S.A.-Community sowie die Redaktion, die sich mit eigenen Beiträgen beteiligt oder zum Verfassen neuer Einträge ermuntert. Die einfachste Form der aktiven Teilnahme ist dabei der „normale Beitrag", der als Text, bebildert, vertont, in Form eines Videos oder als hybrider Beitragstyp, also eine Mischform aus unterschiedlichen medialen Elementen, erscheinen kann. Dabei gilt das Blogprinzip – der neueste Beitrag steht an oberster Stelle, bis der nächste und aktuellste Eintrag eingegeben wird. Wer möchte, kann Beiträge kommentieren.

174   Georgios Chatzoudis

Neben dem Blog existiert ein eigener Videokanal – L.I.S.A.-video – der alle Videos, die im Blog veröffentlich worden sind, umfasst und in vier Kanälen nach unterschiedlichen Beitragstypen sortiert: Dokumentationen, Vorträge, Interviews und Reportagen. Daneben besteht noch ein gesonderter Kanal, der geförderte Projekt-Dokumentationen der Gerda Henkel Stiftung beinhaltet. Die Idee dahinter: Wissenschaftler/innen, deren Projekte von der Gerda Henkel Stiftung gefördert werden, haben ihre wissenschaftliche Arbeit selbst gefilmt. Vorausgegangen ist den Dreharbeiten eine mehrtägige Schulung der beteiligten Forschenden in Kamera- und Videotechnik. Aus dem Rohmaterial, das die Wissenschaftsteams in mehreren Wochen gesammelt haben, sind anschließend professionell produzierte Projektvideos entstanden, die in Episoden veröffentlicht werden. Ziel war und ist es, die Arbeit beispielsweise aus der Perspektive der Archäologie oder der Kunstgeschichte erfahrbar zu machen. Die Forschenden mussten sich also nicht an Drehbuch und Anweisungen einer Produktionsfirma halten, sondern sie waren Drehbuchautor/innen und Kamerateam in einem. Sie bestimmten, was gezeigt werden soll und was nicht. In einer ersten Staffel sind so achtzig Episoden entstanden. Die hohen Zugriffszahlen auf die erste Staffel und das positive Feedback seitens der beteiligten Wissenschaftler/innen sowie aus der Online-Community waren der entscheidende Grund für die Auflage einer zweiten Staffel, die zurzeit veröffentlicht wird und in einem weiterentwickelten Format erscheint. Im Sinne einer wissenschaftlichen Vertiefung wird dem Forschungstagebuch ein Generalinterview mit der wissenschaftlichen Projektleitung zur Seite gestellt, die Forschungsarbeit in einen breiten Kontext eingebettet, ein Schlüsselgegenstand der Untersuchung erklärt und das beteiligte Team präsentiert.

In einer ersten Bilanz lässt sich über die mediale Vermittlung wissenschaftlicher Inhalte durch Forschungsvideos folgendes festhalten:

Wissenschaftsfilme finden auch und gerade im Netz ein interessiertes Publikum.

– Forschungsvideos vermitteln wissenschaftliche Inhalte in lebendiger, anschaulicher und nachvollziehbarer Form, ohne dabei Seriosität einzubüßen.
– Wissenschaftler/innen müssen die Deutungshoheit über ihre Arbeit nicht an Redaktionen abtreten, sondern bestimmen selbst, was wie erzählt wird.

Des Weiteren verfügt das Portal über Online-Vorlesungen oder -Vorträge, den sogenannten L.I.S.A.Lectures. Dabei handelt es sich um ausgesuchte Vorträge und Vorlesungen, die die Redaktion selbst aufzeichnet und nachbereitet. Dazu gehören auch die Expertenchats der Rubrik L.I.S.A.live, an der sich die Nutzer/innen mit Fragen beteiligen können. Warum ist der Videobereich wichtig für ein Wissenschaftsportal? Anhand der Zugriffszahlen lässt sich feststellen, dass

Expertenvideos von der Netzgemeinde positiv aufgenommen und rezipiert werden. So ist beispielsweise die Aufzeichnung des L.I.S.A.live-Chats mit der Islamwissenschaftlerin Prof. Dr. Gudrun Kraemer bisher mehrere tausend Mal aufgerufen worden. Das heißt aber auch, dass Wissenschaftler/innen über das Internet beziehungsweise über ihre Präsenz in wissenschaftlichen Webauftritten eine ganz andere Reichweite als in einem Hörsaal oder bei einer Podiumsdiskussion vor vielleicht einhundert Leuten haben.

Darüber hinaus werden in der Rubrik L.I.S.A.live neben Online-Chats Tagungen und Videointerviews live ins Netz gestreamt. Für die Nutzer des Portal ergibt sich dabei die Möglichkeit, das Geschehen von einem anderen Ort aus nicht nur zu verfolgen, sondern sich mit Fragen und Anmerkungen, per E-Mail, im Chat oder im L.I.S.A.Messenger aktiv zu beteiligen.

Als besonders zielführende Kategorie und Beitragsform hat sich L.I.S.A.Interview erwiesen, an der sich die Multimedialität des Portals beispielhaft zeigen lässt. Interviews mit Wissenschaftler/innen bieten die Gelegenheit, auf aktuelle Fragen und gesellschaftliche Debatten relativ zeitnah mit Stimmen aus der Wissenschaft reagieren zu können. Dabei ist der zeitliche Aufwand für die angefragten Expert/innen bei einem Interview im Vergleich zum Aufsatz oder Essay verhältnismäßig gering. Sie entscheiden außerdem, ob sie ein Text-, Audio- oder Videointerview geben möchten. Die Erfahrung hat bisher gezeigt, dass die Expert/innen unterschiedliche Formate bevorzugen. Der positive Nebeneffekt: L.I.S.A. verfügt inzwischen über eine große Auswahl an Interviews in Form von Texten, Podcasts oder Videos. Eine weitere wichtige Erfahrung: Bisher hat keine angefragte Wissenschaftlerin bzw. kein angefragter Wissenschaftler der Redaktion eine Absage erteilt.

4. Interaktivität – Erwartungen und Wirklichkeit

Kernmerkmal von L.I.S.A. ist neben den multimedialen Beteiligungsmöglichkeiten das Potential an Partizipation und Interaktion. Das Grundverständnis von Interaktivität bedeutet zunächst einmal zweierlei:

1. Die User können Inhalte selbst bestimmen.
2. Die User können auf die Inhalte anderer reagieren, beispielsweise in der Form eines Kommentars.

Wenn Geisteswissenschaftler/innen einen eigenen Blog betreiben, müssen sie aber zunächst eine Enttäuschung überwinden: Die Zahl der (Nicht-)Kommentare führt häufig zum – verfrühten – Schluss, dass man doch nur für sich allein schriebe und von anderen so gut wie gar nicht wahrgenommen würde. In der

Tat steht hinter den meisten Beiträgen in Geschichts-, Archäologie oder anderen geisteswissenschaftlichen Blogs eine Null vor dem Wort „Kommentar". Aber ist der Kommentar der alleinige und letztgültige Indikator dafür, ob ein Eintrag wahrgenommen und rezipiert wird? Die Erfahrungen mit L.I.S.A. zeigen neben dem oben angeführten Grundverständnis von Interaktion andere Deutungsmöglichkeit auf, die hier in wenigen Punkten und in Stichworten zusammengefasst wird:

1. Geisteswissenschaftliche Blogs sind in der Regel mit hochspezialisierten Themen und Fragestellungen verbunden.

2. Nicht jeder Nutzer fühlt sich angesichts dessen berufen, einen Kommentar zu einem Thema zu verfassen, zu dem sie oder er nichts wirklich Substantielles beitragen können.

3. Einen Beitrag zu lesen, ist auch eine Form der Interaktion und sollte nicht unterschätzt werden.

4. Rezeption muss nicht zwangsläufig in Form eines Kommentars sichtbar werden und kann nach dem Leseakt auch woanders stattfinden, beispielsweise in einem Seminar oder in einer kleinen Runde am Stammtisch.

5. Quer- und Weiterverlinkungen sind auch eine Form der Interaktion und möglicherweise für die Sichtbarkeit eines Beitrags von größerer Bedeutung als ein Kommentar.

6. Das Verfassen und Einstellen eines eigenen Beitrags in einem Blog oder in einem Portal ist eine weitere Form der Partizipation und Interaktion.

Seit dem Start des Portals am 23. Februar 2010 haben sich fast 800 Mitglieder registrieren lassen. Der wöchentliche L.I.S.A.-Newsletter erreicht zurzeit mehr als 1.200 Abonnenten. Auch die Zahl der Beiträge ist nach zwei Jahren Laufzeit inzwischen deutlich gestiegen – aktuell verfügt das Portal über fast 1000 Einträge. Interessant ist dabei, dass die Zahl der sogenannten Fremdbeiträge, also Beiträge, die nicht aus der Feder der Redaktion stammen, stetig wächst – ein wichtiger Indikator dafür, dass L.I.S.A. nicht nur wahrgenommen wird, sondern lebendig ist, zumal in der Regel die Hürde, einen eigenen Beitrag zu verfassen, als eher hoch gilt.

Zusammenfassend und grundsätzlich gilt: Ein Beitrag erfährt aus Erfahrung mehr Zuspruch, wenn er gut verfasst bzw. aufbereitet ist, das heißt: Mut zu einer griffigen Sprache und zum Medienwechsel beweist oder visuell ansprechend gestaltet ist – beispielswiese über Bilder Inhalte illustriert und anschließend intelligent beworben wird, insbesondere unter Verwendung Sozialer Netzwerke.

Als weitere goldene Regel scheint sich aus den Erfahrungen mit L.I.S.A. und aus der Beobachtung anderer ähnlicher Onlineangebote Folgendes herauszu-

kristallisieren: Kein Overkill an Postings! Denn: Wer zu viel postet, wird irgendwann ignoriert, weil die User mit Informationen überhäuft und gleichsam
überfordert werden – mit der fatalen Folge, dass eigene Beiträge irgendwann
als lästig bzw. im schlimmsten Fall als Spam wahrgenommen werden. Wissenschaftliche Inhalte erfordern Zeit und Muße, um rezipiert zu werden.

Eine besondere und ganz eigene Form der Interaktion im Netz bieten so
genannte kollaborative Arbeitsplattformen. Mit L.I.S.A.teamwork stellt das
Portal Wissenschaftler/innen die Möglichkeit zur Verfügung, sich zu einer
Arbeitsgruppe zusammenschließen und untereinander in einem geschlossenen
Bereich, zu dem nur sie Zugang und Einsicht haben, austauschen. Die Mitglieder einer Gruppe haben beispielsweise die Möglichkeit, Dokumente, Bilder
oder auch Videos hochzuladen und zu archivieren. Sobald ein Bereich als
abgeschlossen gilt, entscheiden die Mitglieder der kollaborativen Gruppe, ob,
und falls ja, welche Dokumente für die Veröffentlichung freigegeben werden
sollen.

5. Netzwerken Soziale Netzwerke – Kooperationen

Neben geschlossenen Netzwerken wie L.I.S.A.teamwork hat sich gerade die Partizipation an offenen Netzwerken als förderlich für die Verbreitung und Anerkennung digitaler Wissenschaft erwiesen. Dabei gilt es zwischen zwei Formen
der Vernetzung zu unterscheiden: Die Kooperation mit Bloggenden und Redaktionen vergleichbarer Institutionen und Onlinepräsenzen einerseits und die
Nutzung der bekannten und meistgenutzten Sozialen Netzwerke andererseits.

Um die Community des Portals zu erweitern und auch gezielt junge Men-
schen für Wissenschaft zu interessieren, unterhält L.I.S.A. eigene Auftritte bei
Facebook, GooglePlus und Twitter – mit dem nachweisbaren Effekt, dass die
Reichweite der bei L.I.S.A. eingestellten Beiträge deutlich steigt. Anders gesagt:
Soziale Netzwerke sind ein nicht zu unterschätzender Multiplikator für die
Sichtbarkeit wissenschaftlicher Kommunikation im Netz. Ein Blick auf die
Zahl der Follower zeigt, dass L.I.S.A. auch dort inzwischen gut rezipiert wird.
Außerdem konnten über die Sozialen Netzwerke neue Userkreise erschlossen
werden, die ohne Facebook, GooglePlus und Twitter womöglich nicht auf das
Portal aufmerksam geworden wären.

Darüber hinaus ist die Vernetzung mit anderen im Internet aktive Wis-
senschaftseinrichtungen von großer Bedeutung. Zum einen verstetigt und
verdichtet sich dadurch die Nutzung digitaler Onlineressourcen für wissenschaftliche Zwecke, zum anderen geben wissenschaftliche Institutionen
mitsamt ihrem Renommee und Gewicht durch ihre aktive Beteiligung im

Netz gute Beispiele dafür ab, dass digitale Wissenschaft nicht nur funktioniert sondern auch anerkannt ist – also ganz im Sinne von *Best Practice*. Eine dritte Form des *Networkings* stellt für L.I.S.A. das eigene Autornetzwerk dar. Die bisher fast 800 registrierten Mitglieder stellen unter anderem ihre Forschungsprofile vor und bieten Kontaktmöglichkeiten an. Das Netzwerk funktioniert somit auch wie eine Art „Expertensuchservice" und ist für die Redaktion zugleich ein großer Ideenpool für neue Themen. So sind beispielsweise zahlreiche L.I.S.A.Interviews mit Nachwuchsforscher/innen über deren aktuelle Forschungsprojekte zustande gekommen.

6. Fazit – Ein langer Weg erfordert Ideen und Ausdauer

In den Geisteswissenschaften herrschen noch Bedenken hinsichtlich des digitalen Wandels und der Möglichkeiten in der Onlinekommunikation. Um Vorbehalte abzubauen und zu mehr Partizipation zu ermutigen, hält es die Gerda Henkel Stiftung als wissenschaftsfördernde Institution für wichtig, neue Wege der Wissenskommunikation auszuprobieren und aufzuzeigen. L.I.S.A. ist ein Beispiel dafür, dass der interaktive Austausch über wissenschaftliche Themen auch im Netz seriös und fruchtbar stattfinden kann.

L.I.S.A. ist auch nach bisher gut drei Jahren Laufzeit vor allem ein Experiment, an dem stetig an den Stellschrauben gedreht wird. Die Redaktion nimmt dabei gerne Anregungen von Usern auf, um beispielsweise die Navigation im Portal zu vereinfachen oder neue Rubriken und Kategorien einzurichten. So kam unter anderem der kollaborative Bereich L.I.S.A.teamwork zustande. Darüber hinaus gilt es, mit Neuerungen aus der digitalen Welt, so gut es geht, Schritt zu halten. Das ist bei der Geschwindigkeit, mit dem sich der digitale Wandel vollzieht, nicht einfach. Aus diesem Anspruch heraus ist aber unter anderem L.I.S.A.mobil hervorgegangen, eine Mobilversion des Portals für Smartphones und Tablets.

Was bleibt noch zu tun? Die stetige Vergrößerung der wachsenden Gemeinde an Lesenden, Beitragenden und Kommentierenden, die sich für geisteswissenschaftliche Themen einerseits und deren Vermittlung andererseits interessieren, ist ein zentrales Anliegen. Zielführend ist dabei vor allem eine stärkere und dichtere Vernetzung mit anderen verwandten Portalen und Webpräsenzen, neue Kooperationen anzuregen und bestehende auszubauen bzw. zu vertiefen, um vorhandene Kräfte zu bündeln und die Geisteswissenschaften im Netz weiter zu etablieren.

Dabei lässt sich folgende Zwischenbilanz für die Wissenskommunikation ziehen:

Wissenskommunikation sollte sich nicht nur auf Fachleute beschränken, sondern auf ein breiteres und interessiertes Publikum ausgerichtet sein.

- Wissenskommunikation sollte keine Einbahnkommunikation sein, sondern den Dialog suchen.

- Wissenskommunikation sollte sich die modernen technischen Möglichkeiten aneignen und den Medienwechsel wagen. Wissenschaftliche Inhalte müssen nicht nur schriftlich festgehalten werden, sondern eignen sich auch für Bild und Ton oder interaktive Live-Elemente.

- Wissenskommunikation ist nicht gescheitert, wenn Beiträge kaum kommentiert werden: Wir wissen nicht, wo die Interaktivität wieder einsetzt. Wichtig ist in erster Linie, dass die Inhalte wahrgenommen werden.

- Wissenskommunikation braucht Zeit.

Zugrundeliegende und weiterführende Hinweise

„Geisteswissenschaftler bevorzugen Zeitungen". Das Verhältnis zwischen Wissenschaft und Medien, Interview mit Prof. Dr. Hans Peter Peters [www.lisa. gerda-henkel-stiftung.de/content.php?nav_id=1802], eingesehen 15.10.2012.

„Wir brauchen mehr Experimentierfreude", Interview mit Dr. Klaus Graf [www.lisa.gerda-henkel-stiftung.de/content.php?nav_id=1791], eingesehen 15.10.2012.

„Zum Frühstück lese ich die Posts meiner Kollegen", Interview mit Dr. Mareike König [www.lisa.gerda-henkel-stiftung.de/content.php?nav_id=1752].

Social Media oder Weblogs was passt besser zur Wissenschaft? Interview mit Prof. Dr. Christoph Bieber [www.lisa.gerda-henkel-stiftung.de/content.php?nav_id=1735], eingesehen 15.10.2012.

„Das Internet ist ein wissenschaftliches Werkzeug", Interview mit Dr. Anna Schreurs, Carsten Blüm und Thorsten Wübbena [www.lisa.gerda-henkelstiftung.de/content.php?nav_id=1541], eingesehen 15.10.2012.

„Jenseits der Technik. Zum status quo des digitalen Wandels", Keynote von Dr. Stefan Münker, Videodokumentation zur Tagung „.hist2011 Geschichte im digitalen Wandel" [www.lisa.gerda-henkel-stiftung.de/videos_watch.php?nav_id=2034], eingesehen 15.10.2012.

The sciences they are a-changing: Wie das Internet das Sozialsystem Wissenschaft verändert, Beitrag von Dr. André Donk [www.lisa.gerda-henkel-stiftung. de/content.php?nav_id=1237], eingesehen 15.10.2012.

Zur Zukunft des wissenschaftlichen Bloggens. Ein Ausblick, Vortrag von PD Dr. Peter Haber, Videodokumentation zur Tagung „Weblogs in den Geisteswissenschaften" [www.lisa.gerda-henkel-stiftung.de/videos_watch.php?nav_id=3796], eingesehen 15.10.2012.

„Öffentlichkeitsarbeit ist für Wissenschaftler Pflicht", Interview mit Wenke Bönisch [www.lisa.gerda-henkel-stiftung.de/content.php?nav_id=2032], eingesehen 15.10.2012.

„Das web2.0 ist mehr als nur ein Trend", Interview mit Dr. Wolfgang Schulz [www.lisa.gerda-henkel-stiftung.de/content.php?nav_id=1751], eingesehen 15.10.2012.

„Im Netz zu publizieren, ist keine Generationenfrage" Die Online-Publikationsplattform perspectivia.net, Interview mit Dr. Michael Kaiser [www.lisa.gerda-henkel-stiftung.de/dossiers_show.php?nav_id=1243page=4], eingesehen 15.10.2012.

Quellenkritik vor der Zerreißprobe? Vom kritischen Umgang mit digitalen Ressourcen, Vortrag von Dr. Eva Pfanzelter, Videodokumentation zur Tagung „.hist2011 Geschichte im digitalen Wandel" [www.lisa.gerda-henkel-stiftung. de/content.php?nav_id=3103], eingesehen 15.10.2012.

Wissenskommunikation im Netz Interaktivität als Herausforderung, Vortrag von Georgios Chatzoudis, Videodokumentation zur Tagung „Weblogs in den Geisteswissenschaften" [www.lisa.gerda-henkel-stiftung.de/videos_watch. php?nav_id=3595] eingesehen 15.10.2012.

Birgit Gaiser; Stefanie Panke; Angela Kühnen; Georgios Chatzoudis, Wissenschaftsmanagement en blog, in: Virtual enterprises communities & social networks, Dresden 2010.

Mareike König
Die Entdeckung der Vielfalt: Geschichtsblogs der europäischen Plattform hypotheses.org

Gemeinhin gilt der deutschsprachige Raum als Entwicklungsland, wenn es um Blogs in den Geisteswissenschaften geht. Laut einer Studie nutzen in Deutschland nur etwa 8 Prozent der Wissenschaftlerinnen und Wissenschaftler Blogs, wobei Nutzen das Schreiben von Blogbeiträgen, das Lesen wie auch das Kommentieren umfasst (Bader/Fritz/Goning 2012). Dass die Nutzungszahlen in anderen Ländern wie z. B. den USA, Japan oder Frankreich höher sind, könnte unter anderem am Vorhandensein einer Infrastruktur liegen, wie sie beispielsweise Blogportale darstellen. Seit März 2012 wird mit dem Aufbau des deutschsprachigen Blogportals de.hypotheses.org (de.hypotheses.org/) das wissenschaftliche Bloggen auch in Deutschland, Österreich und der Schweiz gefördert. Das Portal vereint deutschsprachige geistes- und sozialwissenschaftliche Blogs unter einem Dach, sorgt über diesen zentralen Zugang für mehr Sichtbarkeit, gibt den Bloggenden technische Hilfestellung und leistet die Archivierung der Beiträge. Es gehört zur europäischen Plattform hypotheses.org, deren Geschichtsblogs im Mittelpunkt dieses Beitrages stehen. Auf zwei Dinge sei vorweg hingewiesen: Zum einen bin ich als Projektleiterin des deutschsprachigen Portals keine neutrale Beobachterin – aber eine gut informierte. Zum anderen soll mit der inhaltlichen Beschränkung auf die Plattform nicht suggeriert werden, dass es nur dort eine lebendige Geschichtsblogosphäre gibt.

Im ersten Teil des Artikels werden zunächst die Blogplattform und ihr Angebot für die akademische Community vorgestellt. Daran anschließend wird in einem zweiten Teil ein knapper Überblick über die dort versammelten Geschichtsblogs gegeben. Diese kurze Blogroll offenbart eine thematische und methodische Vielfältigkeit und Lebendigkeit, die vielfach unbekannt sein dürfte. Die Zugehörigkeit zur „Galaxie" von Hypotheses und deren Effekte werden im dritten Teil thematisiert: Durch die Vernetzung der Blogs innerhalb und außerhalb der Plattform über Links, Kommentare und Besuche bildet sich eine eigene „Hyposphäre" (Wortschöpfung von Marin Dacos aus Blogosphäre und Hypotheses). Die Bloggenden erschaffen damit reflexive Räume, die durch „stille Konversation" (Dacos 2009; Dacos/Mounier 2010) genauso geprägt werden wie durch „unerwartete Leser" (Smith 2011; Berra 2012). Beides erweitert unser bisheriges, oftmals rein statistisch geprägtes Verständnis von Erfolg oder Misserfolg von Blogs um eine weitere Komponente. Ganz nebenbei gibt diese Bestandsaufnahme Aufschluss über die Frage, warum Historikerinnen und Historiker bloggen.

Hypotheses.org: Forschungsjournale im Netz

Das Blogportal hypotheses.org ist 2008 als dritter Pfeiler der Plattform für offenes elektronisches Publizieren OpenEdition an den Start gegangen. Aktuelle Berichte aus der Forschung sollten die beiden bereits existierenden Pfeiler ergänzen: „revues.org" mit Volltexten von online-Journalen und „calenda.org" ein Kalender, der Termine der Geistes- und Sozialwissenschaften (Kolloquien, Calls for papers etc.) enthält. Träger der Plattform sind neben dem Centre national de la recherche scientifique (CNRS), die Pariser Universität École des hautes études en sciences sociales (EHESS), die Université d'Avignon sowie die Université Aix-Marseille. Um potentielle Interessenten nicht abzuschrecken, nannte man die Blogs „carnets de recherche", was man mit „Forschungsjournale" oder „Forschungshefte" übersetzen kann. Dies schien – zumal 2008 – weitaus weniger anrüchig als das Wort „Blog", haftet(e) diesem doch das Bild an, ein Medium zu sein, in dem sich Privatpersonen über Belanglosigkeiten des Alltags austauschen. Die Strategie ging auf: Nach und nach meldeten sich Wissenschaftlerinnen und Wissenschaftler an, die ein öffentliches Forschungsjournal bei hypotheses.org führen wollten. Wie aus Abbildung 1 hervorgeht, entstand eine regelrechte Dynamik und in den ersten vier Jahren verdoppelte sich jedes Jahr die Anzahl der Neuanmeldungen. Für das Jahr 2012 gibt es mit 534 neu aufgesetzten Blogs insgesamt fast doppelt so viele Neuanmeldungen wie im Vorjahr (283). Die Grundfrage all derjenigen, die Infrastrukturen bauen, „if you build it, will they come?" (RIN 2010), kann im Fall von hypotheses.org mit einem klaren „Ja" beantwortet werden. Die gesamte Plattform hat mit Stand Anfang Januar 2013 über 580 Blogs aus allen Bereichen der Geistes- und Sozialwissenschaften in ihrem Katalog verzeichnet. Täglich kommt durchschnittlich ein weiteres Blog dazu.

Die 4.311 „carnetiers", wie die Bloggenden bei hypotheses.org heißen, publizierten im Jahr 2012 durchschnittlich 64 Artikel am Tag. Im Vorjahr waren es 34 Blogbeiträge, 2010 waren es 20 Beiträge. Die Blogs hatten insgesamt durchschnittlich 7.183 unterschiedliche Besucher (unique user) täglich, was einem monatlichen Zugriff von 218.494 unterschiedlichen Besuchern auf das Blogportal entspricht. Im Vorjahr waren es 113.265 im Monat und 3.724 unique user am Tag.

Es wird mehr gebloggt und es wird mehr gelesen. Aber wird auch mehr kommentiert? Hier fällt die Antwort nicht so eindeutig aus: Zunächst sind die Zah-

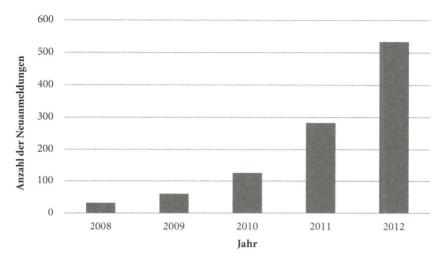

Abbildung 1: Entwicklung der Neuanmeldungen von Blogs bei hypotheses.org seit 2008.

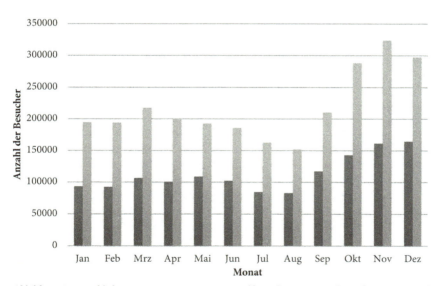

Abbildung 2: Anzahl der unique user pro Monat auf hypotheses.org in den Jahren 2011 und 2012.

len, wie in Abbildung drei zu sehen, ansteigend: Im Jahr 2008 erhielt jeder vierte Beitrag durchschnittlich einen Kommentar, im Jahr 2009 wurde jeder dritte Beitrag kommentiert, 2010 dann jeder zweite Beitrag. Im Jahr 2011 ist die Anzahl der genehmigten Kommentare jedoch leicht rückgängig, so dass aufgrund der fast verdoppelten Artikelanzahl im Durchschnitt nur noch jeder vierte Beitrag kommentiert wurde. 2012 stieg die Zahl der Kommentare wieder stark an. Aufgrund der ebenfalls fast verdoppelten Artikelanzahl geht es aber nicht über einen Kommentar auf 3,5 Artikel hinaus. Eine auf die Plattform bezogene Erklärung gibt es für diese Schwankungen nicht: Die Weboberfläche wurde nicht verändert, d. h. es ist nicht komplizierter geworden, zu kommentieren. Das Absinken der Anzahl der Kommentare könnte mit dem parallelen Aufstieg der sozialen Netze wie Facebook, Twitter und Google+ zusammenhängen. Einige der Kommentare und Interaktionen dürften sich in die sozialen Netze verlagert haben. Schließlich könnte es an den Blogbeiträgen liegen, die eventuell stärker akademisch und informativ, dafür weniger diskursiv ausgerichtet waren bzw. sind. Hier fehlen Untersuchungen, die das Kommentar- und Publikationsverhalten analysieren. Festhalten lässt sich, dass die Anzahl der Kommentare nicht exponentiell ansteigt, wie es bei der Anzahl der Blogbeiträge auf hypotheses.org der Fall ist.

In ihrer Gesamtheit belegen diese Zahlen eindrucksvoll, dass es ein Bedürfnis nach direkter, vernetzter und schneller Kommunikation im Bereich der Geisteswissenschaften gibt, dem das Blogportal Rechnung tragen kann. Denn Struktur und editorische Leitlinie des Portals entkräften einige derzeit bestehende Vorurteile gegenüber dem Wissenschaftsbloggen. In der eingangs zitierten Studie „Digitale Wissenschaftskommunikation 2010–2011" wird von 72 Prozent der Befragten als Hauptgrund für die Nichtnutzung von Blogs die Unübersichtlichkeit der Blogosphäre angegeben. Das vermeintliche Chaos wirkt demotivierend und abschreckend (Bader/Fritz/Glining 2011, S. 72). Genau hier setzt die Idee von hypotheses.org an: Das Portal versteht sich als zentrale Einstiegsseite für geisteswissenschaftliche Blogs, versammelt diese unter einem gemeinsamen Dach und stärkt damit deren Sichtbarkeit. Als ein Knotenpunkt im Netz trägt es dazu bei, Wissenschaftsblogs leichter auffindbar zu machen.

Weitere Gründe für die Nichtnutzung von Blogs in der Wissenschaft sind neben Zeitmangel, Informationsüberflutung und Angst vor Plagiaten die fehlende Qualitätskontrolle. Bei hypotheses.org wird keine Qualitätskontrolle im eigentlichen Sinne betrieben. Doch werden nur Blogs der akademischen Community der Geistes- und Sozialwissenschaften aufgenommen, so dass mit einem gewissen Standard – vorsichtig ausgedrückt – zu rechnen sein sollte. Darüber hinaus werden die besten Beiträge der Plattform von der Redaktion für die Portalseite ausgewählt. Dieses Kuratieren der Inhalte für die Startseite kann als Post-Publikationsbewertung gesehen werden, für das die Bezeich-

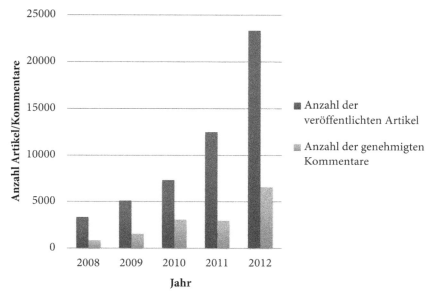

Abbildung 3: Anzahl der veröffentlichten Artikel und genehmigten Kommentare bei hypotheses.org seit 2008.

nung Post Open Peer Review natürlich zu hoch gegriffen ist: Es gibt keine systematische Beurteilung anhand von Kommentaren durch die Redaktion, die Beiträge werden nicht zentral redigiert. Ist das Blog einmal aufgenommen, profitieren die Bloggenden von der größtmöglichen Freiheit, die das Medium ihnen bietet.

Ganz im Sinne des „Publish first, filter later" (Shirky 2008), wird das Auswählen für die Startseite von hypotheses durch die Redaktion als eine Form des Filterns angesehen. Dabei verläuft die Auswahl zweistufig: Neben der Publikation auf der Startseite werden in einer Slideshow oben auf der Portalstartseite Beiträge platziert, die von der Redaktion für besonders gut befunden wurden. Eine große Abbildung verleiht ihnen zusätzlich Aufmerksamkeit. Autorinnen und Autoren werden über diese Sichtbarmachung ihrer Beiträge durch einen Kommentar beim ausgewählten Beitrag informiert. Es ist eine Auszeichnung, für die Slideshow ausgewählt zu werden, und viele Bloggende berichten ihrer Leserschaft in den sozialen Netzen darüber. Ergänzende Auswahlsysteme sind in Planung, so dass zukünftig auch die Leserschaft und die Bloggenden selbst über die Publikation von Beiträgen auf der Startseite von hypotheses.org abstimmen können.

Dem Argument, dass Bloginhalte einen flüchtigen Charakter haben und nicht zitierfähig sind, setzt hypotheses.org die Archivierung der auf den Blogs publizierten Inhalte entgegen. Zur besseren Zitierbarkeit der Beiträge gibt es keine sprechenden Titel für einzelne Blogbeiträge, sondern kurze Zahlen als feste URL-Adressen. Dies ist insbesondere beim Zitieren in gedruckten Publikationen von Vorteil, da man nicht gezwungen ist, mehrzeilige URLs abzutippen. Alle Blogs der Plattform bekommen von der französischen Nationalbibliothek eine ISSN verliehen, die Zitierbarkeit und Sichtbarkeit dieser Publikationen erhöhen (Muscinesi 2011).

Mit dem Aufsetzen und Hosting der Blogs sowie mit Schulungen vor Ort und Hilfestellungen per Mail leistet das Portal außerdem wichtige technische Dienste für diejenigen Wissenschaftlerinnen und Wissenschaftler, die zwar über Blogs kommunizieren möchten, sich aber nicht bis ins Detail mit der technischen Seite auseinandersetzen wollen oder können. Darüber hinaus wird für die Sichtbarmachung der Beiträge in den Social-Media-Kanälen der Plattform gesorgt. Auch die Migration bereits bestehender Blogs gehört zum Angebot von hypotheses.org, das im Übrigen kostenlos ist.

Die deutschsprachige Seite de.hypotheses.org (de.hypotheses.org/) ist im März 2012 nach französischem Vorbild aus der Taufe gehoben worden. Sie wird gemeinsam vom Deutschen Historischen Institut Paris, der Max Weber Stiftung und den genannten französischen Partnern finanziell getragen. Sie hat einen eigenen wissenschaftlichen Beirat sowie eine eigene wissenschaftliche Redaktion. Fast gleichzeitig entstand auch das spanischsprachige Portal es.hypotheses.org (es.hypotheses.org). Für die französischsprachigen „carnets" wurde mit fr.hypotheses.org (fr.hypotheses.org) ebenso eine eigene Einstiegsseite geschaffen. Ein italienisches Portal ist im Aufbau und weitere Sprachportale sind geplant. Die Website hypotheses.org (hypotheses.org/) selbst ist das Hauptportal für alle Blogs geworden. Dort werden die jeweils besten Beiträge aus allen Sprachen veröffentlicht.

Für den deutschsprachigen Bereich der Blogplattform wird ebenfalls die Dynamik sichtbar, die das Blogportal erzeugt. Gut neun Monate nach dem offiziellen Start, zu dem es elf Blogs gab, sind 62 Blogs bei de.hypotheses.org versammelt (Stand: 15.01.2013). Sechs davon existierten bereits und wurden zur Blogplattform migriert, die anderen sind Neugründungen. 40 der Blogs wurden mittlerweile in den Katalog von OpenEdition aufgenommen, d. h. sie sind aktiv und haben mehrere Beiträge veröffentlicht. Von Januar bis einschließlich Dezember 2012 wurden von den deutschsprachigen Blogs insgesamt 930 Beiträge publiziert. Das macht durchschnittlich und gerundet drei Beiträge am Tag. Im Oktober 2012 waren 106 deutschsprachige Bloggende bei damals 44 Blogs aktiv, die von 37 Personen angemeldet waren. Die Anzahl der Bloggenden ist mittlerweile durch die Gemeinschaftsblogs stark angestiegen: allein beim

Blog Ordensgeschichte sind es 60 angemeldete Bloggende. Von den derzeit 62 Blogs wurden 31 von Administratorinnen und 31 von Administratoren angemeldet, womit die Genderstatistik auf der deutschsprachigen Plattform erfreulicherweise ausgeglichen ist. Für die französische Plattform liegen dazu leider keine Zahlen vor.

Obwohl das deutschsprachige Unterportal erst seit kurzem am Start ist, zeichnet sich bereits eine Professionalisierung und Ausdifferenzierung der historischen Blogosphäre ab, die nicht ohne Auswirkung auf das Image von wissenschaftlichen Blogs im deutschsprachigen Raum allgemein bleiben wird. Während hiesige Geschichtsblogs wie beispielsweise Archivalia (archiv.twoday. net/) oder hist.net (weblog.hist.net/), zumeist auch einen methodischen Ansatz mitverfolgen und sich allgemein für digitale Fragen der Disziplin interessierten, entstehen jetzt mehr und mehr thematisch eng geführte Forschungsblogs, also Dissertationsblogs oder Themenblogs von Forschergruppen (Graf/König 2012). Dies trifft auf 35 der bisher 62 bei de.hypotheses angemeldeten Blogs zu. Acht Blogs begleiten eine Veranstaltung, fünf begleiten ein Seminar. Fünf sind Institutsblogs, zwei Blogs begleiten eine Veröffentlichung, drei Blogs sind didaktischen Themen gewidmet, vier sind Meta-Blogs über das Bloggen und Soziale Medien oder thematisieren die Digital Humanities. Zehn der Blogs werden als Gruppenblog geführt, davon steht bei zwei die Gruppe und nicht das wissenschaftliche Thema im Vordergrund, z. B. beim Blog Netz+Werk, auf dem Hamburger Doktoranden der Geschichtswissenschaft rund um ihre jeweiligen Dissertationsthemen bloggen (netzwerk.hypotheses. org/).

Geschichtshyposphäre

Mit Stand Anfang Januar 2013 sind von den 586 Blogs der gesamten Plattform, die bereits in den Katalog aufgenommen worden sind (d. h. aktiv sind), 149 der Geschichte gewidmet. Davon publizieren 20 in deutscher Sprache. Die Einteilung anhand des französischen Kategoriensystems gibt eine grobe Gesamteinschätzung über die thematische Zuordnung der Geschichtshyposphäre. Die Zuordnung zur Klassifizierung wird von den Bloggenden selbst bei Anmeldung des Blogs vorgenommen. Da ein Blog mehreren Kategorien zugeordnet werden kann, übersteigt die Addition der realen Zahlen die angegebene Gesamtzahl aller Geschichtsblogs.

Ebenso interessant ist die chronologische Zuordnung der Blogs. Demnach sind mit 67 von insgesamt 154 Blogs 43 Prozent dem 20. Jahrhundert gewidmet. Insgesamt 35 Blogs entfallen auf die Ur- und Frühgeschichte sowie die Antike,

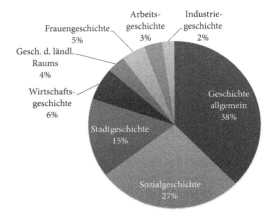

*Abbildung 4: Thematische Zu-
ordnung der Geschichtsblogs bei
hypotheses.org.*

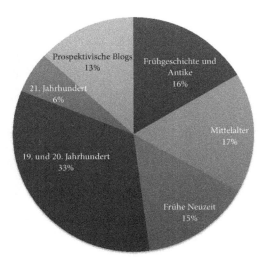

*Abbildung 5: Chronologische
Zuordnung der Geschichtsblogs
bei hypotheses.org.*

25 auf das Mittelalter und 31 auf die Frühe Neuzeit inklusive Revolutionszeit
und vier auf das 19. Jahrhundert. Der Bereich „prospektivische Blogs" enthält
auf die Zukunft gerichtete sowie epochenübergreifende Blogs. Die Mehrfachzu-
weisung ist bei dieser Kategorie möglich, weshalb die Addition der den Epochen
zugeordneten Blogs die Gesamtzahl der Geschichtsblogs übersteigt.

   In einer kurzen Blogroll seien einige dieser Blogs – in einer natürlich subjektiven Auswahl – anhand ihrer chronologischen Einordnung aufgezählt.
Aufgrund der zahlreichen Neuanmeldungen ist eine solche Übersicht schnell

überholt. Sie vermittelt jedoch einen guten Eindruck über den bunten Blog-Carnival, der auch an anderer Stelle und ohne Beschränkung auf die hier thematisierte Plattform beschrieben ist (Graf/König 2012; Graf/König 2011; König 2011). Der Katalog von hypotheses.org spiegelt den aktuellen Stand der aktiven Blogs wieder und kann jederzeit als vollständiges Nachweisinstrument dienen.

Epochenübergreifend

Ordensgeschichte
ordensgeschichte.hypotheses.org/
Interdisziplinäres und epochenübergreifendes Gemeinschaftsblog zur Geschichte von Klöstern und Orden. Dort schreiben mittlerweile 60 verschiedene Autorinnen und Autoren.

Archäologie, Früh- und Vorgeschichte, Antike

ARULA
arula.hypotheses.org/
Blog des Fachbereichs Archäologie der Université de Lorraine über die dort angesiedelten Forschungsprojekte.

archäologiedigitale
archdigi.hypotheses.org/
Beiträge über innovative digitale Methoden der Archäologie.

Philologie à venir
philologia.hypotheses.org/
Das Blog ist den Veränderungen gewidmet, die der Einsatz des Computers bei der Analyse griechischer und lateinischer Texte für die Philologie allgemein und Texteditionen im Besonderen entstehen.

Charade
charades.hypotheses.org/
Englischsprachiges Blog über digitale Werkzeuge und die Interpretation von textuellen Artefakten, wie sie beispielsweise die Papyrologie betreibt.

Ecobabylone
ecobabylone.hypotheses.org/
Ein noch junges Forschungsblog zur Wirtschaftsgeschichte Mesopotamiens.

Mittelalter

Mittelalter
mittelalter.hypotheses.org/
Thema des Gemeinschaftsblog ist nicht nur die Epoche selbst, sondern auch die
Rezeption und Vermittlung des Mittelalters in der heutigen Zeit.

Laetus diaconus
laetusdiaconus.hypotheses.org/
Ein französischsprachiges Blog, das sich als Ort des interdisziplinären Austausches über Praktiken des Schreibens und des Sehens im Mittelalter versteht.

Black Death Network
bldeathnet.hypotheses.org/
Englischsprachiges Gemeinschaftsblog über Umweltkrisen und Krankheiten im
Europa des 14. Jahrhunderts.

Les émotions au Moyen Âge
emma.hypotheses.org/
Das Blog begleitet seit 2006 ein Forschungsprojekt über Gefühle im Mittelalter.

annot@tio
annotatio.hypotheses.org/
Interdisziplinäres Blog, das sich ein Diskussionsort zum Thema Digital Humanities und Sprachgeschichte versteht.

minuseinseene
minuseinsebene.hypotheses.org/
Dissertationsblog über mittelalterliche Befunde und Funde im Umfeld der Elisabethkirche in Marburg an der Lahn.

Frühe Neuzeit

Crimino corpus
criminocorpus.hypotheses.org/
Blog zur Justiz- Kriminalitäts- und Strafgeschichte, das seit 2006 existiert.

Ad vivum
estampe.hypotheses.org/
Blog über die alten Druckgraphiken und Zeichnungen im Bestand der Bibliothèque nationale de France. Die auf dem Blog publizierten Abbildungen stehen
zumeist unter einer Creative Commons Lizenz CC-BY-SA.

Révolution-francaise.fr
ser.hypotheses.org/
Blog der Société des Études Robespierristes, die auch die Annales historiques
de la Révolution francaise herausgibt, zur Französischen Revolution.

Frühneuzeitblog der RWTH Aachen
frueheneuzeit.hypotheses.org/
Blog des Lehrstuhls für Frühe Neuzeit, das mittlerweile zum Gemeinschaftsblog
erweitert wurde. Hier wurden die praktischen monatlichen Rezensions-
Übersichten erfunden.

Altgläubige in der Reformation
catholiccultures.hypotheses.org/
Dissertationsblogs über die Entstehung katholischer Zugehörigkeiten im Alten
Reich und Frankreich (1517–1540).

Astrologie in der Frühen Neuzeit
astrologiefnz.hypotheses.org/ Blog begleitend zu einer Dissertation über astro-
logische Handbücher und Ephemeriden, die in den Jahren 1473–1564 publiziert
wurden.

DK-Blog
dkblog.hypoheses.org/
Forscherblog mit Quellen, Literatur und Interpretationen zum Dreißigjährigen
Krieg.

Digital Intellectuals
digitalintellectuals.hypotheses.org/
Englischsprachiges Blog, das die Entstehung der Online-Edition „Das intellek-
tuelle Berlin um 1800“ begleitet.

Rheinischer Adel
rhad.hypotheses.org/
Blog des Lehrstuhls für Frühe Neuzeit von Gudrun Gersmann an der Universität zu Köln über Forschung zur rheinischen Adelslandschaft.

19. Jahrhundert

Actualité du XIXe siècle
histoire19.hypotheses.org/
Französisches Blog mit Neuigkeiten aus der Geschichtsforschung zum
19. Jahrhundert und begleitend zur Zeitschrift Revue d'histoire du XIXe siècle.

Das 19. Jahrhundert in Perspektive
19jhdhip.hypotheses.org/

Gemeinschaftsblog der Abteilung 19. Jahrhundert des DHIP über geschichtswissenschaftliche Forschungen zum 19. Jahrhundert aus Deutschland und
Frankreich.

Achtundvierzig
achtundvierzig.hypotheses.org/
Blog einer Projektgruppe an der KU Eichstätt-Ingolstadt über die Forschungen zur „Provisorischen Zentralgewalt für Deutschland" in der Revolution von
1848/49.

Telemme-Migrations
telemmig.hypotheses.org/
Ein Blog über Migration und Zirkulation im Mittelmeerraum im 19./20. Jahrhundert.

20. Jahrhundert

Russie contemporaine
russie.hypotheses.org/
Politik und Geschichte, Quellen und Dokumentationen des zeitgenössischen
Russlands stehen hier im Mittelpunkt.

Dissidences
dissidences.hypotheses.org/
Ein Blog, das die gleichnamige Zeitschrift über revolutionäre Bewegungen und
Dissidenten begleitet.

Grande Guerre
grandeguerre.hypotheses.org/
Gemeinschaftsblog der Deutschen Historischen Institute der Max Weber Stiftung über aktuelle Forschungen zum Ersten Weltkrieg.

D'une guerre à l'autre
guerrealautre.hypotheses.org/
Blog einer französischen Forschergruppe über die soziale und kulturelle Geschichte der französischen Armee in der Dekolonialisierung.

Erinnerungspraktiken in Skandinavien
umstrittenesgedaechtnis.hypotheses.org/
Das Blog begleitet eine Dissertation über die Rolle von Häftlingsverbänden in
den Nachkriegsgesellschaften Dänemarks und Norwegens.

Nordeuropäische Geschichte im Netz
nordichistoryblog.hypotheses.org/
Zunächst als Dissertationsblog gestartet handelt es sich mittlerweile um ein Gemeinschaftsblog, das sich der geschichtswissenschaftlichen Auseinandersetzung mit dem Norden Europas widmet.

Holocaust Websites
holocaustwebsites.hypotheses.org/
Blog begleitend zum Forschungsprojekt „Holocaust-Websites zwischen Mediendiskurs, Geschichtspolitik und Aktionismus", das an der Universität Innsbruck durchgeführt wird.

Historical Source Criticism
hsc.hypotheses.org/
Das Blog begleitet eine Dissertation über historische Quellenkritik im digitalen Zeitalter.

Pophistory
pophistory.hypotheses.org/
Ein Gemeinschaftsblog des Arbeitskreises Popgeschichte, der sich mit Ansätze der historischen Erforschung des Populären beschäftigt.

Blogs zu methodischen Fragen/Seminarbegleitend

Historisch Denken/Geschichte machen
historischdenken.hypotheses.org/
Im Blog werden Entwicklungen zum historischen Denken und Lernen, zu Geschichtsdidaktik und Geschichtsunterricht thematisiert.

Les aspects concrets de la thèse
act.hypotheses.org/
Interdisziplinäres französisches Blog für Doktorandinnen und Doktoranden der Geisteswissenschaften mit praktischen Hinweisen rund um die Promotion.

Devenir historien-ne
devhist.hypotheses.org/
Ein Blog, das methodischen Fragen gewidmet ist und Nachwuchshistorikerinnen und -historikern einen Raum für Reflexionen zur Verfügung stellt.

Blogs von Forschungseinrichtungen

Comité pour l'histoire du CNRS
comihistocnrs.hypotheses.org/
Blog der Historischen Kommission der größten französischen Forschungseinrichtung in Frankreich.

L'histoire en IEP
histoireeniep.hypotheses.org/
Gemeinsames Blog der historischen Abteilungen der französischen Instituts d'Études politiques

Les carnets de l'Ifpo
ifpo.hypotheses.org/
Hier bloggt das Institut français du Proche-Orient über seine aktuellen Forschungsprojekte.

Wissen in Verbindung
mws.hypotheses.org/
Ein eigenes Blogportal, das die Wissenschaftsblogs der Institute der Max Weber Stiftung – Deutsche Geisteswissenschaftliche Institute im Ausland versammelt.
Ende der Blogroll.

Reflexive Räume, stille Konversation und unerwartete Leserschaft

Blogs produzieren einen „fachwissenschaftlich relevanten Informationsraum" (Haber 2011, S. 125), der sich auch visuell darstellen lässt. Dabei wird die lebendige und bewegliche Struktur dieses speziellen Ökosystems deutlich. Die Vernetzung der Blogs untereinander kann beispielsweise anhand von Links und Kommentaren festgestellt werden. (Zu den Analysemöglichkeiten siehe auch den Beitrag von Axel Bruns und Jean Burgess in diesem Band). Für die Hyposphäre wurde dies 2010 exemplarisch durchgeführt (Debaz 2010). Ein Jahr später wurde eine ähnliche Analyse gemacht, die jedoch den tatsächlichen „traffic" von einem Blog zum anderen in der Hyposphäre analysierte (Mercklé 2011). Bei beiden Graphen werden Cluster deutlich, die auf einer semantischen, kulturellen, periodischen, thematischen oder institutionellen Affinität der betroffenen Blogs zueinander beruhen. Cornelius Puschmann hat im September 2012 alle Links der Blogs von hypotheses.org innerhalb wie außerhalb der Hyposphäre ausgewertet. Jeder Punkt ist ein Blog oder eine Website, auf den ein Blog verlinkt. Die Linien stellen die Links dar, wobei besonders dicke Linien wiederholte

Verlinkungen anzeigen. Punkte, die besonders groß sind, haben besonders viele eingehende Verlinkungen (beispielsweise hypotheses.org). Websites, die zentral im Graphen sind, haben viele eingehende Links von unterschiedlichen Blogs. Diejenigen Websites, die am Rand der Darstellung liegen, erhalten nur Links von bestimmten Blogs aus.

Auch wenn die analytischen Interpretationsmöglichkeiten solcher Graphen begrenzt sind, zeigen sie doch anschaulich, dass Blogs nicht vereinzelt im Internet stehen, sondern eine Gesamtheit bilden, die stark vernetzt ist und die über die Einbindung anderer sozialer Medien und Webseiten reflexive Räume bilden. Dabei ist zu berücksichtigten, dass auch solche Graphen immer nur einen geringen Teil der Interaktion wiedergeben können. Denn neben den Kommentaren, Trackbacks, Pingbacks und Verlinkungen, die alle zum letztlich homogenen Ökosystem der Blogs gehören, findet darüber hinaus auch eine „stille Konversation" statt, die nicht messbar ist (Dacos/Mounier 2010). Dies ist zum Beispiel der Fall, wenn eine Autorin auf einer Konferenz von einem Leser auf ihr Blog angesprochen wird, wenn zwei Leserinnen sich über einen Beitrag austauschen, wenn ein Blogbeitrag in einer gedruckten Publikation zitiert wird oder wenn darauf über Umwege verwiesen bzw. gar nicht verwiesen wird, weil Blogs nicht als zitierfähig gelten. Die analogen Linien der stillen Konversation sind in der Netzwerkanalyse nicht sichtbar und lassen sich für die statistische Nutzung von Blogs nicht nachweisen. Sie sollten jedoch mit bedacht werden, wenn man über Erfolg oder Nichterfolg eines Wissenschaftsblogs spricht.

Hinzu kommt ein weiteres nicht-statistisches Phänomen, dass gleichwohl den Nutzen von Blogs beschreibt: Deren Bedeutung liegt auch darin, dass ihre open access verfügbaren Beiträge von „unerwarteten Lesern" entdeckt werden können. Versperren bei vielen anderen Publikationen Zugangsbarrieren den Weg, so trägt die freie Verfügbarkeit im Netz dazu bei, Zufallsfunde zu erhöhen – und das über nationale und disziplinäre Grenzen hinweg. Manche thematisch verwandte Forschungsprojekte werden auf diese Weise über verschlungene Pfade zusammengeführt und vernetzt (Smith 2011). Auch dies lässt sich nicht mit harten Zahlen quantifizieren oder messen, ist aber für alle, die dies selbst schon erlebt haben, sofort einsichtig.

Messbar ist dafür ein anderer Aspekt bei den Blogs: und zwar die Treue der Leserschaft. Diese ist – zumindest bei der Plattform OpenEdition – zu den Blogs ausgeprägter als zu den Zeitschriften: Zwischen 1,9 und 4,4 Mal kehren die Leserinnen und Leser monatlich zu den beliebtesten Blogs zurück, aber nur zwischen 1,2 und 1,5 Mal im Monat zu den beliebtesten Zeitschriften auf derselben Plattform (Dacos, Mounier 2010). Das lässt sich derzeit ebenso für das deutschsprachige Portal feststellen: Seit März diesen Jahres ist die „Treue" der Leser zu den Blogs von 2,5 auf 3,9 Besuche durchschnittlich im Monat gestiegen. Grund zur Annahme, dass auch die stille Konversation rund um de.hypotheses.org so still nicht ist. Nur unsichtbar.

Literaturliste

Anita Bader/Gerd Fritz/Thomas Gloning: Digitale Wissenschaftskommunikation 2010–2011. Eine Online Befragung, Gießener Elektronische Bibliothek 2012 [geb.uni-giessen.de/geb/volltexte/2012/8539/], eingesehen 24.01.2013.

Aurélien Berra: News from the Hyposphère, Blogbeitrag 19.4.2012, in: Blog: Philologie à venir, [philologia.hypotheses.org/710], eingesehen 24.01.2013.

Marin Dacos: La conversation silencieuse, Blogbeitrag 23.7.2009, in: Blog: Homo Numericus [blog.homo-numericus.net/article191.html], eingesehen 24.01.2013.

Marin Dacos, Pierre Mounier: Les carnets de recherches en ligne, espace d'une conversation scientifique décentrée, in: Lieux de savoir, T.2, Gestes et supports du travail savant. Paris 2010.

Josquin Debaz: Hypothesosphère, Blogbeitrag 8.12.2010, in: Blog: Socioinformatique et argumentation, [socioargu.hypotheses.org/1921], eingesehen 24.01.2013.

Klaus Graf/Mareike König: Entwicklungsfähige Blogosphäre – ein Blick auf deutschsprachige Geschichtsblogs, Blogbeitrag 9.12.2011, in: Blog: Redaktionsblog, [redaktionsblog.hypotheses.org/40], eingesehen 24.01.2013.

Klaus Graf/Mareike König: Forschungsnotizbücher im Netz: Weblogs in der deutschsprachigen Geschichtswissenschaft, in: WerkstattGeschichte 61 (2012), S. 76–87.

Mareike König: Blogging tricolore: geisteswissenschaftliche Blogs in Frankreich, Blogbeitrag 11.8.2011, in: Blog: Archivalia, [archiv.twoday.net/stories/38743431/], eingesehen 24.01.2013.Peter Haber: Digital Past. Geschichtswissenschaft im digitalen Zeitalter. München 2011.

Pierre Mercklé: L'Hyposphère, Blogbeitrag 7.6.2011, in: Blog: pierremerckle.fr. De la sociologie et plein d'autres choses, [pierremerckle.fr/2011/06/lhyposphere], eingesehen 24.01.2013.

Frédérique Muscinesi: Des ISSN pour les carnets d'Hypotheses.org, Blogbeitrag 22.6.2011, in: Blog: L'Édition électronique ouverte, [leo.hypotheses.org/6962], eingesehen 24.01.2013.

If you build it, will they come? How researchers perceive and use web 2.0. A report funded by the Research Information Network (RIN). Published July 2010 [www.rin.ac.uk/our-work/communicating-and-disseminating-research/use-and-relevance-web-20-researchers], eingesehen 24.01.2013.

Clay Shirky: Here Comes Everybody. The Power of Organizing Without Organizations. New York 2008.

Kevin Smith: The unexpected reader, Blogbeitrag 15.11.2011, in: Blog: Scholarly Communication @ Dukes, [blogs.library.duke.edu/scholcomm/2011/11/15/the-unexpected-reader/], eingesehen 24.01.2013.

Verzeichnis der Autorinnen und Autoren

Axel Bruns ist ein Associate Professor in der Creative Industries Faculty an der Queens-land University of Technology in Brisbane, Australien, und ein Chief Investigator im ARC Centre of Excellence for Creative Industries and Innovation (http://cci.edu.au/). Bruns' Expertise liegt im Bereich der User-Led Content Creation, oder Produsage, und seine aktuelle Forschungsarbeit untersucht besonders die Nutzung von sozialen Medien wie Twitter. Seine Website ist http://snurb.info/ und er tweeted unter @snurb_dot_info. Weitere Informationen zu seiner Social-Media-Forschung finden sich unter http://mappingonlinepublics.net/.

Jean Burgess ist Associate Professor für Digital Media Studies und stellvertretende Direktorin des ARC Centre of Excellence for Creative Industries and Innovation an der Queensland University of Technology, Australien. Ihre Forschung untersucht die Nutzung, Politik, und methodologischen Implikationen sozialer und mobiler Medienplattformen.

Georgios Chatzoudis ist Leiter der Online-Redaktion der Gerda Henkel Stiftung und Contentmanager des Internetportals L.I.S.A. http://www.lisa.gerda-henkel-stiftung.de/.

Peter Haber (1964–2013) war Privatdozent für Allgemeine Geschichte der Neuzeit am Historischen Seminar der Universität Basel und war 2010 Gastprofessor für „Geschichte, Didaktik und digitale Medien" am Institut für Geschichte sowie am Institut für Wirtschafts- und Sozialgeschichte der Universität Wien. Er war Mitbegründer der Internet-Plattform www.hist.net.

Jan Hecker-Stampehl ist wissenschaftlicher Mitarbeiter für nordeuropäische Geschichte am Nordeuropa-Institut der Humboldt-Universität zu Berlin. Er ist Begründer und Administrator des NordicHistoryBlog (http://nordichistoryblog.hypotheses.org).

Stefan Heßbrüggen-Walter lehrt Philosophie als Assistant Professor an der National Research University – Higher School of Economics, Moskau. Zuvor war er zwischen 2004 und 2012 als wissenschaftlicher Mitarbeiter am Institut für Philosophie der Fern-Universität in Hagen beschäftigt. Seine Arbeitsschwerpunkte liegen in der Philosophiegeschichte der Frühen Neuzeit und den „digital humanities". Sein Weblog ist http://emto.tumblr.com/post/45035519522/visualizing-nanopublications.

200 Verzeichnis der Autorinnen und Autoren

Jan Hodel ist Dozent für Geschichtsdidaktik an der Pädagogischen Hochschule der FHNW in Basel und Brugg und Mitbegründer der Internet-Plattform hist.net. Website: www.hist.net/hodel.

Newton Key ist Professor für Britische und Frühe Neuzeit-Geschichte an der Eastern Illinois University, Charleston und bloggt unter http://earlymodernengland.blogspot.de/.

Alexander König ist Leiter der Landesbildstelle und des Fachgebiets E-Learning bei Landesinstitut für Pädagogik und Medien in Saarbrücken: http://www.lpm.uni-sb.de.

Mareike König leitet die Abteilung 19. Jahrhundert und die Bibliothek des Deutschen Historischen Instituts Paris. Sie ist Redaktionsleiterin der deutschsprachigen Blogplattform für die Geisteswissenschaften de.hypotheses.org. http://de.hypotheses.org/.

Pierre Mounier ist stellvertretender Direktor von Cléo (Centre pour l'édition électronique ouverte), einem französisches Zentrum für elektronisches Publizieren, das die Plattform OpenEditon u.a. mit der Blogplattform hypotheses.org entwickelt hat. Website: Blog Homo-Numericus http://blog.homo-numericus.net/.

Christoph Pallaske ist Studienrat im Hochschuldienst am Historischen Institut der Universität zu Köln. Veröffentlichungen zur Neueren und Neusten Geschichte, Migrationsgeschichte und zur Geschichtsdidaktik mit Schwerpunkt digitales Geschichtslernen. Blog: Historisch denken | Geschichte machen: http://historischdenken.hypotheses.org/.

Eva Pfanzelter ist Assistenzprofessorin am Institut für Zeitgeschichte der Universität Innsbruck. Ihre Arbeitsschwerpunkte sind Europäische Geschichte nach 1945, Regionalgeschichte (Südtirol/Tirol) sowie Tourismusgeschichte des Alpenraumes und Neue Medien in den Geisteswissenschaften. Sie bloggt auf http://holocaustwebsites.hypotheses.org/.

Julia Schreiner ist Historikerin und Senior Editor im Oldenbourg Verlag, München. Ihre Schwerpunkte liegen in den Bereichen Geschichte der Frühen Neuzeit, Kulturgeschichte und digitales Publizieren.

Anton Tantner ist Privatdozent für Neuere Geschichte; Veröffentlichungen zur Geschichte der Subkultur der Wiener „Schlurfs", der Alltagsgeschichte zweier Parks in Wien-Margareten, zur Hausnummerierung und Volkszählung in der Habsburgermonarchie und zu Adressbüros im frühneuzeitlichen Europa. Homepage mit Zugang zu den meisten Publikationen und „Galerie der Hausnummern": http://tantner.net.

Thomas Wolf ist Leiter des Kreisarchivs Siegen-Wittgenstein
http://www.archive.nrw.de/kommunalarchive/kommunalarchive_q-t/s/
SiegenWittgenstein/oeffnungszeiten_und_kontakt/index.php
und seit 2006 als Autor (privat) bei Archivalia, http://archiv.twoday.net.